MULTICULTURAL CHILDREN AND
CASE MANAGEMENT

다문화 아동과 사례관리

송정애

양서원

| 머리말 |

오랜 시간 동안 다양한 가족을 상담하고, 교육하고, 연구해 왔습니다. 다양한 가족에 대한 경험을 통하여 얻은 사실은 "모든 사람은 가족을 필요로 한다"는 것과 "모든 가족은 보편적인 욕구를 가지고 있다"는 것이었습니다.

나에게 있어서 가족은 운명 같은 키워드입니다. 가족이라는 키워드는 나의 경험을 토대로 시작되었기 때문입니다. 아버지가 일찍 돌아가시고 편모 밑에서 어렵게 생활해야 했던 어린 시절 경험이 한부모가족에 대한 관심을 갖게 만들었고 그것을 시작으로 다양한 가족에 대해 연구하게 되었습니다. 특히 가족복지서비스 현장에서 혹은 어린이집과 학교 현장에서 만났던 사회복지사나 교사들이 한결같이 이야기하는 것은 취약가족의 아동과 청소년의 문제와 그 문제에 대한 접근방법을 배우고 싶다는 것이었습니다. 그중 다문화가족에 대한 관심은 보육교사를 위한 다문화교육프로그램에 참여하면서 시작되었습니다. 결혼이민자가 증가하고 영유아기에 속한 다문화가족 자녀가 어린이집이나 유치원에 입소하면서 다문화아동에 대한 이해와 접근방법이 필요하게 된 것이었습니다. 현장에서 다문화아동과 함께 해야 하는 많은 보육교사와 유치원교사를 만나 그들의 어려움을 들었고 그들이 필요로 하는 것이 무엇인지 알게 되었습니다. 그러면서 지역다문화가족지원센터를 중심으로 다문화가족을 위한 다양한 프로그램에 참여하였습니다. 다문화부부프로그램, 다문화부모교육프로그램, 다문화고부프로그램 등을 통하여 다문화가족을 직접 만났고 그들과 함께 했습니다.

이제 다문화가족도 많이 다양해졌습니다. 요즘 현장에서 만나게 되는 다문화가족은 다문화 한부모가족, 다문화 재혼가족, 다문화 조손가족, 다문화 장애가족, 다문화 1인가구 등입니다. 최근 외국인 여성과 결혼하는 사례보다 재혼하는 사례가 증가하였고 외국인 여성이 본국에 있는 재혼 전 자녀를 우리나라에 데리고 오면서 중도입국아동 혹은 청소년이라는 개념도 등장했습니다. 뿐만 아니라 2000년대에 영유아기에 속한 다문화아동이 청소년기와 청년기에 접어들면서 다문화가족문제도 다양해졌습니다. 다문화가족이 증가하면서 이들을 위한 관련법과 지원제도가 마련되었지만 다문화가족의 다양성을 반영하기는 아직 미흡한 실정입니다. 현장에서 만나는 다문화가족들이 가장 걱정하는 것 중 하나는 그들의 자녀가 학교나 사회에서 차별받고 그것으로 인하여 상처받을 것에 대한 것이었습니다. 다문화아동이 처한 특별한 환경으로 인하여 불안정한 애착형성과 언어발달의 문제를 지니게 되고 학교에 진입하게 되면 또래와의 상호작용 문제와 학업문제 등을 경험하게 됩니다. 이로 인하여 학교생활에 적응하지 못하고 중도에 탈락하게 되고 마는 것입니다. 이러한 현실에서 본 교재의 출판은 이와 같은 사례를 예방하기 위한 실무적 방안 마련이 필요하다는 것을 계기로 시작하였습니다. 2018년 필자가 속한 대학교에서 다문화특성화사업을 실시하였고 그것을 계기로 "다문화아동사례관리"라는 특성화된 교과목을 개발하였습니다. 개발된 교과목을 토대로 2019년 "다문화아동과 사례관리"라는 교재를 출간하게 되었고 2020년 "다문화아동사례관리"라는 교과목 개설을 앞두고 있습니다. 돌이켜 생각해 보면 다문화가족, 다문화아동, 다문화와 관련된 일들은 점차적으로 만들어져 가는 것 같습니다. 주류문화에 속한 우리가 다문화아동과 가족을 위한 일을 하기보다 그들과 함께 하면서 만들어가야 하는 것이라는 생각이 듭니다. 본 교재를 통하여 다문화아동과 가족을 위한 서비스 현장이나 교육현장에서 다문화아동과 함께 하는 사회복지사, 교사들, 혹은 다문화와 관련된 전문가가 되기 위하여 준비하는 예비사회복지사나 예비교사들에게 실제적 도움이 될 수 있기를 바라는 마음입니다.

본 교재는 2부 14장으로 구성하였습니다.

제1부는 다문화와 다문화아동 이해로 총 5장으로 구성하였으며 세부적으로 제1장 다문화의 이해, 제2장, 다문화아동 발달이론과 특성 이해, 제3장 다문화아동 문제와 진단기준, 제4장 다문화아동을 위한 전문적 접근방법, 5장 다문화특수아동으로 구성하였습니다.

제2부는 다문화아동과 사례관리로 총 9장으로 구성하였습니다. 세부적으로 제6장 사례관리대상으로서 다문화아동, 제7장 다문화아동 사례관리의 이론적 기반, 제8장 사례관리 초기단계, 제9장 사정단계, 제10장 서비스계획단계, 제11장 서비스실행단계, 제12장 서비스점검 및 조정단계, 제13장 평가와 종결단계, 제14장 아동사례관리 실제로 구성하였습니다.

마지막으로 본 교재가 나오기까지 함께 수고해 주신 분들에 대한 감사의 말을 전하고 싶습니다. 먼저 다문화특성화에 대한 무한한 관심과 지원을 아끼지 않으시는 신한대학교 강성종 총장님께 진심으로 존경과 감사의 말씀을 드립니다. 더불어 오랜 시간 다문화에 대한 연구와 교육을 함께하시고 교재에 필요한 귀한 자료를 기꺼이 내주신 임원선 교수님께도 감사의 말씀을 전하고 싶습니다. 또한 갑작스런 교재 출판 제의를 기꺼이 허락하신 양서원 박철용 회장님과 관계자 여러분들께도 감사의 말씀을 전하고 싶습니다.

2019. 12.

저 자

Part
01
다문화와 다문화아동 이해

Part

02

다문화 아동과 사례관리

Part 01

다문화와 다문화아동 이해

다문화를 개인과 집단 사이에 나타나는 모든 다양성을 포괄하는 넓은 개념으로 사용하였다. 현재 우리나라에서는 다문화를 소수자로 다소 제한적으로 사용하는 경향이 있으나 점차 그 의미가 확대되고 있다.

다문화아동을 이해하기 위한 개념은 문화, 다문화, 다문화 감수성, 다문화 역량 등을 들 수 있으며 관련개념을 통하여 다문화사회와 다문화아동에 대한 이해가 필요하다.

1) 문화(culture)

문화란 가치, 신념, 행동의 총체이며 공유된 언어, 의사소통 스타일, 아이디어, 생각하는 양식을 의미한다. 또한 학습된 믿음, 전통, 원칙, 집단구성원의 행동양식을 포함하기 때문에 다양성을 지닌다. Taylor(1958)는 문화를 지식, 신앙, 예술, 도덕, 법률, 관습 등 인간이 사회구성원으로서 획득한 능력 또는 습관의 총체라고 정의하였다. 문화의 종류는 크게 물질문화, 제도문화, 정신문화로 구분되며 기차, 고속도로, 비행기, 전화 등 교통통신수단이나 기계도구를 비롯하여 가옥, 그 밖의 시설물 등의 형태를 물질문화라고 한다.

제도문화는 한 사회를 유지하는 데 필요한 관습, 규율 등을 포함하며 이러한 규율 속에서 질서정연하게 움직이는 정치, 경제, 사회 등 여러 가지 제도와 관습을 의미한다. 정신문화는 학문, 예술, 도덕, 종교 등 인간의 정신적 활동에 의하여 발전된 문화를 의미한다. 문화는 삶의 많은 부분을 설명하는 데 사용되지만 Barry(1992)는 문화를 8가지 범주로 정리하여 다음과 같이 제시하였다.

- √ 일반적 특성
- √ 음식과 옷
- √ 주택과 기술
- √ 경제와 교통
- √ 개인활동과 가족활동
- √ 지역사회와 정부
- √ 복지, 종교, 과학
- √ 성과 생활주기

2) 다문화(multiculture)

동일한 혈통과 문화를 추구하던 단일문화에 또 다른 문화가 통합되어 여러 문화가 공존하는 상태를 의미하며 거시적으로 이주를 통하여 발생하는 사회구성의 다원주의적 진화를 의미한다. 또한 다문화사회는 국적, 민족, 인종 등이 다른 사람들이 서로의 문화적 차이를 인정하면서 평등한 관계를 형성하고 사회의 구성원으로서 함께 생활하는 사회를 의미하며 다문화와 대비되는 개념은 단일문화이다. 단일문화는 민족우월주의, 자기민족 중심주의가 바탕이 되며 자신이 가지고 있는 고유한 문화가 중심이 되고 그 문화가 다른 문화보다 우월하다는 인식을 기본으로 한다. 단일문화는 단일문화에 속하지 않은 민족이나 국가에 대하여 비우호적이고 배타적인 태도를 보이는 경향이 있다.[1] 다문화는 다양한 문화를 지닌 구성원을 존중하고 인정하는 문화상대주의 혹은 교차문화적 이해를 기반으로 한다.

3) 다문화 역량(multiculture competence)

다문화사회에서 살아가야 하는 사람들이 갖추어야 할 능력을 의미하며 대체적으로 자신의 문화와 다른 배경을 가진 집단에 대한 성찰적 인식과 그들을 둘러싸고 있는 환경에 대한 지식, 그들과 효과적으로 대면하는 세 가지 기술을 의미한다(민무숙 외, 2009). 다문화 역량의 세 가지 기술은 다른 문화에 대한 인식과 태도, 지식, 기술 등을 포함한다.

다문화 역량은 다문화사회의 중요한 시민 자질에 해당되며 다양한 문화적 배경을 지닌 사람들과 효과적으로 의사소통하고 상호작용할 수 있는 능력을 의미한다. 다문화 역량은 서로 다른 문화에 대한 긍정적인 태도와 인식 그리고 그것을 기반으로

1) 2006년 독일월드컵주제는 “인종주의를 배격하고 모두가 친구가 될 때이다”라는 다문화 슬로건을 내세웠음. 이에 유엔인종차별철폐위원회(UNCERD)는 2007년 8월 우리나라가 다민족국가가 된 현실을 직시하고 외국인에 대한 차별을 없애는 적절한 조치를 취할 것을 권고함.

각 문화상황에 적절한 행동양식을 개발할 수 있는 능력이라고 할 수 있다(Bhawuk & Brislin, 1992; 박하나, 2015 재인용). 다시 말하자면 다문화 역량은 자신이 속한 문화와 다른 문화에 대한 지식과 인식을 바탕으로 다양한 문화상황에 적절하게 대처할 수 있는 행동양식을 개발하고 기술을 발달시킬 수 있는 능력이라고 할 수 있다.

4) 다문화 감수성(mulitculture sensitivity)

다문화 감수성이란 서로 다른 문화적, 인종적 배경을 가지고 있거나 몇 개의 서로 다른 문화가 공존하는 상황에서 효과적으로 반응할 수 있는 능력을 의미한다(박순희, 2010). 다시 말하자면 어떤 고정관념이나 선입견, 편견 등에 얽매이지 않고 다른 사람의 관점에서 문화적으로 공감할 수 있는 능력과 태도라고 할 수 있다. 다문화 감수성은 다문화사회에서 문화가 서로 다른 집단과 효과적인 의사소통 및 상호작용을 하기 위하여 개인이 갖추어야 할 필수적인 요소이다(Chen & Starosta, 2000; 박하나, 2015 재인용). Chen(1997)은 다문화 감수성은 개인이 지닌 문화 간 역량(문화 간 의사소통능력) 중 하나의 요소이며 문화 간 의사소통능력은 인지적 측면의 문화 간 지각, 정서적 측면의 문화 간 감수성, 행동적 측면의 문화 간 노력 등의 요소로 구성되어 있다. Bennett(2004)는 자민족 중심주의에서 문화상대주의에 이르기까지 다문화 감수성이 발달되는 경로를 다음과 같이 제시하였다.

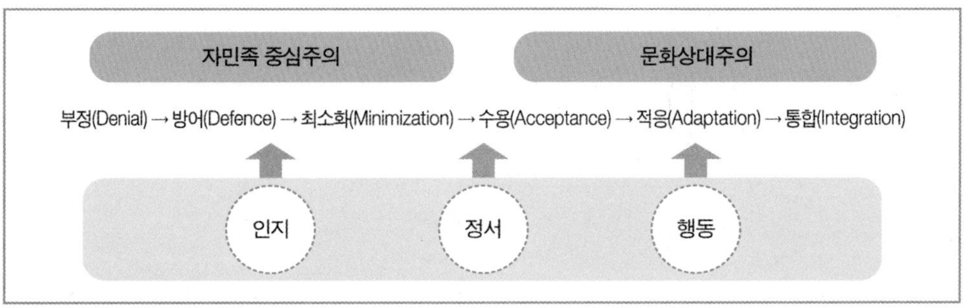

그림 1-2 다문화 감수성 발달경로

출처: Bennett(2004) 재구성.

5) 다문화 효능성(multicultural effectiveness)

다문화 효능성은 문화차이에 따른 갈등상황을 잘 조절할 수 있는 능력을 의미하며 하위요인으로 개방성, 정서적 안정성, 유연성, 사회적 주도성으로 구성되어 있다. 개방성은 다른 문화 사람들과 그 나라의 문화적 규범과 가치관에 대하여 편견을 가지지 않는 열린 태도를 의미한다. 정서적 안정성은 스트레스가 많은 상황에서도 심리적 안정을 유지할 수 있는 정도를 말한다. 유연성은 새로운 상황에서 자신의 생각과 행동을 잘 조절해서 적응해 나갈 수 있는 능력을 의미하며, 사회적 주도성은 문화적으로 다른 상황에서 행동하고 다른 문화 사람들과 접촉을 유지할 수 있는 능력을 의미한다.

6) 다문화 수용성

다문화 수용성은 다문화사회로의 변화와 타 인종, 다른 문화적 배경을 가진 집단을 같은 사회의 구성원으로 받아들이는 정도를 의미하며, 다른 문화를 인정하고 존중하는 다문화 지향적 태도로서 우리 문화만 옳고 가치가 있다고 생각하지 않는 개방적 자세와 다문화구성원인 이주민들을 경쟁자가 아니라 공존통합의 대상으로 인정하는 태도이다(이지영, 2016).

김미진(2010)은 다문화 수용성이란 다문화사회의 구성원으로 살아가는 데 필요한 적응능력이라고 하면서 다문화적 인식, 다문화적 개방성, 다문화적 공감, 관계형성의 유능성으로 구성되어 있다고 하였다.

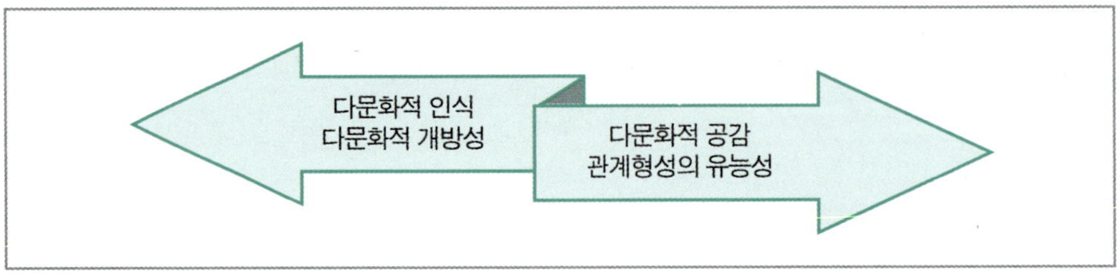

그림 1-3 다문화 수용성 요소

한편 한국여성개발연구원(2015)에서 개발한 다문화 수용성 척도는 다양성, 관계성, 보편성의 하위요인으로 구성되었으며 다양성은 문화개방성과 국민정체성, 고정관념 및 차별의 하위요인으로 구성되었다. 관계성은 일방적 동화기대, 거부·회피정서, 상호교류행동의지로 구성되었으며, 보편성은 이중적 평가, 세계시민행동의지로 구성되었다.

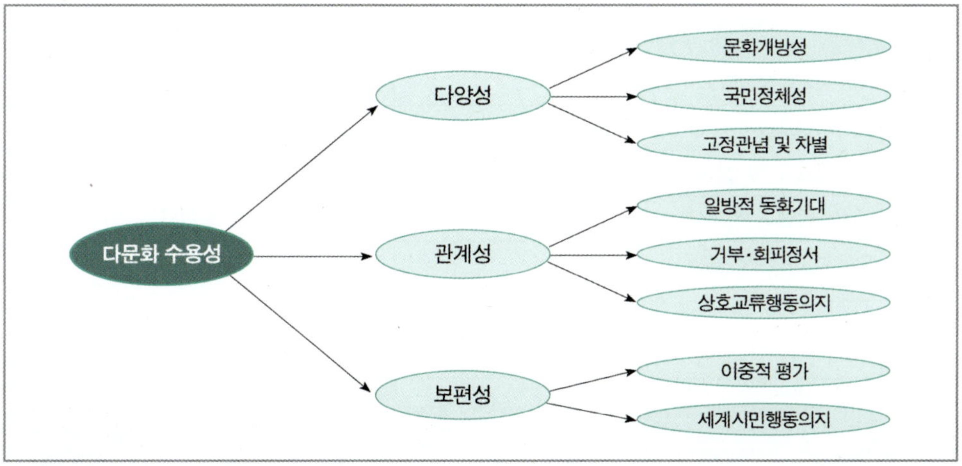

그림 1-4 다문화 수용성 요인
출처: 한국여성개발원(2015).

우리나라의 경우 다문화관련법과 제도를 마련하여 다문화인식과 다문화를 이해하기 위한 제도적 기반을 만들고 있다.

「다문화가족지원법」 제5조 6항에 의하면 교육부장관과 지자체 교육감은 유아교육법과 초·중등교육법에 따른 학교의 교원에 대하여 대통령령이 정하는 바에 따라 다문화이해 교육 관련 연수를 실시해야 한다고 규정되어 있다.

뿐만 아니라 동법 제6조 2항에는 국가와 지방자치단체는 결혼이민자들의 배우자 및 가족 구성원이 결혼이민자 등의 출신국가 및 문화를 이해하는 데 필요한 기본적 정보를 제공하고 관련교육을 지원할 수 있어야 한다고 규정하고 있다.

이와 같이 다문화이해교육이 의무화되면서 교원의 다문화이해 제고 및 다문화학생 지도 역량을 보다 강화하고 있다. 또한 결혼이민자의 배우자 및 가족구성원에 대한 상호이해 교육을 활성화하면서 다문화가족의 건강한 가족관계를 지원할 수 있도록 하였다.

이러한 측면에서 관련기관에서는 다문화이해를 위한 다양한 교육이 실시되고 있으며 이를 통하여 다문화에 대한 인식과 역량은 물론 다문화 감수성, 다문화 수용성 향상에 기여하고 있다.

출처: 경기도 교육청 관리자와 교사를 위한 다문화연수프로그램.

일선학교 관리자 및 교사를 위한 다문화이해교육

횟수	관리자	교사
1일	다문화교육정책방향	세계시민교과서를 활용한 다문화교육
	세계시민교과서를 활용한 다문화교육	다문화학생 학부모상담 및 지도
	다문화교육 및 상담을 위한 슈퍼비전 이해와 활용	다문화학생 상담기법
	다문화감성과 리더십	다문화학생 놀이지도기법
2일	다문화교육현장 탐방	다문화교육 현장탐방
3일	지역다문화관련기관과 학교협력체계 구축	
	학교 안과 밖의 다문화교육	

출처: 경기도교육청 다문화관리자 및 교사교육(신한대학교 내부자료, 2019)

2 우리나라 다문화사회의 등장과 전개

1) 다문화사회의 배경

근대적으로 우리나라의 이주민 역사는 일제강점기 일본인 이주민과 화교를 들 수 있다. 이후 6.25전쟁 이후 미군이 주둔하면서 주둔군 이주민과 혼혈인으로 이루어진 이주민이 있었으며, 1988년 88올림픽 개최 이후 외국인노동자의 국내이주가 급속히 증가하면서 이주자가 증가하였다. 1991년 11월 해외투자업체의 현지 고용인력의 유입으로 '해외투자업체 연수제도'를 도입하였고, 1993년 11월 추천단체에 의한 '산업기술연수생제도'로 확대하였다. 2007년 1월부터 고용허가제로 일원화되면서 국내에서 인력을 구하지 못하는 기업들이 적정인력의 외국인근로자를 고용할 수 있도록 하였고 3D업종을 중심으로 외국인근로자가 증가하였다. 1990년 한국 여성이 한국 농촌 남성과 결혼하는 것을 기피하는 현상이 생기면서 농촌 남성과 외국인 여성과의 결혼이 증가하였다. 이와 같이 국제결혼이 증가하면서 그 가정에서 태어난 자녀들이 증가하고 다양한 국적과 인종으로 이루어진 다문화가족도 증가하게 되었다. 또한 1990년대 중반부터 북한을 이탈하여 남한으로 이주하는 북한이탈주민이 증가하면서 우리나라는 다양한 문화를 지닌 사람들이 함께 살아가는 사회가 되었다. 화교의 이주로부터 시작되어 최근 이슈가 되고 있는 탈북이주민, 난민에 이르기까지 점차적으로 변화되고 있다.

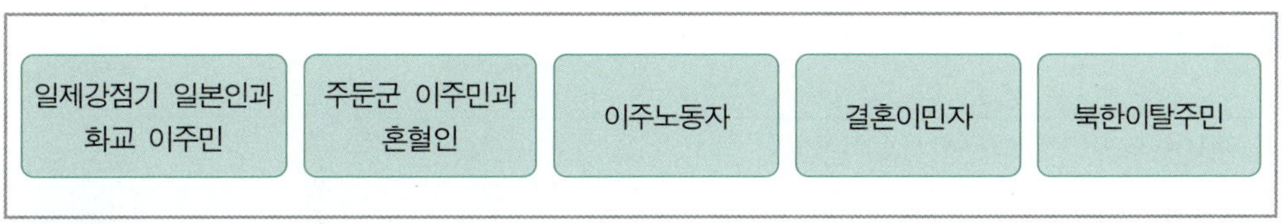

그림 1-5 우리나라 다문화 변천과정

2) 우리나라 다문화사회의 현황과 특성

한건수(2008)는 다문화사회의 본격적인 논의와 관련하여 가장 관심 있게 보아야 할 점이 외국이주민에 대한 데니즌(denizen)과 마지즌(margizen) 개념에 근거한 계층별 차별이라고 하였다. 데니즌과 마지즌에 대한 개념 특성은 다음과 같다.

표 1-1 외국이주민 개념 특성

구 분	내 용
데니즌 (denizen)	주로 전문직에 종사하는 사람들로 일시적 이주를 통하여 타국에 머물더라도 출신국의 시민권을 포기하지 않으며 체류국가에 영주할 의사가 없는 이주민을 의미함.
마지즌 (margizen)	이주노동자처럼 체류국가에서 법적, 정치적, 사회문화적 권리를 보장받지 못하고 주변적인 범주에서 살아가는 사회경제적 취약자를 의미함.

또한 우리나라 다문화사회의 변화는 다음과 같은 특성을 지니고 있다.

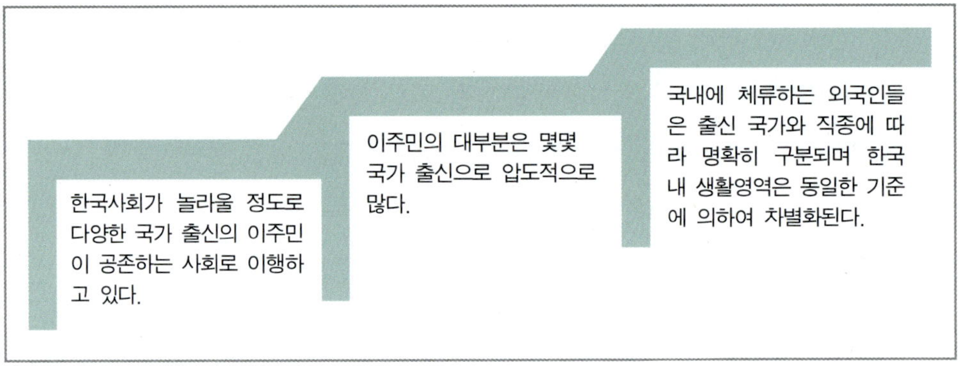

그림 1-6 우리나라 다문화사회의 변화

한승준(2009)은 다문화사회의 이행과정을 1단계 진입단계, 2단계 전환단계, 3단계 정책단계로 구분하여 제시하였으며 구체적 내용은 〈표 1-2〉와 같다.

표 1-2 다문화사회 단계별 특성

단계별	특 성
1단계 : 진입단계	- 외국인 비율의 가시적 증가 - 단일민족국가에 대한 혼란 - 이주민과 다문화사회에 대한 국민인식 형성
2단계 : 전환단계	- 다문화가족의 형성 - 이주민 공동체 형성 - 다문화가족 내 갈등 증가
3단계 : 정착단계	- 이주민 집단의 세력화 - 주류사회와의 갈등 증가 - 사회통합비용 증가

이 중 우리나라는 외국인 비율이 증가하고 이주민과 다문화사회에 대한 국민의 인식이 형성되는 1단계를 지나 현재는 다문화가족이 형성되고 이주민 공동체가 형성되는 등 2단계, 즉 전환단계에 진입했다고 볼 수 있다. 다문화사회와 관련된 연구도 초기에는 이주민 현황, 정책, 노동, 특히 결혼이민자에 대한 문제에 집중되었으나 현재는 문제점과 개선방안뿐만 아니라 다문화적 특성을 지닌 구성원들의 강점을 개발하고 활용하는 방안에 대한 연구도 확대되고 있다. 이러한 논리 속에는 다문화사회 정착단계에 진입했을 때 나타나는 특성들, 즉 이주민 집단이 세력화되고 주류사회와의 갈등이 증가하고 이로 인한 사회통합비용이 증가할 것이 예측되므로 이에 대비하는 것이 필요하다.

3 다문화아동과 교육현황

1) 다문화아동 현황

다문화가정의 증가로 다문화아동이 증가하고 다문화아동을 지원하기 위한 다양한 정책과 제도가 마련되었다. 다문화아동에 대한 관심은 2000년대 결혼이민자의 증가와 더불어 자녀들이 출생하면서부터라고 볼 수 있다. 행정안전부(2015) 자료에 의하면 결혼이민자 및 국적취득자의 미성년자 수는 총 외국인 주민(175만 119명) 중 11.9%에 해당되는 20만 7,693명으로 나타났다. 이 중 만 6세 이하는 113,506명, 만 7~12세 56,768명, 만 13~15세 17,453명, 만 16~18세 13,606명인 것으로 나타났다.

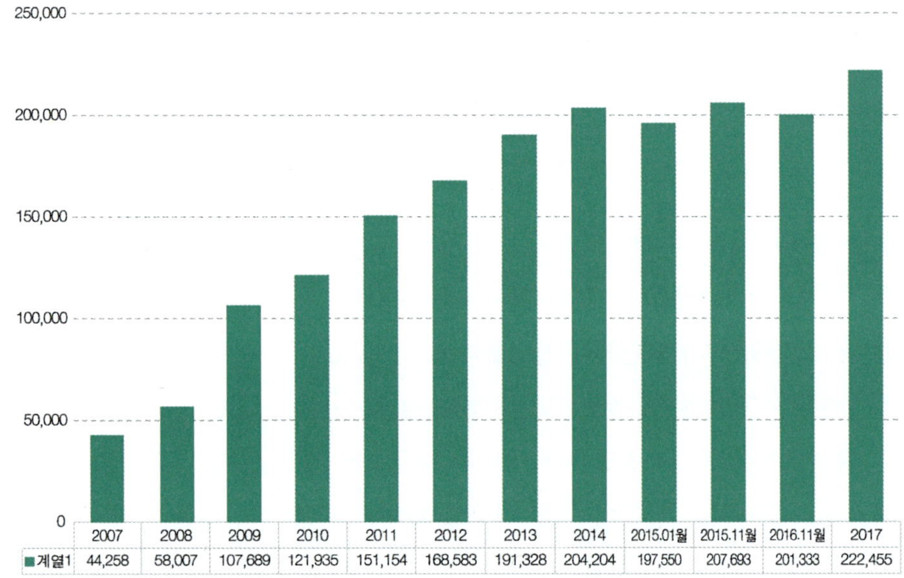

※ 09년 자녀수의 큰 폭의 증가는 '09년도부터 결혼이민자의 배우자 정보를 활용하여 조사한 것이 원인

그림 1-7 연도별 다문화가정 자녀 현황(2007~2017)
출처: 다문화가족지원포털(다누리 통계 자료실).

국적별 전체 인원 1,480,424명 중 중국계가 615,018명(41.5%)으로 가장 많았으며 그 다음으로 베트남계 389,290명(26.2%), 필리핀 99,802명(6.7%), 기타 259,949명(17.5%)인 것으로 나타났다.

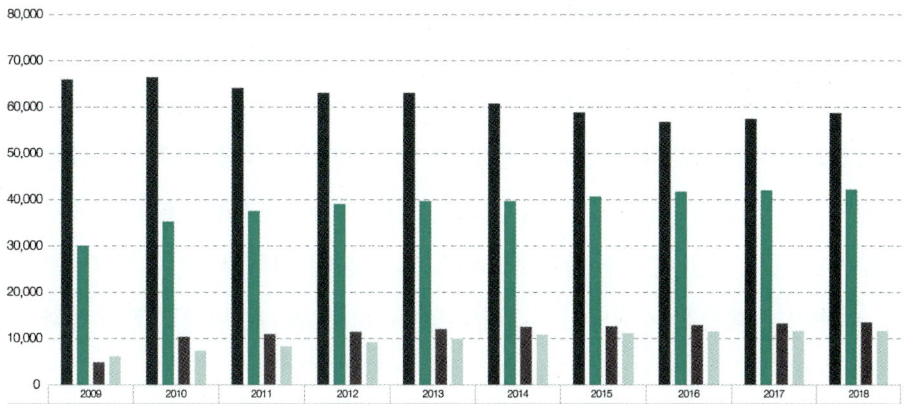

	2009	2010	2011	2012	2013	2014	2015	2016	2017	2018
■ 중국	65,992	66,687	64,173	63,035	62,400	60,663	58,788	56,930	57,644	58,706
■ 베트남	30,173	35,355	37,516	39,352	39,854	39,725	40,847	41,803	42,205	42,460
■ 일본	5,074	10,451	11,162	11,746	12,220	12,603	12,861	13,110	13,400	13,738
■ 필리핀	6,321	7,476	8,367	9,611	10,383	11,052	11,367	11,606	11,783	11,836

■ 중국 ■ 베트남 ■ 일본 ■ 필리핀

그림 1-8 국적별 다문화 자녀 현황

출처: 국가지표체계 결혼이민자 연도별·국적별 현황(2019).

한편 기획재정부의 자료에 의하면 향후 결혼이민자는 증가할 것으로 예측하고 2030년에는 43만 명에 이를 것으로 추정하였으며, 한국보건사회연구원(2010)에서는 2050년 다문화가족 인구가 216만 4,886명에 이르게 될 것이라고 추정하였다.

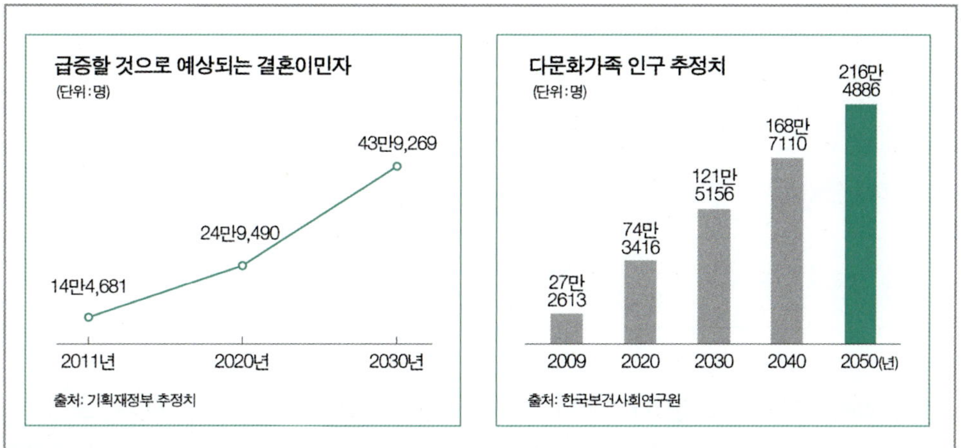

그림 1-9 향후 다문화가족 인구 추정

출처: 기획재정부(2012).

2) 다문화아동 관련정책과 교육

(1) 다문화아동 관련정책 현황

외국인노동자를 포함하여 결혼이민자 등 이주자가 증가하면서 우리나라의 다문화정책이 시작되었다. 2005년 "대통령 자문 빈부격차차별시정위원회"를 중심으로 관련부처가 종합적인 대책을 마련하였는데 그 가운데 여성결혼이민자 가족 및 혼혈인, 이주자 사회통합 지원방안도 포함되었다(김미나, 2009). 다문화 관련정책을 추진하는 중앙부처는 법무부, 보건복지부, 여성가족부, 문화체육관광부, 교육부, 고용노동부, 행정안전부, 농림축산식품부 등이 있으며 부처별 정책내용은 〈표 1-3〉과 같다.

표 1-3 중앙부처의 다문화지원정책

중앙부처	정책내용
법무부	한국어교육, 한국사회 이해교육 등 제공 (행복드림, Happy Start 프로그램)
여성가족부	한국어교육 및 임신출산지원, 아동양육지원 한국생활 정보제공 및 상담 등
문화체육관광부	한국어교재 개발 및 요리, 육아관련 생활정보 제공 농촌지역 가정방문 한국어교육 실시
보건복지부	소득수준과 관계없이 보육료 전액 지원 결혼이민자 무료진료, 의료지원 등
농림축산식품부	양육지도사 및 한국어교사 파견 농업인 영유아양육비 지원, 영농교육, 문화교육, 요리강습 등
교육부	한국어, 한국문화교육과정 개설 다문화가정 자녀 상담교사 지정, 방과후 프로그램 지원

다문화관련법으로 가장 기본적인 법은 「출입국관리법」과 「국적법」이다. 또한 다문화정책이 추진될 수 있는 법적 근거는 2007년 법무부의 「재외외국인처우기본법」과 보건복지부의 「다문화가족지원법」이다. 특히 다문화아동과 관련된 법은 여성가

족부의 「다문화가족지원법」, 「영유아보육법」, 교육부의 「교육기본법」, 「초·중등교육법 시행령」 등이 있으며 이러한 법을 기반으로 지원정책을 추진하고 있다. 특히 다문화가족지원법 제3조의2에 의하면 다문화가족 지원을 위하여 5년마다 다문화가족정책에 관한 기본계획을 수립하여야 한다고 규정되어 있다. 이 법에 근거하여 제1차 기본계획(2007~2012), 제2차 기본계획(2013~2017), 제3차 기본계획(2018~2022)[2]을 수립·추진하고 있다.

특히 유아교육 혁신방안으로 다문화유치원 등을 확대 운영하는 정책과 다문화가족 이중언어 환경조성사업 등이 제시되고 있다. 2015년 20개의 다문화유치원이 시범 운영되었고 2016년 73개소로 확대 운영되었으며 2022년까지 120개소로 확대 운영할 계획이다.

2) 3차 기본계획의 정책은 5개 분야 17개 세부추진과제로 구분됨.

과제영역	세부추진과제
다문화가족 장기정착지원	- 결혼이주여성 인권보호 강화 - 국제결혼 피해예방지원 - 안정된 가족생활 지원 - 서비스연계 활성화
결혼이민자 다양한 사회참여 확대	- 자립역량강화 - 취·창업 지원서비스 내실화 - 사회참여 기회 확대
다문화가족자녀 안정적 성장지원과 역량강화	- 안정적 성장을 위한 환경조성 - 학업 및 글로벌 역량 강화 - 진로준비 및 사회진출지원 - 중도입국자녀 맞춤형 지원
상호존중에 기반한 다문화 수용성 제고	- 정책환경에 대한 주기적 모니터링 실시 - 다문화이해교육 활성화 - 다문화 수용성 제고를 위한 미디어환경 조성 - 지역환경 조성 및 참여, 교류프로그램 활성화
협력적 다문화가족정책 운영을 위한 추진체계 강화	- 정책추진체계 간 협력 강화 - 다문화가족 지원체계 내실화

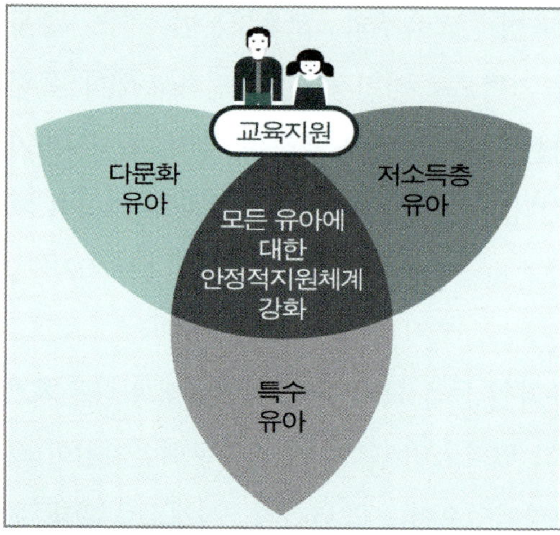

1. 모든 유아에 대한 안정적 지원체계 강화
   (어린이집 누리과정 전액 국고 지원)
2. 저소득층 유아 교육기회 확대
   (국공립유치원 우선 입학, 교육비 지원)
3. 다문화 유아·가정교육지원 강화
   (다문화유치원 확대, 학부모 교육 등)
4. 특수교육을 위한 통합교육 확대
   (통합유치원 및 국공립 특수학급 확대)
5. 국공립유치원 이용률 확대

그림 1-10 다문화 유아교육 지원 계획
출처: 교육부(2017).

(2) 다문화아동 교육

다문화아동 교육의 목적은 다문화아동에 대한 포용, 일반아동과의 상호존중 및 공존, 다문화적 공동체에 적합한 능력을 함양하는 것이다. 이러한 교육목적을 달성하기 위하여 다문화교육은 **내용통합**(content interation), **지식구성과정**(knowledge construction process), **편견감소**(prejudice reduction), **공평한 교수법**(equity pedagogy), **학생**

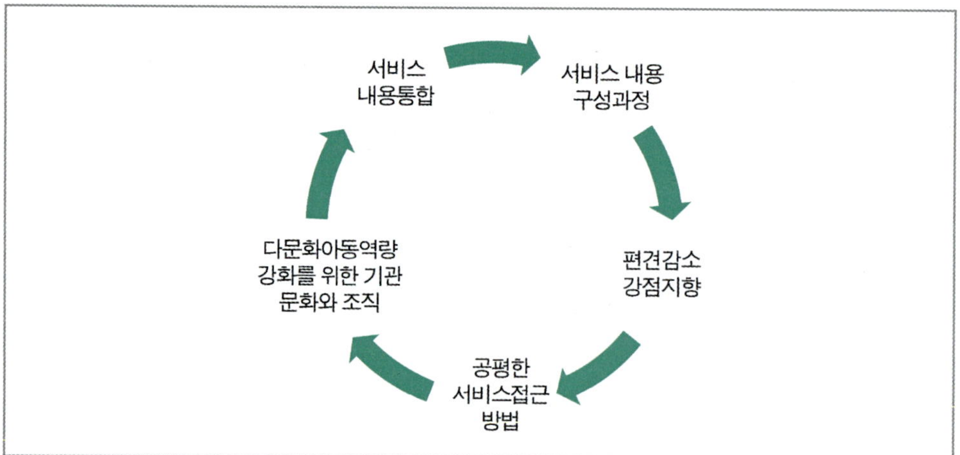

그림 1-11 다문화교육 지향 요소

역량을 강화하는 학교문화와 조직(empowering school culture)을 지향한다(Banks, 2008). 다문화교육이 추구하는 요소를 중심으로 다문화아동지원서비스가 지향하는 요소는 다문화아동지원서비스의 내용통합, 서비스내용 구성과정, 편견감소 및 강점지향, 공평한 서비스접근법, 다문화아동역량을 강화하는 서비스기관문화와 조직이라고 볼 수 있다.

우리나라 다문화아동을 위한 교육은 다문화아동만을 대상으로 하는 경향이 있다. 또한 다문화아동을 위한 교육도 상호 간 문화이해보다 배타적 동화교육에 가까우며 일방적인 한국문화 적응을 중심으로 하는 경향이 있다. 그러나 최근 일반아동을 대상으로 한 다문화이해교육도 확대하여 실시하고 있다. 특히 어린이집이나 유치원 등 유아를 대상으로 다문화이해교육[3]이 실시되고 있으며 다문화여성이 자국문화를 체험적으로 교육하는 방식으로 진행되고 있다.

4 다문화아동의 권리

낮은 출산율로 인하여 매년 우리나라 전체 학생 수는 감소하는 추세이나 다문화아동 수는 증가하고 있다. 이에 따라 학교뿐만 아니라 다문화아동을 지원하는 서비스기관에서 다문화아동에게 효율적인 서비스를 제공하는 방법을 모색하게 되었다. 교사나 사회복지사들이 서비스 현장에서 다문화아동을 지원함에 있어 무엇보다 우선되어야 할 점은 다문화아동에 대한 이해이다. 다문화아동의 이해는 두 가지 측면으로 살펴볼 수 있는데 권리적 측면과 발달적 측면이다.

3) ○○○유치원은 다문화정책학교(유치원)로 선정 운영되는 유치원이며, 세계화라는 시대적 흐름에 따라 다문화교육을 활성화하기 위해 학부모와 유아들의 다문화교육에 대한 이해를 돕고 나아가 다문화 감수성 함양 및 다문화 친화적 환경 조성을 위해 계획을 세워 운영하고 있음. 다문화에 대한 긍정적인 분위기가 형성되어 가고 있는 가운데 오감으로 즐길 수 있는 다문화교육으로 아프리카 전통 악기인 젬베로 아프리카의 음악과 춤을 즐길 수 있도록 함.

1) 권리적 측면의 다문화아동

권리는 그 형태와 종류를 막론하고 인간의 존엄성을 기초로 한다. 특히 아동의 권리는 출생과 더불어 누리는 천부성과 보편성에 근거한다. 다시 말하자면 성인에게 주어지는 권리가 아동에게도 동일하게 적용될 뿐만 아니라 성장하는 존재로서 아동 특성에 따라 보호권과 발달권이 부여되어야 한다. 특히 다문화아동의 경우 일반아동에 비하여 차별받지 않을 권리에 대한 보장이 반드시 필요하며 다문화아동의 외국인 부모가 속한 인종이나 국가, 그리고 문화적 차이가 차별이 되고 그로 인하여 성장발달에 영향을 받지 않도록 권리보장이 필요하다.

(1) 아동권리의 발달과정

① 보호대상으로서 아동권리

스웨덴의 교육학자인 케이는 그의 저서 『아동의 세기』에서 아동은 더 이상 성인의 축소판이 아니며 성인과 다른 고유한 특성을 지닌 독자적 존재로서 무한한 잠재력을 지닌 자로 기술하면서 아동권리에 대한 관심이 시작되었다. 이후 1922년 독일의 바이마르헌법 아래 세계 최초의 아동법을 제정하고 1924년 국제연맹에 의한 아동권리선언으로 현대적 의미의 아동권리사상이 출발되었다.

② 포괄적 인권보장으로서 아동권리

1960년대가 되면서 사회적 약자에 대한 포괄적 인권보장의 관점이 제기되었고 종전에 법적 구속력이 없었던 선언에서 조약으로 인권보장의 제도적 틀이 마련되었다. 그러나 아동권리에 대한 구체적 내용은 포함되지 않았다.

③ 권리주체로서의 아동권리

1959년 UN에서 아동권리선언이 채택되고 1976년 31차 UN총회에서 국제아동의 해에 대한 결의가 채택되었고 1989년 제44차 UN총회에서 아동권리협약이 만장일치로 채택되면서 권리주체로서의 아동권리에 대한 관점이 확립되었다.

④ 우리나라의 아동권리

우리나라는 1975년 대한민국 어린이헌장이 선포되었으며 1990년 9월 25일 UN의 아동권리협약에 서명하여 협약의 3개 조항을 유보하고 비준하여 1991년 12월 20일부터 협약당사국이 되었다. 아동권리협약 당사국이 되면서 아동을 보호의 대상이 아닌 권리의 주체로 인식하는 계기가 되었다. 아동권리협약은 2019년 기준 196개국이 비준하였으며 협약은 세계아동의 권리를 보장하기 위한 국제법으로 구속력을 지닌다.

(2) 아동의 기본권리와 원칙

아동권리협약에서의 아동권리는 크게 생존권, 보호권, 발달권, 참여권으로 구분되며 이를 위하여 무차별의 원칙, 아동 최우선 이익의 원칙, 생존 및 발달보장의 원칙, 참여의 원칙 등 기본원칙이 있다. 아동의 기본권리와 원칙은 다문화아동에게도 적용되며 특히 다문화아동의 경우 발달의 권리와 무차별의 원칙이 보다 강조된다.

표 1-4 다문화아동 발달권리와 원칙

구 분	내 용
발달의 권리	잠재능력을 최대한 발휘하는 데 필요한 권리, 교육받을 권리, 여가를 즐길 권리, 문화생활을 하고 정보를 얻을 권리, 생각과 양심과 종교의 자유를 누릴 권리 등
무차별의 원칙	모든 아동은 인종과 부모의 배경, 종교, 언어, 경제적인 지위수준, 장애 유무에 관계없이 동등한 권리를 누려야 함

아동권리협약 내용 중 다문화아동과 관련된 직접적 조항은 제2조와 10조, 22조, 30조이며 세부적 내용은 〈표 1-5〉와 같다.

표 1-5 아동권리협약 내용 중 다문화아동 관련 조항과 내용

조항	내 용
2	모든 아동은 인종이나 성별, 종교, 사회적 신분에 따른 어떠한 종류의 차별로부터도 보호받아야 한다.

조항	내 용
10	당사국 정부는 아동 또는 부모가 서로간의 면접을 위해 출국이나 입국을 신청할 때 이를 신속히 받아들여 부모와 자녀 간에 관계를 유지할 수 있도록 보장하여야 한다.
22	당사국 정부는 난민아동이 특별한 보호를 받을 수 있도록 적절한 조치를 취해야 한다.
30	소수민족의 아동은 그들 자신의 문화와 종교를 누리고 고유의 언어를 사용할 권리를 가진다.

유엔아동권리협약에서는 2019년 9월 대한민국에 대한 제5차, 6차 심의가 이루어졌다. 유엔아동권리위원회의 심의결과 권고내용으로는 아동의 일상생활에 밀접한 모든 분야와 학교현장에 국한된 경쟁 위주의 교육, 체벌금지 등이었다. 유엔아동권리위원회가 권고한 주요 부분에 대한 최종견해를 요약하면 다음과 같다.

① 포괄적 차별금지법 제정

유엔아동권리위원회의 최종견해 중 가장 핵심적인 부분은 '포괄적 차별금지법'의 제정을 권고한 것이다. 위원회는 2007년 이후 차별금지법 채택을 신속하게 제정하고 해당 법을 통하여 출신지, 성적 지향 및 성정체성에 근거한 차별금지를 다음과 같이 보장할 것을 촉구했다.

- 차별금지법 제정을 촉구하며 농어촌지역아동, 경제적으로 취약한 아동, 장애아동, 이주아동, 다문화가정아동, 탈북아동이 출생 신고, 보육시설이용, 교육·보건서비스, 복지, 여가 및 국가가 제공하는 보호체계접근에 차별을 경험하는 것
- 성적에 근거한 차별이 학교에 만연해 있는 것
- 한부모가정 편견이 차별의 대상이 되는 것
- 성적 지향에 근거한 차별 사례가 지속되는 것과 성소수자 관련 정책이 불충분한 것을 우려하였다.

이를 위한 방안으로

- 포괄적인 차별금지법 제정과 전략을 시행

- 취약하고 소외된 상황 속에 있는 아동에 대한 차별방지 및 근절을 위한 대중 캠페인 전개
- 당사국 영토에 있는 모든 아동을 대상으로 출생 신고, 보육시설, 교육, 보건, 복지, 여가 그리고 국가지원과 관련된 동등한 접근을 보장
- 학교에서 성적에 근거한 차별을 방지하고 근절
- 양육비 접근에 있어 모든 가정에 동등한 대우를 보장하고 이에 따라 관련법 및 관행을 점검하는 방안을 제시하였다.

② 난민, 이주아동도 한국 아동과 동등한 권리보호

유엔아동권리위원회의 최종견해보고서가 작성될 당시 인천공항에 앙골라 출신의 '루렌도 가족'이 난민인정심사도 받지 못한 채 생활하고 있을 때였다. 위원회는 10세 미만의 아동이 공항에서 200일 이상 숙식을 하고 있다는 점을 우려하였다. 위원회는 한국 정부의 2012년 난민법 제정을 환영하면서 한국 정부가 보다 더 적극적으로 난민, 이주아동의 권리를 보호할 것을 촉구하였다.

- 출입국관리법 개정을 통해 이주아동 구금을 금지할 것
- 망명과 가족 재결합 문제해결에 아동이익을 최우선적으로 고려할 것
- 난민 및 무국적 아동의 지위를 결정하는 절차를 개발할 것
- 부모를 동반하지 않은 아동 및 장애아동을 포함해 모든 난민신청아동과 난민아동 그리고 이주아동이 한국 아동과 동등하게 누릴 수 있도록 법적 관행적 장벽을 없앨 것
- 난민신청자 중 특히 아동에 대한 혐오 발언 근절캠페인을 전개할 것

③ 아동성매매는 성적 착취 및 성적 학대로 다루어야 하는 점

2018년 미투운동에 이어 스쿨미투가 발생된 것을 언급하면서 교사에 의한 성희롱뿐만 아니라 온라인 아동 성매매와 그루밍의 증가를 포함한 성폭력 및 성적 학대가 만연하게 된 것을 우려하였다. 면서 다음과 같은 점을 지적하였다.

- 만13세 이상인 아동은 동의능력이 있다고 간주해서 성적 착취 및 성적 학대로부터 보호받지 못한 점
- 성학대를 자발적으로 했다고 고려되는 아동(대상아동)이 범죄자로 취급되며 법적 조력 및 지원서비스대상에서 제외되고 구금과 같은 '보호처분'의 대상이 된다는 점
- 아동 성범죄유죄판결을 받은 성인 범죄자에게 보호관찰을 포함한 관대한 형이 내려지고 있다는 점

또한 이에 대한 대안을 다음과 같이 권고하였다.

- 온라인 성매매와 그루밍, 그리고 교사에 의한 성희롱을 포함한 아동에 대한 모든 형태의 성적 착취 및 성적 학대를 방지하고 대응하기 위해 필요한 적절한 조치를 취할 것
- 성적 착취 및 성적 학대에 연관된 18세 미만의 모든 아동을 범죄자로 취급하지 않고 법률상 피해자로 명시해 처우할 것
- 교사를 포함해 모든 성범죄자들이 강요의 증거 유무와 상관없이 기소하고 적절한 제재를 받도록 하며 성범죄자들에 대한 처벌이 국제기준에 부합하도록 할 것

④ 가습기 살균제 사건은 아동생명·생존·발달의 문제

가습기 살균제 사건은 국내·외 대기업이 흡입독성 안정성 시험을 제대로 하지 않은 채 판매하여 가습기를 사용한 산모와 영유아들이 사망하거나 폐질환에 걸린 사건이다. 1994년 판매되기 시작해 2011년 문제가 공론화되었으며 2018년 기준 1,431명의 사망자가 확인되었다.

위원회는 가습기 살균제로 인한 수많은 피해와 피해자들에 대한 충분한 구제와 배상이 이루어지지 않은 점을 지적하면서 국내·외 기업의 경영활동으로 아동권리가 침해된 것에 대한 우려를 표명하였다. 또한 가습기 살균제 피해아동에게 충분한 구제와 배상을 제공하기 위한 노력을 지속하고 화학물질 관리 및 유해물질 관련 사건예방을 위한 노력을 강화할 것을 촉구하였다.

⑤ 그밖에 제5, 6차 보고서심의에 대한 아동권리위원회의 최종견해로 다음 내용이 추가되었다.

- 입양기관의 투명성 제고
- 높은 아동자살률에 대한 대책 마련
- 장애아동 차별금지
- 소년원 과밀수용 및 성인에 비하여 높은 구금률에 대한 문제 제기

2) 발달적 측면의 다문화아동[4)]

다문화 아동복지에 있어서 핵심적 개념 중 하나는 다문화아동의 욕구와 성장이다. 사회사업사전에 의하면 욕구는 생존이나 안녕, 충족을 위한 신체적 · 심리적 · 경제적 · 사회적 필요라고 정의하고 있으며 대부분의 아동문제는 아동이 성장발전하는 데 필요한 기본적 욕구와 사회적 욕구의 불충족에서 출발된다고 볼 수 있다.

따라서 다문화아동의 발달적 욕구는 문제해결을 위한 필수적 단서가 된다. 즉, 욕구는 어떠한 목적을 위하여 좋은 것, 필요한 것, 필수적인 것을 의미하지만 이러한 것이 결여되었거나 결핍되었을 때 욕구결핍 문제가 발생하고 그것이 아동문제 혹은 사회문제가 되는 것이다. 인간을 포함하여 모든 생물은 개체유지와 종족보존을 위하여 필요한 기본적 욕구를 가지고 있으며 욕구는 충족되어야 할, 즉 해결되어야 할 문제로 볼 수 있다.

즉, 인간은 생존하기 위하여 혹은 인간다운 삶을 살기 위하여 필요한 욕구를 스스로 충족시킬 수 없을 때 외부로부터 도움을 필요로 하지만 아직 미성숙한 다문화아동의 욕구충족은 전적으로 외부의 도움을 필요로 하게 된다. 아동복지는 아동의 욕구 미충족상황이 어떻게 발생하였으며 그 욕구를 어느 수준에서 누가 어떤 방법으로 충족시킬 것인가에 대하여 관심을 두고 있다. 즉, 다문화아동의 발달적 욕구

4) 송정애(2014), 아동복지론, 양서원, pp.16-23에서 발췌한 내용임.

충족을 위한 외부적 도움을 체계적으로 구조화한 것이 다문화아동복지라고 할 수 있다. 즉, 다문화아동복지를 이해하기 위하여 다문화아동의 발달적 욕구에 대한 이해는 무엇보다 중요하다.

(1) 다문화아동 욕구유형

사회복지적 관점에서 중요하게 고려되고 있는 욕구는 인간욕구(human needs), 기본욕구(basic needs), 사회적 욕구(social needs) 등으로 구분하고 있다(남세진, 조흥식, 1995: 34).

인간 욕구는 생존과 인간다운 삶을 영위하기 위한 욕구와 최소한의 누구에게나 공통적이면서 필수적인 기본욕구, 다양한 사회적 위험으로 인하여 개인의 기본욕구를 충족시키지 못하는 사회구성원의 수가 많을 때 이들이 처해 있는 사회적 위험으로부터 벗어나고자 하는 사회적 욕구 등으로 구분할 수 있다.

① 인간욕구(human needs)

Maslow(1954)는 인간의 욕구를 생리적 욕구, 안전의 욕구, 사랑의 욕구, 존경의 욕구, 자아실현의 욕구로 구분하여 설명하였다. 다시 말해서 인간 욕구는 가장 하위의 생리적인 욕구를 토대로 안전의 욕구, 사랑의 욕구, 존경의 욕구, 자아실현의 욕구가 위계적 구조를 가지고 있으며 다음과 같은 특성을 가지고 있다.

- 하위욕구일수록 생물적 생존에 필요한 욕구이며 그것이 부족하게 되면 채워야만 하는 이른바 부족 동기를 형성한다. 배가고프면 배를 채워야 하고 추우면 몸을 따듯하게 해야 한다. 그러나 욕구충족의 수준이 적정해야 하며 너무 과도하면 도리어 불만족하게 된다.
- 상위욕구일수록 특히 자아실현의 욕구는 무엇이 부족해서가 아니라 더 높은 것을 찾으려는 성장동기를 형성한다. 이를테면 아이들이 배가 부르면 쉬는 것이 아니라 오히려 재미있는 놀이에 열중한다. 의미추구, 성취추구는 그 실현이 최대일수록 좋다.
- 또한 하위욕구 만족으로 상위욕구의 실현을 대치할 수 없다. 배가 부르다고 해

서 자유의 욕구가 없는 것은 아니다.

- 일반적으로 부족동기는 위기상황, 한계상황에서 강하게 우선적으로 작용한다. 보통 인간은 굶어 죽기 전의 상황에서는 먹을 것을 찾는 일 이외에는 눈에 보이는 것이 없어지고 도덕이나 자아실현 등도 없어진다.
- 위기상황이나 한계상황이 아닌 의식주가 생리적 욕구와 안전의 욕구가 만족한 일상생활에서는 성장 동기가 더 작용한다.

표 1-6 Maslow의 인간 욕구유형

욕구유형	내 용	결핍상태
생리적 욕구 (physiological need)	인간의 욕구 중 가장 기본적이고 강한 생물학적 생존의 욕구로 유기체의 생물학적 유지와 직접적으로 관련되어 있는 욕구	배고픔, 갈증, 수면, 성욕, 피로, 좌절, 긴장, 질병
안전의 욕구 (safety need)	생리적 욕구가 만족되면 개인은 안전욕구에 관심을 갖게 된다. 이러한 욕구가 생기게 되는 주된 원인은 누구나 확실하고 잘 정돈되고 조직화되고 예측할 수 있는 환경 내에서 생활하고 싶은 욕구	주거결핍, 불안, 갈구, 두려움, 강박함
소속과 사랑의 욕구 (need for belonging and love)	생리적 및 안전의 욕구가 충족되면 건전한 사랑의 관계에 대한 욕구가 나타나는데 개인은 한 집단 속에서 타인과의 애정적인 관계, 준거집단. 사회적 관계를 갈망하는 욕구	무가치한 느낌, 공허감, 고독, 고립, 불안전감
존경의 욕구 (self-esteem need)	사회적으로 사랑받고 남을 사랑하려는 욕구. 즉, 자기존중과 타인으로부터 존경을 받고자 하는 욕구	무능력한 감정, 열등감
자아실현의 욕구 (self-actualization need)	이상의 모든 욕구가 충족될 때 발생하며 자아실현은 자신이 원하는 유형의 사람이 되고자 하는 욕구	소외, 삶의 의미상실, 권태, 한정된 활동

출처: 배기효(2013).

② **기본욕구**(basic needs)

기본욕구란 인간의 욕구 중에서 누구에게나 공통적이면서 필수적인 것들의 최저수준에 적용되는 욕구를 의미한다. 아동복지는 아동의 발달적 욕구에 대응하기 위한 사회적 제도라고 할 수 있다. 아동복지나 사회복지에서의 기본욕구는 아동의 욕구 중에서 아동 모두에게 공통적이면서 필수적인 것들의 최저수준을 충족시켜 주는 데 그 의미가 있다.

기본욕구는 공통적 기본욕구와 필수적 기본욕구로 구분되는데 공통적 기본욕구란 의식주, 직업, 교육, 건강, 화목한 가정, 쾌적한 환경 등을 포함하며, 필수적 기본욕구란 공통적 기본욕구가 충족되지 않을 경우 인간성의 확보가 불가능해지며 이때 인간성 확보를 위하여 생존과 자율의 보장을 위한 기본욕구가 필요한데 이것을 필수적 기본욕구라고 한다. 기본적 욕구충족을 위한 최저수준의 정도는 시대와 장소 그리고 문화와 국가에 따라서 차이가 있다. 그러나 사회, 경제, 문화수준이 높을수록 기본욕구는 다양해지고 그 수준도 높아진다. 기본욕구의 일반적 특성은 정리하면 다음과 같다.

- 기본욕구는 모든 아동에게 공통적으로 존재하는 욕구이다. 기본욕구는 인종, 종교, 성별, 교육수준, 사회경제적 지위에 관계없이 한 인간으로서 아동이 동일하게 지니는 욕구를 의미한다. 기본욕구의 이러한 특성을 무차별평등의 원리로 표현되는데 의식주를 포함하여 건강, 직업, 가족 등이 포함된다.
- 기본욕구는 모든 아동의 성장발달에 필수적 욕구이다. 이러한 욕구가 확보되지 않으면 건강한 성장발달이 어렵게 된다. 우리나라 헌법에서는 국민의 생존권 보장을 설정하고 기본욕구충족을 위한 국가의 책임을 규정하고 있다.
- 기본욕구는 모든 아동에게 최소한의 수준으로 있어야 하는 욕구이다. 한 사회에서 필요로 하는 아동의 욕구가 기본욕구로 승인될 수 있어야 한다는 것이다. 아동의 욕구 미충족으로 인한 문제해결을 목적으로 하는 사회서비스의 양과 질에서 일정한 수준이 정해져야 하고 아동들에게 일정수준 이하의 생활을 하게 해서는 안 된다는 규범적 선언이 있어야 한다.
- 오늘날 생존과 생식과 관련된 문제와 기본적 욕구는 모든 사회의 모든 사람에게 해당된다. 더욱이 대부분의 경제활동은 이러한 기본욕구를 충족하는 데 충당되고 있다. 사치품이라고 일컫는 모피코트를 생산하는 것도 인간의 기본욕

구에 기인하는 것이다. 왜냐하면 그것을 입은 사람의 욕구를 충족시켜 주기 때문이다(피터 코닝, 2011). 생존지표 구성에 포함된 1차적 욕구의 14개 영역은 체온 조절, 폐기물 제거, 영양, 식수, 이동가능, 수면, 호흡, 신체안전, 신체건강, 정신건강, 소통, 사회관계, 생식, 자녀양육 등이다.

③ **사회적 욕구**(social needs)

사회적 욕구란 사회적 위험으로 인하여 발달적 욕구가 충족되지 못하는 아동이 발생했을 경우 직면하는 사회적 위험을 사회가 공동의 노력을 통하여 해결하려는 그리고 해결할 수 있는 욕구를 말한다. 따라서 사회적 욕구는 사회적 위험과 매우 관련이 높은 욕구라고 할 수 있다. 사회적 욕구는 사회적 존재로서의 인간 욕구를 의미하며 사람으로부터 사랑받고 싶은 애정의 욕구, 집단 속에서 어떤 위치를 차지하고 싶은 소속의 욕구, 무엇인가 가치 있는 일을 하고 싶은 성취의 욕구, 자신이 결정해서 그 책임을 지고 싶은 독립의 욕구, 사람들로부터 인정과 칭찬을 받고 싶은 사회적 승인의 욕구, 새로운 경험을 찾는 욕구, 우월감을 느껴 보고 싶은 욕구 등을 들 수 있는데 이를 2차적 욕구라고 한다. 이러한 2차적 욕구들은 인간이 사회생활을 하는 데 있어서 행동을 결정하는 중요한 요소가 되며 그 충족 여부에 따라서 정신건강을 좌우하게 된다. 경제수준이 높아지고 생활여건과 수준이 향상되었음에도 불구하고 사회문제가 더욱 많아지는 이유는 이와 같은 사회적 욕구가 크게 증가하기 때문이다. Harvey(1978)는 사회적 욕구는 대다수 사회구성원의 생활에 관련된 내용으로 구성되며 다음과 같이 9가지 영역으로 제시하였는데 이것은 아동발달과 밀접한 관련이 있다.

• 음식	• 교육	• 레크리에이션
• 주택	• 사회 및 환경	• 이웃 분위기
• 의료	• 소비재	• 대중교통

(2) 발달단계별 특성

인간은 동물 중에 가장 미성숙하고 무능력한 상태로 태어나는 존재다. 그럼에도 불구하고 인간이 인간다워지고 만물의 영장으로 군림할 수 있는 것은 다른 동물에 비하여 거의 무한한 발달가능성을 가지고 있기 때문이다. 즉, 인간다운 인간이 되기 위하여 인간이 가지고 있는 발달가능성을 최대한 발휘 혹은 계발할 수 있는 환경이 주어져야 하는 것이다.

다시 말하자면 한 인간이 지닌 소질과 가능성을 최대한 발달시켜 보다 건강한 인간으로서 살아가도록 하며 한 사회의 시민으로서 소속된 가정, 지역, 사회, 국가, 국제사회에서 자신의 능력에 적합한 직업인으로서 사회를 위하여 봉사하고 사회의 발전과 향상을 휘하여 공헌하며 협력할 수 있는 능력을 발달시킬 수 있는 사회적 환경조성과 노력이 필요한 것이다.

1920년 인도 캘커타 부근에서 싱클레어 목사는 늑대굴에서 두 명의 늑대소녀를 발견했다. 깊은 산속에서 늑대와 생활했던 8살로 추정되는 여자아이에게 카말라, 15세로 추정되는 여자아이에게는 아말라라는 이름을 지어주었다.

처음 이들은 늑대처럼 행동했다. 네 발로 걷고 뛰었으며 우유와 고기만 먹었고 음식을 먹기 전에 먼저 냄새부터 맡았다. 또한 감각기관이 발달해서 어두운 곳에서도 잘 볼 수 있었고 멀리 떨어진 곳의 냄새도 잘 맡았다. 의사소통은 불가능했고 이들이 할 수 있었던 유일한 소리는 울부짖음뿐이었다. 또한 강한 빛을 두려워해 낮에는 어두운 곳에서 몸을 웅크린 채 잠을 자고 밤에 활동을 했다. 자정이 되면 크게 소리를 지르며 여기저기 돌아다니곤 했고 채소는 먹지 않고 고기만 먹었다. 사람의 손에 있는 것은 먹지 않고 땅에 떨어진 고기만 먹었다.

아말라는 2년 후 세상을 떠났다. 싱클레어 목사는 카말라의 동물적인 행동을 고치고 위해 보살피고 가르쳤으나 발전 속도는 너무 느렸다. 카말라는 2년이 되어서서는 법을 배웠고 6년이 지나서야 걸을 수 있었다. 4년 동안 겨우 6개의 단어를 익혔고 7년이 지난 뒤 45개 단어를 익혔다.

결국 17살 정도에 세상을 떠났으나 당시 지능수준은 3살 수준에 불과하였다.

인간은 태어날 때 다른 동물에 비하여 최소한의 능력, 즉 본능적인 행동만을 할 수 있고 생존에 필요한 기술과 능력을 배우지 않으면 사회의 구성원으로서 성장할 수 없게 된다. 인간에게는 최소한의 기본적 능력 이외에 성인이 되기까지 오랜 준비기간 동안 생리적 성숙과 양육, 교육을 통하여 발달시켜 나갈 수 있어야 한다. 이와 같이 인간의 잠재가능성은 환경과 경험, 교육에 의하여 발달되기 때문에 성장하기 위하여 필요한 능력을 이끌어 주고 키워줄 수 있는 가정과 사회환경은 필수적이다. 아동은 환경에 적응하기 위하여 적절한 환경에서 성장해 나가는데 성장을 위하여 일정한 시기에 반드시 학습하고 성숙되어야 하는 발달과업을 성취하여야 하며 발달과업 성취는 아동 개인의 행복과 사회적 인정을 받는 기회가 된다. 만약 발달과업에 실패하게 되면 성장에 영향을 받게 되는 것이다. Havighurst의 생애발달단계의 특성과 발달과업, 단계별 욕구와 주요문제의 구체적 내용은 〈표 1-7〉과 같다.

표 1-7 발달단계별 과업, 욕구, 주요문제

주기/ 발달특징	발달과업	발달욕구	주요문제	위험요소
영아기	인간과 사회에 대한 기본적인 신뢰감과 안정을 갖고 사회적 결속과 애착 형성	어머니의 보살핌과 양육	• 부적절한 애착 관계 • 장애발생, 자폐증 • 부부갈등으로 인한 아동유기 • 아동학대	임신과 분만, 자녀의 양육과 어머니에 대한 불신
유아기	개별화와 자율성	부모의 보살핌과 언어습득 및 개념화의 인지적 발달	• 유아공격성 • 과잉활동문제 • 불충분한 부모 역할 수행	자녀양육
아동 전기 (학령 전기)	사회화와 성역할 학습, 적절한 대인관계의 성취	학습, 사회화, 놀이 등의 충분한 경험	• 조기교육 부족 • 보육서비스 부재 • 적절한 놀이 부족	자녀양육과 불충분한 보육서비스 기회

주기/ 발달특징	발달과업	발달욕구	주요문제	위험요소
아동 후기 (학령기)	주로 또래집단과의 관계경험을 통해 자존감과 자아역량 발달 및 평가, 집단정체감의 형성	교육을 통한 지적·사회적 자극의 충분한 제공	• 아동학대 문제 • 또래아동과의 관계 • 학습 실패로 인한 열등감	자녀양육과 교육기회의 박탈로 인한 사회성 발달 기회의 박탈
청소년기	자아정체감 형성, 인격의 성숙과 통합의 기초를 마련, 성(gender)역할의 숙지, 가족으로부터의 독립 준비	자아 정체감의 확립과 올바른 성 이해 및 부모로부터의 독립적 요구	• 청소년비행 • 미혼부모문제 • 학교부적응문제 • 청소년 유해환경 문제	건강과 보건의 문제와 성적 취약성 노출 및 또래집단에서의 부적응
청년기	일에 대한 융통성과 근면성 및 자율적 능력의 함양	친밀감, 성취감, 결혼을 통한 새로운 가족 형성과 생활의 계획, 부부간의 관계 기술 확보	• 미혼부모문제 • 직업문제 • 학교, 직장부적응 문제 • 군대문제 • 부부갈등문제 • 출산, 이혼문제	의료, 질병, 실업, 산업재해, 임신과 분만, 자녀양육, 부부갈등, 직업능력 상실
중·장년기	생활의 안정과 취미 등을 통해 정서적인 안정을 꾀하고, 삶의 보람과 성취감 획득	경제적, 정서적으로 원만한 가정생활의 운영과 가족 보호 및 자아계발의 기회 확대 욕구	• 신체적·생리적 변화 • 직업실패 • 부부갈등 • 부모 자녀 간 갈등 • 가족해체 • 노숙문제	의료, 질병, 실업, 산업재해, 자녀양육, 직업능력 상실, 임신과 분만, 부모 자녀 간의 갈등, 중요한 타인의 죽음 및 재정적 어려움
노년기	삶에 대한 긍정적 수용과 자아통합 및 죽음에 대한 수용	건강한 신체 유지와 노인역할 수행을 위한 자기계발 기회의 증진 및 삶의 정리 욕구	• 빈곤, 질병, 고독 소외문제 • 역할상실로 인한 소득보장문제 • 건강문제, 은퇴로 인한 문제	의료, 질병, 배우자의 사망, 은퇴, 정서적 고독 및 죽음의 문제

출처: 충남여성개발원(2011).

Chapter

02

다문화아동 발달이론과 특성 이해

1 다문화아동 발달이론

아동발달이론을 통하여 다문화아동의 일반적인 발달특성을 이해하고자 한다. 아동발달과 관련된 이론은 다양하나 본 교재에서는 생태체계이론, 언어발달이론, 사회·정서발달이론을 중심으로 살펴보고자 한다.

1) 생태체계이론

생태체계이론은 아동이 환경과 직·간접적인 상호작용을 통하여 발달하며 가정, 교육기관, 지역사회 등 다차원적인 요소들과 끊임없이 상호작용하면서 발달한다고 본다. 이 이론에서는 아동을 국가, 민족, 종교, 계층, 능력, 언어 등에 기초하여 구분하기보다는 모든 아동은 기본적으로 다르다는 것을 기본전제로 한다. 다문화아동을 이해하기 위하여 무엇보다 아동의 환경에 대한 이해가 필요하다고 본다. 생태체계이론에 의하면 다문화아동의 발달은 다차원의 환경체계를 중심으로 종합적인 관점에서 이해되어야 한다고 본다. 즉, 다문화아동발달은 가족을 포함한 미시체계뿐만 아니라 중간체계, 거시체계 등 모든 환경체계들이 영향을 미치며 다문화가정 부모 특히 어머니에게 주요한 역할과 책임이 있다는 것을 부정한다.

2) 언어발달이론

아동의 언어발달과 관련된 이론은 생득주의 이론과 행동주의 이론이 있다. 생득주의 이론은 아동이 선천적으로 언어를 습득할 수 있는 능력을 가지고 태어난다고 본다. 생득주의 이론에 의하면 다문화아동은 타고난 능력의 발달로 인하여 특별한 훈련이 없어도 모국어를 듣고 말하고 쓰고 읽을 수 있다고 본다. 한편 행동주의 이론에서는 아동의 언어발달은 후천적인 환경적 자극에 의한 학습으로 이루어진다고 본다. 즉, 다문화아동의 언어발달에는 적절한 자극이 필요하며 무엇보다 환경적 요소가 중요하고 특히 어머니의 환경적 요인이 절대적인 영향을 미친다. 다문화아동의 외국인 어머니의 경우 한국어가 미숙하기 때문에 다문화아동의 언어발달을 위한 환경을 조성하고 그에 필요한 지원이 필요하다고 본다.

3) 사회 · 정서발달이론

사회 · 정서발달이론에는 프로이트의 성격발달이론, 보울비의 애착이론, 에릭슨의 심리사회발달이론 등이 있다. 본 교재에서는 에릭슨의 심리사회발달이론을 토대로 다문화아동의 사회 · 정서발달과정을 이해하고자 한다. 즉, 에릭슨의 심리사회발달이론을 근거로 할 때 다문화아동이 단계별 발달과업을 성취할 수 있는 환경조성이 필요하고 다문화아동이 속한 가정에서 발달과업을 성취할 수 없을 때 서비스 지원기관에서 이러한 발달과업을 성취할 수 있는 내용을 토대로 지원서비스를 제공함이 필요하다. 사회 · 정서발달이론은 특히 다문화아동을 위한 지원서비스의 내용을 구성할 때 토대가 되는 이론이며 집단상담 프로그램 구성 시 기반이 되는 이론이다. 뿐만 아니라 개별 다문화아동을 이해하기 위하여 활용되기도 한다.

영아기는 발달과업을 성취하기 위하여 어머니가 중요한 역할을 하며 발달과업을 성취하였을 때 기본적 신뢰감이 형성되고 소망을 갖게 되지만 성취하지 못했을 때 불신감이 형성되고 탐식하는 성향을 지니게 된다. 유아 전기는 중요인물이 부모이며 발달과업을 성취하였을 때 자율성을 획득하고 자신의 의지를 지니게 되지만 성취하지 못했을 때 수치심을 갖게 되고 분노하게 된다. 유아 후기에는 중요인물이 가족이 되며 발달과업을 성취하였을 때 주도성이 생기지만 성취 못했을 때 죄책감을 갖게 되고 그로 인하여 열등감이 형성되면서 탐욕을 지니게 된다. 에릭슨의 심리사회발달단계와 과업의 구체적 내용은 〈표 2-1〉과 같다.

표 2-1 에릭슨의 심리사회발달단계와 과업

단 계	심리사회적 과업	중요인물	결 과		심리사회적 양 식
			긍정적	부정적	
영아기	기본적 신뢰 / 불신감	어머니	소망	탐식	받아들임
유아 전기	자율성 / 수치감	부모	의지	분노	붙잡고 놓아줌
유아 후기	주도성 / 죄책감	기본가족	목적	탐욕	얻으려고 함
학령기	근면성 / 열등감	이웃, 학교	실력	시기	만듦
청소년기	정체성 / 정체성혼란	동료집단	진실	교만	자신이 됨
청년기	친밀감 / 소외감	우정, 남녀 경쟁, 협력	사랑	정욕	남과 나눔
중년기	생산성 / 침체성	가족들	돌봄	무관심	돌봄
노년기	통합성 / 절망감	인류	지혜	우울증	살아온 과정을 통하여 성숙해짐

2 다문화아동 발달원리

다문화아동 발달을 이해하기 위하여 아동발달이론과 더불어 발달원리도 고려해야 한다.

아동발달에는 다음과 같은 5가지 원리가 있으며 이러한 원리는 독립적인 것이 아니라 서로 유기적으로 연결되어 있다.

1) 일정한 순서

발달에는 일정한 순서가 있다. 모든 다문화아동은 앉고 설 수 있으며 선 다음에는 걸을 수 있다. 동그라미를 그릴 수 있게 된 후에 네모를 그릴 수 있으며 사각형을 그리고 난 후에는 별 모양을 그릴 수 있다. 옹알이를 한 후에 말을 할 수 있으며 말을 할 수 있으면 노래를 할 수 있게 된다. 한 단어를 사용한 후에 두 단어와 세 단어를 연결한 문장을 만들어 표현할 수 있게 된다.

2) 일정한 진행방향

발달은 일정한 방향으로 진행된다. 발달이 일정한 방향으로 진행된다는 원칙에는 두미발달의 원칙과 근원발달의 원칙, 세분화발달의 원칙이라는 하위원칙이 있다. 두미발달의 원칙은 머리 부분이 몸통이나 사지보다 먼저 발달이 시작된다는 원칙이며 근원발달의 원칙은 중심부가 말초신경보다 먼저 발달된다는 원칙이다. 세분화발달의 원칙은 일반적인 것에서 특수한 것으로 발달한다는 원칙이다. 세분화발달원칙으로 본다면 다문화아동은 일반적인 아동발달적 측면에서의 발달을 토대로 하고 다문화아동의 특수성이 발달될 수 있도록 하는 것이 필요함을 의미한다.

3) 계속적 과정

발달은 계속적인 과정이며 그 속도는 일정하지 않다. 이를 테면 신체적인 측면에서 발달하는 시기가 있고 심리적 발달이 이루어지는 시기가 있으며 이러한 발달영역이 일정하지는 않다는 것이다. 예를 들면 유아기에는 언어발달이 급속하게 발달되지만 사춘기에는 논리적인 문제해결능력이 발달된다.

4) 개별적 차이

발달에는 개인차가 있다. 아동이 발달함에 있어서 앞서 설명한 원리에 의하지만 발달의 속도와 시기는 개인에 따라 다르다.

5) 발달영역 간 관련성

발달의 각 영역은 상호 밀접한 관련이 있다. 아동발달의 각 영역인 생물학적 발달, 인지적 발달, 사회·정서적 발달은 서로 다르지만 발달과정에 서로 영향을 미친다. 즉, 생물학적 발달에 문제가 생기면 인지적 발달과 사회·정서적 발달도 부정적 영향을 받고 그로 인하여 전반적인 발달의 문제를 지니게 된다.

3 다문화가정아동의 발달특성

일반적으로 다문화가정 아동발달은 두 가지 측면으로 살펴볼 수 있다. 그 첫 번째는 발달단계에 따른 특성을 들 수 있으며 두 번째는 발달영역에 따른 특성이다.

1) 다문화아동의 발달단계

다문화아동의 발달단계는 영유아기, 학령기, 청소년기로 구분될 수 있으며 본 교재에서는 영유아기(0~6세)와 학령기(7~12세)의 발달특성을 중점적으로 살펴보기보다는 전반적인 인간발달단계의 특성을 토대로 아동기의 특성을 이해하고자 하였다. 일반적으로 발달단계는 연령에 근거하여 분류하고 있으며 대표적인 이론으로는 에

- ☞ 출생 이전 태아기
- ☞ 영아기(출생 후 2주까지를 신생아기, 생후 2년까지)
- ☞ 유아기(대개 3~6세)
- ☞ 아동기(대개 7~12세)
- ☞ 청년기(22, 23세까지)
- ☞ 성인기(성인 전기: 40세까지, 성인기: 60세까지)
- ☞ 노년기(60세 이후)

릭슨의 심리사회성 발달이론을 들 수 있다. 그러나 연령에 근거한 발달단계의 특성에는 개별적인 차이를 고려할 필요가 있으며 특히 아동에 처한 환경적 요소를 고려해야 한다. 다시 말하자면, 다문화아동의 특성과 개별적 요소를 고려하여 이해할 필요가 있다.

다음으로 심리 · 정서적 특성을 토대로 발달단계를 분류하는 방법으로 감각운동기, 전조작기, 구체적 조작기, 형식적 조작기 등 4단계로 분류한 피아제의 인지발달이론이 있다.

또 구강기, 항문기, 남근기, 잠복기, 생식기 등 5단계로 분류한 프로이트의 정신분석이론이 있다. 이와 같이 심리 · 정서적 특성을 토대로 분류한 발달단계는 다른 영역의 특성을 통합적으로 이해하는 데 한계가 있다.

☞ Piaget의 인지발달 단계
감각운동기, 전조작기, 구체적 조작기, 형식적 조작기

☞ Freud의 심리성적 발달단계
구강기, 항문기, 남근기, 잠복기, 생식기

세 번째로 생리적 구조나 기능의 관찰 가능한 변화에 따라 발달단계를 분류하는 방법이 있으며 보편적 시기와 학령 전기의 기초적 시기, 사회활동 시기 이후 등으로 구분된다. 이 경우 외형적인 특성에만 초점을 맞추기 때문에 관찰할 수 없는 발달영역은 소홀해질 수 있다.

☞ 보편적 시기(출생 전부터 말하기 전까지: 생후 1년 6개월까지)
☞ 기초적 시기(학령 전기까지)
☞ 사회활동 시기(이후)

2) 다문화아동 영역별 발달특성

다문화아동의 영역별 발달특성은 유아기와 학령기로 구분하여 살펴보고자 한다.

(1) 유아기 아동 발달특성

이 시기의 아동들은 영아기와 비슷한 측면이 있으면서도 다른 특성을 나타낸다. 특히 언어로 소통하며 신체적으로 급격히 변화되고 자기 자신과 자신의 신체를 조절할 수 있는 능력을 지닌다. 정서가 분화되고 사회성이 발달됨에 따라 자신의 감정을 조절하고 동일시하며 다른 사람과의 상호작용도 가능해진다. 자율성과 주도성이 생기고 목표를 달성하기 위해 노력하며 다른 유아와 경쟁적 관계를 형성하기도 한다. 신체 및 운동발달, 언어 및 인지발달, 정서 및 사회성발달이 급속하게 발달되며 무엇보다 정서 및 사회성발달이 두드러진다.

표 2-2 유아기 연령별 발달특성

연령	발 달 특 성
3세	- 사람들을 즐겁게 하려고 애쓰며 또래아이들과 쉽게 동조한다. - 매우 활동적이며 싫다는 말을 잘한다. - 상상력이 발달하며 부모의 규칙을 잘 따르지 않는다.
4세	- 주도성 및 죄의식이 발달한다. - 쉬지 않고 말하며 질문을 많이 하고 감정의 변화가 심하다.
5세	- 이야기를 지어내며 새로운 것을 시도해 보려고 한다. - 활발하고 시끄러운 집단활동을 좋아한다. - 인정받고자 하는 욕구가 크며 작은 일이라도 해내려고 노력한다.
6세	- 한 가지 일에 오랫동안 집중하지 못한다. - 게임이나 놀이에서 매우 경쟁적이며 승부에 민감하다. - 강한 성귀속감을 보인다.

(2) 학령기 아동 발달특성

학령기는 조직적 생활이 시작되는 초등학교에 입학하고 졸업하는 시기이다. 이 시기는 신체적 · 심리적으로 부모에게 의존하는 상태에서 벗어나기 시작하는 시기이다. 그래서 의존성과 독립성이 양립하는 시기이기도 하다. 특히 또래와의 상호작용이 증가하고 또래관계의 중요성이 매우 큰 시기이다. 그러나 정서적 발달은 비교적 안정적인 편이다. 이 시기의 아동은 인격적 독립을 획득하는 것, 동년배 이성과 어울려 지내는 것을 배우는 것, 성역할을 배우는 것 등 사회성발달을 위한 발달과업이 주어진다. 특히 에릭슨의 발달이론에 의하면 이 시기는 근면성이 발달되는 시기에 해당된다. 외부세계에 대한 탐색을 하는 유아기와는 다르게 하나하나 기술을 습득하고 그것을 활용하면서 성취감을 느끼게 되고 그것을 통하여 근면성이 생기게 된다. 일 혹은 사회적 역할에 대한 긍정적 태도는 일에 몰두하고 이를 만족스럽게 수행하면서 성취감과 자신감을 획득하게 된다. 따라서 아동들에게 적절한 수준의 과제를 부여하게 되면 이를 통하여 성취감을 경험하게 되고 근면성이 발달되면서 마침내 긍정적인 자아개념이 형성된다.

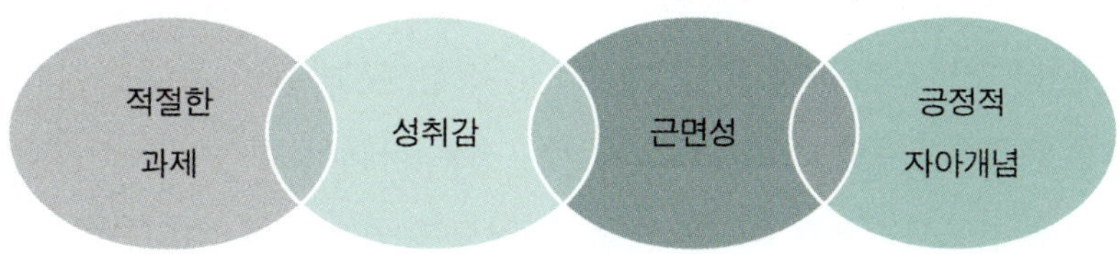

그림 2-1 학령기 아동 발달과정

다문화가정 유아는 또래 일반가정 유아들에 비해 낮은 자아존중감, 자기조절능력, 대처능력을 보이며, 높은 공격성을 보이는 것으로 나타났다(구효진, 박경란, 최진선, 2009; 김경숙, 안은영, 이영선, 2008; 장애연, 2011; Laffey, Espinosa, Moore, & Lodree, 2003; Shields et al., 2001; Stoiber & Anderson, 1996). 뿐만 아니라 다문화가정 유아는 어머니와의 상호작용에 있어서도 어려움을 보이는데, 특히 어머니의 양육행동, 언어능력, 문화적응 정도가 유아의 행동 유형과 언어적·사회적 상호작용 형성에 영향을 미치는 것으로 나타났다(김선희, 2010; 오성숙, 2009; 전유경, 2010). 반면에 최근 미국 등 다른 나라에서는 다문화아동과 관련하여 긍정적인 특성에 대한 관심이 증가하고 있다. 이에 비하여 우리나라의 다문화가정 아동에 대한 연구는 지나치게 부정적인 특성에 초점을 두고 있으며 긍정적인 측면에 초점을 맞춘 연구의 필요성이 제기되고 있다. 다문화아동이 비다문화아동에 비하여 보다 더 발달시킬 수 있는 특성을 발견하고 개발할 수 있다는 점을 인식해야 한다.

4 다문화아동을 위한 사회복지사의 자세5)

1) 다문화 현장에서 요구되는 사회복지사의 역할과 교육

(1) 사회복지사의 역할

Gay(2000)는 다문화교육 프로그램을 실행하는 지도자의 역할로 크게 문화조직자, 문화매개자, 사회적 맥락의 조정자로 구분하였다. 문화조직자로서의 사회복지사는 다문화교육 및 서비스의 내용에 다양한 지식, 경험, 문화 등이 포함될 수 있도록 하는 것이다. 문화매개자로서의 사회복지사는 서로 다른 문화집단의 아동들이 서비스활동과정에서 효과적으로 의사소통할 수 있도록 돕는 것을 의미한다. 사회적 맥락조정자로서의 사회복지사는 서로 다른 아동들의 서비스활동에 효과적인 다양한 환경을 조성하는 것이다. Melendez와 Beck(2007)는 유아교육을 담당하는 교사들에게 요구되는 역할 및 자질을 토대로 다문화아동을 위한 사회복지사의 역할과 자세를 다음과 같이 제시하였다.

첫째, 다른 문화를 올바르게 이해하기 위하여 사회복지사 자신이 가진 믿음, 가치,

5) 본 장의 내용은 다문화교육의 이해(구정화외 2인, 2009),pp239-247내용을 토대로 함.

습관 등 문화적 관점을 인식하고 자신과 다문화아동들의 다양성을 인식하고 다양성, 편견, 신념에 관한 스스로의 생각을 명확히 한다.

둘째, 아동발달을 기초로 모든 아동에게 공평한 기대를 가지고 잠재력을 최대한 발달시킬 수 있도록 돕는다. 무엇보다 아동들이 사회의 다양성을 이해할 수 있도록 돕는다.

셋째, 관용, 존중, 배려를 배울 수 있도록 하고 다른 사람을 이해하는 환경을 조성한다. 또한 서비스활동에서 다른 집단에 대한 고정관념이 있는지 살펴보고 목록을 작성해 본다.

넷째, 다양한 문화에 관심을 가지고 다른 문화에 대한 지식을 넓힌다.

다섯째, 자신과 다른 사람들에게 긍정적이고 개방적인 태도를 가지고 다문화 복지서비스를 지원하기 위한 접근방법을 모색하며 다문화아동들의 요구를 반영한 적절한 방법을 개발한다.

여섯째, 다문화아동의 전반적인 발달에 있어 가족 및 환경이 중요함을 인식하고 가족뿐만 아니라 지역사회의 다양한 기관과 협력하여 상호교류한다.

다문화아동을 위한 사회복지사의 역할은 다문화아동뿐만 아니라 일반아동들에게도 다양한 문화에 대한 이해를 토대로 긍정적인 태도를 지닐 수 있도록 지원하는 것이다. 이를 위하여 서비스내용과 서비스활동의 선정 및 조직, 전략 선택, 기관문화 및 환경조성, 아동 간 관계 조정, 사회복지사와 아동, 부모와의 관계형성 등을 위한 역할을 할 수 있어야 한다. 이와 같은 사회복지사의 역할은 다문화복지의 궁극적인 목표를 달성하기 위한 전제조건이기도 하다.

(2) 다문화 사회복지사 교육의 필요성

사회복지사들이 다문화 복지현장에서 요구되는 역할을 수행하는 데 필요한 자질을 함양하기 위하여 사회복지사 교육과정을 통하여 사회복지사들에게 의도적이고 적극적인 교육기회를 제공하는 것이 필요하다. 특히 문화다양성에 대한 태도와 다문화관련 전문성은 하루아침에 생기는 것이 아니기 때문에 지속적인 교육이 필요하다. 사회복지사를 위한 다문화교육을 실시할 때 다음과 같은 점을 반영할 필요가 있다.

첫째, 사회복지사들이 자신의 문화적 특성을 이해하고 사회복지사 자신의 문화를 상대화해 봄으로써 여러 문화집단 중 자신이 어느 지점에 위치하는지 이해할 수 있도록 한다.

둘째, 다양한 문화집단에 대한 사회복지사의 태도를 드러낼 수 있는 기회를 통하여 사회복지사들이 다른 문화집단에 대하여 가지고 있는 고정관념과 오해를 인식할 수 있도록 한다.

셋째, 다양한 문화집단의 역사와 문화에 대한 지식을 습득하고 서로 다른 문화집단들이 다양한 관점을 수용할 수 있는 경험적 기회를 제공한다.

넷째, 사회복지사가 서비스를 제공하는 현장에서 모든 아동에게 공평한 활동기회를 제공할 수 있는 서비스적 전략을 배우고 익숙해질 수 있도록 노력한다.

2) 다문화적 사회복지사가 되기 위한 점검

다문화아동과 일반아동들이 다문화적인 관점을 갖게 하기 위하여는 사회복지사 자신이 다문화적이 될 필요가 있다. 다문화적인 관점을 지닌 사회복지사가 되기 위하여 스스로 지속적으로 점검하고 노력해야 하는 사항은 다음과 같다.

(1) 사회복지사 자신을 문화적 구성원으로 인식

다문화아동과 아동복지서비스를 제공하는 사회복지사는 자기자신을 다양한 문화의 한 부분으로 인식할 수 있어야 한다. 문화적 구성원으로 인식하기와 반대되는 개념은 문화적 표준이 되기이다. 과거의 사회복지사는 아동이나 클라이언트에게 문화적 표준으로의 역할이 강조되었다. 이러한 역할은 두 가지 문제를 가지게 되는데 그 첫째는 다양성을 기본으로 하는 현대사회에서 문화적 표준으로서의 사회복지사의 역할은 의도하지 않게 특정 집단의 가치를 배제하고 특정 집단의 가치를 강조할 가능성이 있다는 점이다. 둘째는 사회복지사가 전달하는 서비스내용의 가치와 사회복지사 자신의 자신의 개인적인 가치를 혼동하는 일이 발생될 수 있다. 사회복지사는 자신에게 익숙한 방식으로 서비스를 계획하고 의사소통하는 아동들에게 무의식적인 혹은 의식적인 선호도를 형성할 수 있기 때문이다. 따라서 다문화적인 사회복지사가 되기 위하여는 사회복지사의 기대와 다른 아동들의 반응을 "틀림"으로 보고 "문제"로 규정하기 이전에 "다름"으로 인식하고 이런 차이에 대한 문제의식을 토대로 다양한 질문을 할 수 있어야 한다.

(2) 다양한 문화에 대한 관심과 이해수준 향상

다문화적인 사회복지사가 되기 위해서 우리 사회를 구성하는 다양한 문화에 대해 관심을 가지고 문화의 독특성과 유사성에 대한 이해수준을 높이려는 노력을 해야 한다. 다문화에 있어 다양한 집단의 경험, 신념, 가치, 역사 등을 서비스 내용에 반영하고 자료로 활용하고 다양한 문화목록을 마련해 둔다. 사회복지사가 다문화에 대한 이해도가 낮을 경우 특정 문화를 피상적으로 강조하여 오히려 특정 문화에 대한 고정관념을 강화시킬 수 있기 때문이다. 다문화에 대한 사회복지사의 지식기반은 다문화서비스라는 주제를 추상적인 측면에서 설명하는 것이 아니라 사회복지사의 풍부한 사례경험을 토대로 생생하게 살아 있는 실체로 설명할 수 있음을 의미한다. 사회복지사 교육, 문화강좌, 대중매체, 여행, 해외봉사 등이 사회복지사의 문화다양성에 대한 지식 및 이해수준을 향상시키는 데 활용될 수 있다.

(3) 문화다양성에 대한 긍정적 태도 형성

문화다양성에 대한 사회복지사들의 대응은 다양하다. 문화다양성에 대한 사회복지사의 관점과 태도는 다양한 방법으로 확인할 수 있다. Nieto & Bode(2008)은 다원주의에 대한 지지 정도를 관용, 수용, 존중, 지지, 결속, 비판의 4단계로 구분하였으며 구체적 내용은 〈표 2-3〉과 같다.

표 2-3 다원주의에 대한 지지수준

단계별	주 제	내 용
1단계	관용 (tolerance)	문화적인 차이를 참아내기는 하지만 반드시 수용해야 하는 것은 아니다.
2단계	수용 (acceptance)	문화적 차이는 받아들이되 최소한 그것의 중요성과 가치를 부인하지 않는다.
3단계	존중 (respect)	다양성에 대한 높은 긍지를 지닌다.
4단계	지지, 결속, 비판 (affirmation, soarity, critque)	다양한 문화가 학습의 정당성을 확보하는 토대가 제시되며 다원주의가 서비스 전반에서 받아들여지며 사회정의를 위한 비판적 시각이 강조된다.

다문화서비스의 실행자인 사회복지사들은 가능하면 높은 수준의 다원주의에 대한 이해와 문화감수성을 지닐 필요가 있다. 이를 위하여 사회복지사 자신의 다문화적인 인식과 태도수준을 지속적으로 점검할 필요가 있다. 문화다양성과 관련된 인식과 태도를 점검하기 위하여 개발된 측정도구를 활용할 수 있다. 그중 다문화 효능감 척도와 다문화 태도 척도는 일반적으로 많이 활용되며 그중 다문화 효능감 척도는 다문화적인 환경에서 문화적으로 다양한 아동을 잘 지도할 수 있다는 자신감을 확인하기 위하여 개발한 도구이다. 다문화 효능감 척도는 다문화 경험 영역, 다문화에 대한 태도 영역, 다문화 효능감 영역으로 구분되어 있으며 35개 항목으로 구성되어 있다.

다문화 효능감 척도

[다문화 경험 영역]

※ "다양성"과 "다른 사람"이라는 용어에는 다른 인종, 종족 집단, 문화, 종교, 사회·경제적 계층, 성적 성향, 신체적 능력의 사람들이 포함된다. 아래 문항에 대한 반응을 "① 전혀 아니다. ② 거의 아니다. ③ 가끔 그렇다. ④ 자주 그렇다" 중에서 선택하라.

1. 어렸을 때 나는 나와 다른 사람들과 놀았다.
2. 나는 10대 때 나와 다른 학생들이 있는 학교에 다녔다.
3. 내가 자랄 때, 다양한 사람들이 나의 이웃에 살았다.
4. 과거에 나는 나와 다른 사람들에 관한 책을 선택하여 읽었다.
5. 내가 젊었을 때, 나의 역할 모델 중의 한 사람은 나와 다른 사람이었다.
6. 과거에 나는 나와 다른 사람들에 관한 TV 쇼나 영화를 선택해 보았다.
7. 십대였을 때, 나는 다양한 학생들과 같은 팀, 클럽에 속했다.

[다문화에 대한 태도 영역]

※ 다음 문항에 대한 반응을 "① 매우 동의한다. ② 다소 동의한다. ③ 다소 동의하지 않는다. ④ 매우 동의하지 않는다." 중에서 선택하라.

8. 사회복지사들은 서비스 현장에 나타난 다양한 문화들을 반영하기 위해 서비스 계획을 조정해야 한다.
9. 사회복지사들은 아동들에게 음식, 옷, 가족생활, 신년 등의 문화 차이를 공유한 기회를 제공해야 한다.
10. 서비스 현장에서 소수집단의 전통과 신념을 논하는 것은 다양한 문화 배경을 지닌 아동들 간의 불화와 논쟁을 만든다.
11. 아동들은 주로 자신들과 같은 종족, 문화적 배경에 속한 사회복지사들에게 배워야만 한다.
12. 모든 아동들에게 일반적인 역사에 대해 가르치면서 다양한 집단들의 관점을 반영시키는 것은 필수적이다.
13. 서비스과정과 자료에는 다양한 사회구성원의 공헌이 반영되어야 한다.
14. 시설이나 기관은 인종적, 문화적 차이들을 반영해야 한다.

[다문화 효능감 영역]

※ 아래 목록들을 수행할 수 있는 자신의 능력을 ①부터 ④ 중에서 골라 스스로 평가하라.

① 내가 잘 할 수 있다고 믿지 않는다.
② 해야만 한다면 아마도 할 수 있을 것이다. 그렇지만, 그것은 나에게 어려울 것이다.
③ 준비할 시간이 있다면 내가 이것을 이성적으로 잘 할 수 있을 것이라 믿는다.
④ 이것이 내가 하기에 쉬운 것이라고 상당히 자부한다.

15. 나는 아동들이 인종갈등을 다루는 전략을 개발하는 데 도움을 주는 활동들을 제공할 수 있다.
16. 다양한 집단 배경의 아동들의 요구를 충족시키기 위해 활동방법을 조정할 수 있다.
17. 다문화적 환경에 적절한 자료를 개발할 수 있다.
18. 다양한 집단들에 관한 미신들을 없애는 활동방법을 개발할 수 있다.
19. 편견과 고정관념을 담은 자료를 분석해 낼 수 있다.
20. 아동들이 자신들의 편견을 검토하도록 도울 수 있다.
21. 상호존중의 태도를 지닌 우리 사회의 다양한 집단들을 제시할 수 있다.
22. 다양한 아동들의 자신감을 증진시키는 활동들을 개발할 수 있다.
23. 편견이 어떻게 개인에게 영향을 미치는지를 보여주는 활동을 제공할 수 있다.
24. 다양한 집단들에 대한 편견을 감소시키기 위한 활동들을 계획할 수 있다.
25. 활동에 사용되는 상업적 자료들에 나타나는 문화적 편견을 확인할 수 있다.
26. 편견과 고정관념에 의해 발생하는 문제 상황들을 활동과제로 다룰 수 있다.
27. 다양한 집단 배경의 아동들이 함께 공부하도록 만들 수 있다.
28. 다양한 아동들에게 해를 끼칠 수 있는 기관의 관행들을 찾아낼 수 있다.
29. 다양성의 결과로 발생할지도 모르는 문제들에 대한 해결책을 확인할 수 있다.
30. 다양한 사람들의 기회에 영향을 미치는 사회적 힘을 확인할 수 있다.
31. 다양한 집단들이 우리의 다원론적 사회에 공헌하는 방식을 확인할 수 있다.
32. 아동들이 그들 자신과 다른 집단들의 관점을 취하도록 도울 수 있다.
33. 아동들이 역사적 사건들을 다양한 관점들로 바라볼 수 있도록 도울 수 있다.
34. 다문화 이슈에 관한 자신들의 가치를 명확히 하고 의사결정을 하도록 아동들을 도울 수 있다.
35. 다음 중 서비스활동에 관한 자신의 신념을 가장 잘 설명하는 입장을 고르시오.
   ① 만약 또는 개인이 다른 사람을 받아들이고 함께 작업하는 것을 배운다면, 문화 간 문제는 없을 것이다.
   ② 만약 모든 집단들이 공익에 공헌하는 데 도움이 되고 특수한 인정을 구하지 않는다면, 통합된 사회를 창조할 수 있다.
   ③ 모든 문화적 집단들은 그들 자신들의 정체성을 유지하기 위한 권리가 있다.
   ④ 우리가 민주사회라는 목적에 도달하기 이전에 일부 집단들은 평등한 대우를 성취하도록 도움을 받을 필요가 있다.

*자료: Guyton & wesche(2005: 21~29)의 문구를 사회복지사에 맞게 수정함.

Chapter

03

다문화아동 문제와 진단기준

1 다문화아동 문제특성과 원인

1) 다문화아동 문제특성

아동은 기본적으로 성인에 비하여 몸이 작고 힘이 약하며 자신의 욕구와 상황을 표현할 수 있는 능력이 제한적이다. 뿐만 아니라 자신과 주변세계를 이해할 수 있는 인지적 능력도 미숙하고 정서적·사회적 이해력도 매우 부족하다. 그렇지만 아동은 태어날 때부터 발달적 욕구를 가지고 있으며 이 욕구가 충족되어야만 발달·성장하는 특성을 지닌다.

다시 말하자면 아동은 발달하면서 각 발달단계에 적합한 욕구를 지니게 되며 이러한 욕구의 충족 여부와 욕구에 대한 주변의 반응에 따라 성격이 형성된다. 일반적으로 아동문제는 문제의 유형이나 수준보다는 문제의 원인을 파악하고 해결하는 데 초점을 맞추어야 한다. 또한 아동문제는 다음과 같은 특성이 있다.

- ☞ 아동의 문제는 환경에 적응하기 위한 노력의 일부다.
- ☞ 아동의 문제는 주로 행동적인 형태로 나타난다.
- ☞ 아동의 문제는 발달적 변화와 관련하여 판단해야 한다.
- ☞ 아동의 문제는 증상보다는 원인에 초점을 맞추어야 한다.

2) 문제원인

다문화아동 문제의 원인은 유기체적 요인, 개인내적 요인과 개인외적 요인으로 구분된다. 유기체적 요인은 아동의 유전인자, 기질, 뇌나 신경계 이상, 생리적 특성, 신체적 특성 등과 같이 선천적으로 타고난 특성으로 인한 원인이다. 개인내적 요인은 심리사회적 특성요인(인지적 특성, 정서적 특성: 공격성, 위축, 우울) 등과 같이 후천적으로 형성된 특성으로 인한 원인이다. 개인외적 요인으로는 아동이 속한 가정의 인

구사회학적 변인(소득이나 교육수준, 부모의 직업, 모의 취업 유무 등), **부모의 양육태도, 또래관계, 학교생활 적응, 가족관계의 변화**(부모의 사망, 이혼, 재혼 등)를 들 수 있다.

> 한 달여 전 미주는 지역아동센터 교사에게 상급생으로부터 괴롭힘을 당했다는 이야기를 털어놨다. 선배들이 술과 담배를 강요하고 심지어 팔목을 칼로 긋기까지 했다는 것이다. 정말 미주의 손목에는 네 번의 칼자국이 나 있었다. 하지만, 이 끔직한 이야기는 학교에 가기 싫은 미주가 꾸며낸 거짓말이었다. 만화 '아기공룡 둘리'의 흑인 가수지망생 캐릭터 '마이콜'로 놀림 받던 미주는 학교 가는 것이 죽기보다 싫었다. 지구촌 지역아동센터 손하영 교사는 미주의 이야기를 듣고 '"오죽 학교 가시 싫었으면 그랬을까..." 싶어 서로 부둥켜 안고 한참을 울었다고 했다. "미주는 친구들이 자신을 특별하게 바라보는 것 자체가 싫었나봐요. 그것이 놀리는 것이든 심지어 칭찬이라도 부담스러웠다고 하더라구요. 예를 들어 '너는 머리가 곱슬이니 퍼머 안 해도 되겠어'라든가 남자아이들의 경우 '마이콜'이라고 직접적으로 놀리는 모든 것이 미주에게는 견디기 힘든 일이었습니다." 이 사건 이후 중학교 1학년인 미주는 일주일 전부터 학교에 가지 않고 있다. 혼자 문제집을 풀면서 지구촌 지역아동센터의 교사들과 지내고 있다. 미주는 "친구들의 시선과 놀림이 싫어서 학교에 가지 않는다"고 말했다. 미주는 한국에서 태어난 한국 사람이다. 물론 우리말도 완벽하다. 하지만 친구들은 피부색이 다르다는 이유로 미주를 따돌렸다.
>
> 학기 초에 실시했다는 다문화교육도 소용이 없었다. "학기 초에 학교에서 다문화교육을 받았어요. 스크린에 저와 비슷한 다문화가정 아이들이 출연하는 프로그램이었죠. 그래서 저를 따돌리거나 괴롭히는 일는 없겠지...라고 생각했지만 아니었죠." 이는 단지 미주만의 일이 아니다. 얼마 전 방화사건을 일으킨 10대 학생도 학교를 자퇴했고, 그의 동생 역시 '파란 눈'이라 놀리는 학생을 때려 구속됐었다.
>
> 출처: 노컷뉴스(2012)

2 다문화아동 문제의 판단과 진단기준

1) 아동문제의 판단기준

다문화아동의 문제는 일반아동과 마찬가지로 행동문제로 표출된다. 아동행동이 문제라고 규정하기 위하여 표준에 근거한 판단기준이 필요하다. 이러한 판단기준은 사회 · 문화적 규범에 의한 것, 발달적 규준에 의한 것, 행동특성이나 주위 평가에 의한 것(Nelson & Lsrael, 1984)이 있으며 구체적 내용을 살펴보면 다음과 같다.

(1) 사회 · 문화적 규범

우리가 문제라고 보는 관점은 대부분 각자가 속한 사회의 오래된 관습이고 문화일 수 있다. 예를 들면 미국사회에서는 자기주장을 하고 새로운 아이디어를 제시하는 등의 태도를 긍정적 행동으로 여기는 반면 일부 사회주의국가에서는 그것보다는 순종과 동조, 협력을 보다 더 긍정적으로 여기기도 한다. 뿐만 아니라 가정의 사회 · 경제적 지위에 따라서도 서로 다른 사회 · 문화적 규범이 있을 수 있다. 사회 · 문화적 규범은 상황이나 성별에 따라 다르게 적용될 수도 있으며 형제순위 혹은 시대에 따라서도 다를 수 있다. 청소년의 자위행위에 대한 것도 과거에는 문제에 포함되었지만 지금은 그렇게 보지 않는다.

(2) 발달적 규준

아동의 신체, 언어, 인지, 사회성, 도덕성 등의 발달은 그 연령에 맞는 발달적 규준에 따라 평가된다. 이러한 발달적 규준은 에릭슨의 8단계 발달단계에 따라 이루어질 수도 있으나 아동의 경우 보다 세분화된 표준치에 의하여 평가된다. 또한 발달적 규준은 아동의 개인차를 고려하여 적용하며 신중하게 해석되어야 한다.

(3) 행동의 특성과 주위의 평가

아동행동의 이상성을 평가할 때는 그 행동의 빈도와 강도, 지속성 등을 반드시 고려해야 한다. 예를 들면 만 3세가 된 다문화아동이 어린이집에 처음 입소할 때 어머니와 떨어지지 않으려고 하고 몹시 불안해하면서 무서워하는 것은 당연한 행동이다. 그러나 몇 개월이 지나도 이러한 행동이 줄어들지 않고 지속되거나 그 강도가 심해지면서 다른 증상이 더해진다면 이러한 상황을 종합하여 문제를 평가해야 한다. 뿐만 아니라 주위 사람들의 주관적인 생각도 기준이 될 수 있다. 고집이 세고 공격적인 행동에 대하여 어떤 부모는 문제라고 인식하지 않는 반면 어떤 부모는 큰 문제라고 생각하고 도움을 요청하는 경우가 있다. 또한 아동문제는 부모뿐만 아니라 교사나 주위사람들이 아동의 행동에 대하여 어떻게 평가하는지가 평가기준이 된다.

2) 아동문제의 진단기준

아동이 문제행동을 보일 경우 정확한 평가와 진단이 무엇보다 중요하다. 아동문제를 진단하는 기준은 다음과 같다.

(1) 기술적 접근법 : 직접적인 관찰이나 부모나 교사 등 주위사람들과의 면담을 통해 정확한 정보를 수집하는 기본적 접근법이다.

(2) 진단적 접근법 : 문제행동을 일련의 신호와 증상으로 이루어져 있다고 보고 각 문제행동마다 명칭을 부여하는 방법이다.

(3) 다변량 접근법 : 다양한 통계적 분석을 이용하여 주어진 조건들과 공통된 특징을 구별하는 방법이다.

3 다문화아동 문제유형

다문화아동이 크게 증가하였지만 10명 중 4명꼴로 중도에 학업을 포기하는 등 부적응으로 인한 문제행동을 나타내는 아동도 증가하고 있다. 특히 고등학생 나이의 다문화가정 자녀는 약 69%가 학교를 다니지 않는 것으로 나타났다. 다문화가정의 자녀 중 학교에 다닐 나이지만 중도에 학교를 포기한 학교 미등록률은 평균 43.8%이다. 초·중·고교별로 살펴보면 초등학생 나이의 경우 35.9%, 중학생 나이는 50.7%, 고등학생 나이는 68.6%가 학교에 등록하지 않았다. 다문화가정 학부모와 학생 등을 상대로 한 심층 인터뷰에서도 이들은 생활고 외에도 개인적 특성에 따른 교육지원 부족과 교육정책에 대한 정보제공 부족이 학교를 다니지 않는 이유라고 하였다. 실제로 학부모들은 한국어 능력 부족으로 학교 통신문을 제대로 이해하지 못하는가 하면 자녀들은 과제물 제출에 어려움을 겪고, 일부는 수업 진도를 못 따라가거나 심지어 학교에서 동료 학생들로부터 놀림을 당하는 문제를 호소하였다. 이러한 다문화아동 문제는 개별적 문제와 사회구조적 문제가 연합하여 아동문제를 강화하는 경향이 있으며 그중 대표적인 아동문제 유형을 범주화하면 다음과 같다.

1) 애착문제를 보이는 아동

일차 양육자인 어머니와의 초기관계에서 안정적인 애착을 형성하지 못한 경우에 나타나는 문제이다. 만 2세에서 3세경부터 나타날 수 있으며 사회적 관계형성이 어렵다. 무감동적이고 반복적인 행동과 언어소통장애와 같은 자폐적 증상을 동반한다. 정상적 애착관계가 형성될 수 있도록 도움을 받으면 회복 가능하다. 반응성 애착장애를 보이는 아동은 먹고 자고 크는 기본적 발달이 잘 되지 않는다. 체중과 키가 평균에 미치지 못하고 눈치를 보거나 풀이 죽어 있는 경우가 많다. 작은 소리에도 잘 놀라며 늘 불안해하고 긴장감을 보인다. 심하면 사회적 관계가 어렵고 옆에 누가 있어도 무관심하며 눈을 맞추어 않는다. 뿐만 아니라 이름을 불러도 쳐다보지 않으며 산만해 보이기도 하고 지능과 언어발달이 지체되기도 한다. 또한 새롭게 만나는 사람에게 지나친 경계심을 가져 새로운 인간관계 형성과 사회생활 적응이 어렵게 되지만 반대로 자신에게 친절함을 보이는 낯선 사람에 대한 낯가림을 전혀 하지 않고 무조건 따라가는 등의 행동을 보이기 때문에 부모는 긴장하게 된다. 반응성 애착장애는 양육자에 의한 병적인 보살핌, 즉, 엄마의 산후우울증, 출산 후 산모의 장기입원, 부모가 정신지체인 경우, 부모로서 양육기술이 부족한 경우, 어린 나이에 부모가 된 경우에 그것이 원인이 되어 발생할 확률이 높다. 그러나 미숙아, 저체중아, 타고난 기질, 발달장애, 애착관계 형성 등 유대관계 형성의 결함 등으로 인하여 발생할 수도 있다. 반응성 애착장애 아동의 행동특성은 자폐증 아동의 행동특성과 유사한 측면이 있으나 자폐증이 선천적인 원인에서 비롯되는 장애인 반면 반응성 애착장애는 후천적인 양육환경의 결핍이 원인이 된다는 점에서 차이가 있다.

2) 공격적인 행동문제를 보이는 아동

대부분의 부모나 교사들이 흔히 호소하는 아동문제가 통제하기 어려운 공격적인 행동과 관련된 문제들이다. 예를 들면 아동이 자신의 아버지를 칼로 찔러 죽이고 싶다고 하거나 또래들에게도 극단적인 표현을 하거나 행동으로 표현하면서 또래들로부터 기피하는 대상이 된다. 이런 아동들의 공격적 행동은 흔히 자신이 공격당하는 것에 대한 일종의 방어적 행동이라고 볼 수 있다. 공격적인 성향을 보이는 아동은 일반적으로 내적인 분노감정이 적절하게 해소되지 못했거나 원하는 것이 있을 때 공격적인 방식으로 행동하면 얻을 수 있다는 왜곡된 사고를 하고 있는 경우에 나타난다. 또한 인지적인 자기조절능력이 부족하거나 지적능력에 결함이 있을 경우 다른 사람에 대한 공감능력이 떨어지고 자신의 행동이 다른 사람에게 상처를 줄 수 있다는 사실에 대한 이해가 부족한 경우에 나타난다.

공감능력과 의사소통능력이 부족하기 때문에 거칠고 공격적인 방식으로 이를 표현하는 경향성이 있으며 가정이나 학교에서 좌절감을 경험했을 때 내적 갈등을 공격적인 행동으로 표출하게 된다. 일반적으로 아동이 부모나 다른 사람들로부터 격려와 인정을 충분히 받게 되면 자신이 원하는 욕구가 충족되지 못하고 좌절감을 느끼게 된다고 해도 이를 감내하면서 조절할 수 있게 된다. 그러나 부모나 다른 사람들로부터 충분한 관심과 격려, 인정의 욕구가 충족되지 못하였거나 오히려 비난, 체벌, 방임 등으로 인한 심리적 상처를 경험하게 되면 실망감으로 인하여 좌절하게 된다. 이러한 좌절감이 누적되면 내면에는 적대감으로 인한 공격적인 성향들이 생기게 된다. 공격적인 성향의 가장 근본적인 원인은 관심과 인정, 그리고 격려 받고 싶은 소망이 좌절되었기 때문이라고 볼 수 있다. 즉, 부모와 아동 환경이 아동으로 하여금 공격적인 성향을 보이게 만든 것이다. 아동의 공격성은 만 2~4세경에 많이 나타나며 남자아이가 여자아이보다 4배 정도 공격성향이 높다. 공격성은 반항적이고 폭력적인 행동, 거친 언어사용 등 부정적인 특성을 지니고 있지만 긍정적으로 발달하게 되면 자신감과 주도성, 적극적인 태도 등으로 나타난다. 이러한 측면에서 부정적인 공격성을 긍정적인 공격성으로 전환할 수 있는 과정이 필요하다.

3) 지나치게 소심한 행동을 보이는 아동

지나치게 소심한 행동을 보이는 아동이라 함은 "자신감이 없다", "지나치게 수줍어한다", "어린아이 같다", "엄마 치마폭에만 매달린다", "찰거머리 같다", "집에만 있으려고 하고 어린이집이나 학교를 가기 싫어한다" 등의 행동을 보이는 아동이다. 이러한 행동을 보이는 아동은 부모와 헤어질 때 박탈과 같은 불안감을 보이며 주변이나 미래에 발생할 수 있는 위험한 상황에 대하여 지나친 두려움과 공포를 보인다. 아동이 지나치게 소심한 행동을 보이는 원인은 부모의 권위적인 양육태도나 체벌에 대한 위협을 지속적으로 받은 경우, 부모가 지나치게 아동을 보호하는 등 과잉보호하면서 아동 자신이 스스로 무엇을 해볼 기회를 박탈당한 경우에 소심한 행동을 하게 된다. 즉, 과잉보호 받은 아동이 어린이집이나 유치원 혹은 초등학교에 입학하게 되면 스스로 해야만 하는 일이 생기게 되는데 이때 처음 해보는 일로 인하여 실패를 자주 경험하게 되고 이로 인하여 점차 위축되고 소심한 행동을 하게 된다. 또한 소심한 행동은 불안이 많은 아동에게 나타난다. 심리적 불안정함과 기본적인 신뢰감 결여로 인하여 무엇인가 자발적으로 행동할 수 있는 힘이 부족하게 되고 그렇게 되면 모든 행동과 발달이 영향을 받게 된다. 소심한 행동을 하는 아동은 일반적으로 자신이 가장 중요하다고 생각하는 사람들에게서 인정받지 못했다고 생각될 때 심한 불안을 느끼면서 자신감을 잃게 된다. 소심한 아동들은 다른 사람들과 신체접촉을 하거나 가까워지는 것을 두려워하며 다른 사람들과 함께 있는 불안한 상황을 견디어내는 것이 어렵다.

4) 과잉행동의 문제를 보이는 아동

과잉행동은 적합하지 않은 상황에서 끊임없이 목적 없는 활동을 하는 것으로 못하게 해도 억제가 안 되는 특성을 보인다. Barkly(1981)는 과잉행동의 특성은 자제력 부족, 규칙준수의 어려움, 소극적이고 불순종적인 특성을 지닌다고 하였다. 과잉행동의 원인은 신경생물학적 원인, 아동의 기질과 양육태도, 출생과정의 문제, 생활환경의 영향 등인 것으로 알려졌다. 특히 과잉행동을 반복하는 아동은 일반적으로 통제가 지나치게 심하고 권위적인 부모들에게 저항할 수 있는 방법이 없는 경우 혹은 자신의 의존욕구가 지나치게 커서 의존적이 될 것에 대한 두려움에서 벗어나기 위하여 과잉행동을 하는 경우가 많다. 또한 Bellak(1984)은 아동이 심한 과잉행동장애라면 부모가 어린 시절 과잉행동아동이었을 가능성이 매우 높다고 하였다. 과잉행동문제는 아동이 초등학교에 입학한 후에 명확해진다. 가정이나 어린이집은 학교보다 구조화되어 있지 않기 때문에 문제가 두드러지지 않다가 초등학교에 입학한 후 자제력을 필요로 하는 학교생활에 적응이 어려워진다. 과잉행동아동은 침착하지 못하고 주의력이 짧기 때문에 교사에 의하여 미성숙하거나 학습장애가 있는 아동으로 인식되기도 한다. 과잉행동을 하는 아동은 수업시간에 갑자기 말을 꺼내고, 자기 차례나 순서를 기다리지 못하며 수업시간에 돌아다니거나 다른 아동들을 방해한다. 또 게임활동이나 경기에 지는 것을 견디지 못하고 화를 내고 욕을 하거나 잦은 싸움을 한다. 이로 인하여 또래에게 거부당하고 교사들에게 자주 지적을 당하게 되면서 낮은 자아상을 지니게 된다. 뿐만 아니라 다른 사람의 관심을 얻기 위하여 지나친 허풍, 싸움, 거짓말, 도벽 등을 나타내며 우울증세도 나타난다(임혜수, 1996). 학교나 아동복지 관련기관에서 아동의 과잉행동을 측정하기 위하여 가장 많이 사용되는 척도는 코너스 교사-부모평정척도이며 그 내용은 다음과 같다.

- 주의력이 부족하고 쉽게 분산된다.
- 자주 운다.
- 불안해하거나 과잉행동을 한다.
- 다른 아동을 방해한다.
- 계속해서 안절부절못한다.
- 흥분을 잘하고 충동적이다.
- 감정변화가 급격하다.
- 요구를 즉시 들어주어야 하고 쉽게 좌절을 느낀다.
- 시작한 일을 끝내지 못하고 주의력의 지속시간이 짧다.
- 갑자기 분노를 나타내고 폭발적이며 예측할 수 없는 행동을 한다.

5) 틱을 보이는 아동

틱이란 자신의 의지와 관계없이 빠르게 반복적이며 비율동적이고 상동증적인 운동이나 음성이 나타나며 불가항력적이다. 틱 장애는 일반적으로 만 2세부터 13세 사이에 시작되며 7세에서 11세 사이에 가장 많이 나타난다. 대체적으로 눈을 깜빡거리는 증상부터 시작하며 시간의 경과에 따라 증상 정도가 변한다. 틱은 여아보다 남아에게 많이 나타나며 얼굴, 머리, 목, 팔에서 많이 나타난다. 틱의 증상은 크게 근육틱과 음성틱으로 구분되며 각각 단순형과 복합형으로 구분된다. 구체적 내용은 〈표 3-1〉과 같다.

표 3-1 틱 장애 유형과 증상

구 분		증 상
운동틱	단순운동틱	눈 깜박거림, 얼굴 찡그림, 머리 흔들기, 입 내밀기, 어깨 들썩이기
	복합운동틱	자신을 때리는 행동, 제자리에서 뛰어오르기, 다른 사람이나 물건을 만지기, 물건을 던지는 행동, 손의 냄새 맡기, 남의 행동을 그대로 따라하기, 자신의 성기 만지기, 외설적인 행동
음성틱	단순음성틱	코를 킁킁거리기, 가래뱉는 소리, 기침소리, 빠는 소리, 쉬소리, 침뱉는 소리
	복합음성틱	사회적 상황과 관계없는 단어로 말함, 남의 말을 따라하는 것, 외설스런 욕을 사용함

아동의 문제행동에는 다양한 원인이 있다. 아동문제는 이러한 원인으로 인하여 나타나는 증상임을 인식하고 행동관찰, 원인조사 및 분석 등을 통하여 문제행동 개선을 위한 방법을 모색하는 것이 필요하다. 대체적으로 아동문제행동의 원인은 개인적 욕구, 기질, 환경적 특성, 발달수준과 발달단계 등으로 구분하여 조사분석한다.

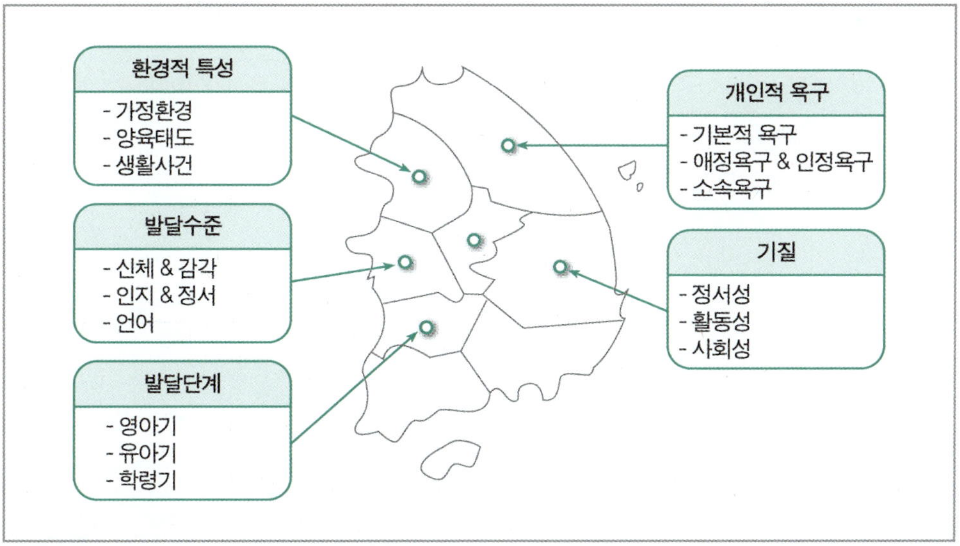

그림 3-1 다문화아동 문제행동의 원인요소

Chapter

04

다문화아동을 위한 전문적 접근방법

1 다문화아동을 위한 아동상담

1) 아동상담이 필요한 아동

다문화아동상담은 상담의 한 유형으로 다문화아동을 대상으로 하는 상담을 의미한다. 다문화아동상담은 아동상담자와 아동과의 전문적 인간관계를 통하여 다문화아동의 건강한 성장발달을 돕고 환경에 효과적으로 적응할 수 있는 능력을 회복 혹은 향상시키는 전문적 활동이다. 김춘경 등(2002)은 아동은 성장발달하는 과정에 있기 때문에 아동기의 문제를 다룰 때에는 장애(disorder)보다는 성향(tendency), 또는 어려움(difficulity)에 초점을 두고 지금-여기 상태를 기준으로 해야 한다고 하였다. 즉, 다문화아동 문제는 아동이 성장발달하는 과정에서 적응하는 데 어려움이 생길 때 나타나는 증상이 대부분이므로 증상 자체에 초점을 맞추기보다는 원인을 조사하고 분석하여 아동발달수준에 적합한 방법으로 상담할 필요가 있다. 아동복지서비스 중 아동상담서비스는 1차적 서비스에 해당되며 부모와 아동이 가정 내에서 바람직한 관계를 가지며 행복할 수 있도록 지지·강화해 주는 서비스다(보건복지부, 1997). 아동상담서비스는 아동이 건전한 가정에서 성장할 수 있도록 상담과 지도를 실시함으로써 아동문제를 사전에 예방하는 서비스다. 아동상담은 발달상 혹은 적응상의 문제를 지닌 아동을 대상으로 하며 Costine(1974)는 아동상담이 필요한 경우를 다음과 같이 제시하였다.

표 4-1 아동상담이 필요한 경우

구 분	세부내용
가족생활에서 자연적으로 겪게 되는 위기	- 아버지의 직업이동이나 변화로 이사함에 따라 친구, 이웃, 새로운 환경에 적응해야 할 경우 - 가족성원의 질병으로 어머니의 양육부담과 가족 간 긴장이 증가한 경우 - 새로운 가족성원의 출생이나 조부모, 친척이 함께 살게 된 경우 - 어머니가 새롭게 취업한 경우

구 분	세부내용
부모능력 부족으로 아동에게 부적절한 보호를 하는 경우	- 부모의 빈곤, 낮은 학력, 실업, 주거지불량, 교육적 지원의 제한, 사회로부터 소외, 우울, 절망상태 - 부모의 정신적, 신체적 질병 - 가족성원 간의 부조화에 의한 아동의 정서위협
아동의 신체발달이나 행동에 문제가 있는 경우	- 지능장애, 청각장애, 시각장애, 언어장애 및 지체부자유, 몹시 허약한 경우 - 행동장애가 있는 경우
지역사회환경이 아동권리를 침해할 경우	- 가족생활을 지원하는 사회급여가 부적절한 경우 - 특정한 사람이나 문제집단에 대한 부정적인 태도를 보일 때 - 경찰, 법원, 학교정책, 사회제도 등의 연결에 어려움이 있는 경우

한편 Kaufman(1979)은 아동상담이 필요한 아동의 부적응 행동유형을 수행장애, 부적절한 미성숙함, 인격장애로 구분하여 다음과 같이 제시하였다.

표 4-2 아동의 부적응 행동유형

구분	범위	행동특성
수행장애	공격적 행동 반사회적 행동	- 아이들에게 공격적, 질투가 많음 - 과도한 주의 요구, 건방지고 불복종적, 부정적 - 난폭한 언어, 욕, 쉼 없이 과잉행동
부적절함, 미성숙함	와해적 행동 무목적적 행동	- 부주의, 과제 미완성, 주의산만 - 잊기, 지시를 따르지 않음, 동기결여 - 과제이행능력 결핍, 짧은 주의력
인격장애	불안행동 철회행동	- 지나치게 민감함, 까다로움 - 슬픔, 다른 아이들과 어울리기를 기피함 - 자신감 결여, 실패를 두려워함

2) 아동상담의 주요기법

아동상담이 필요한 아동의 대부분은 부모의 이혼이나 사망, 가장의 실직, 빈곤과 질병 등의 문제를 지니고 있으며 이러한 문제가 아동의 문제행동 원인이 되기도 한다. 아동상담은 성인상담이나 부모상담, 혹은 청소년상담과 다른 접근방법이 필요하며 아동상담을 할 때 이러한 점을 감안할 수 있어야 한다. 특히 아동은 성인에 비하여 인지적·언어적 기술이 부족하기 때문에 비언어적 의사소통기술이 무엇보다 중요하다. 비언어적 의사소통방법을 활용한 기법은 대체적으로 매체를 활용하여 진행된다. 아동상담에 주로 활용되는 매체는 놀이, 음악, 미술, 동작 등 감각적 활동기법들이다. 아동상담의 주요기법 중 가장 많이 현장에서 활용하는 기법은 놀이치료와 치료놀이기법, 미술치료 등을 들 수 있다.

(1) 놀이치료

언어적 표현이 미숙하거나 언어로 자신을 표현하려고 하지 않는 경우 혹은 언어로 표현하는 것을 전적으로 신뢰하기 어려운 경우 진단과 치료방법으로 놀이를 활용한다(Jennings, 1993). 정신분석적 관점에서 놀이치료는 심리적 갈등과 적응의 문제를 지닌 아동에게 놀이를 매개로 하여 의사소통하는 과정이라고 본다. 놀이로 의사소통하는 과정을 통하여 아동은 자신의 희망, 불안, 갈등을 표현하게 되고 상담자는 표현된 문제를 알아채고 해석하며 문제해결방법을 찾게 된다. 아동을 상담할 때 놀이치료가 효과적이기는 하지만 학령기나 청소년기보다는 초등학교 입학 전의 영유아나 초등학교 저학년을 대상으로 하는 것이 보다 더 효과적이다. 아동에게 놀이는 성장발달하는 데 필수적인 요인이면서 권리라는 점을 인식할 필요가 있다.

아동에게 있어서 놀이는 창의성, 즐거움, 탄력성, 회복 등 성장발달의 토대가 된다. 놀이를 통하여 활동하고 친구와 관계를 맺고 싸우면서 화해하는 과정을 경험한 아동은 어려운 상황을 견디어낼 수 있다고 본다.

한국보건사회연구원의 2018년 아동종합실태조사에 의하면 만 9세부터 17세 아동의 70% 이상이 평소에 시간이 부족하다고 응답하였으며 시간이 부족한 이유로 학교(27.5%), 친구관계 및 학교 밖 활동(27%), 학원 또는 과외수업(23.3%), 자기학습(19.6%) 순인 것으로 나타났다. 이러한 연구결과는 그동안 아동교육에만 지나치게 집중한 결과 우리나라 아동의 행복지수는 경제협력개발기구(OECD) 36개국 중 최하위이며 이로 인하여 심리·정서적인 측면의 아동문제가 증가하고 있다는 사실을 입증하고 있다. 1989년 11월 20일 UN이 채택한 어린이권리조약인 "UN아동권리협약 제31조에 의하면 아동은 충분히 쉬고 놀 권리가 있다"고 명시되어 있다. UN아동권리위원회는 놀이를 아동 스스로 조절하고 시도하는 행동, 활동, 과정이라고 정의하면서 즐거움을 놀이라고 하였다. 최근 우리나라도 아동의 놀 권리와 관련된 사회적 관심이 높아지고 있는데 중앙부처 및 지방자치단체별 아동의 놀 권리 보장과 관련된 조례제정과 아동 놀이친화적 지역사회 환경 조성과 관련 프로그램에 대한 관심도 높아지고 있다.

아동은 성장하는 과정에서 크고 작은 상처를 경험하게 된다. 이러한 크고 작은 상처를 심리학에서는 작은 외상이라고 한다. 작은 외상은 해결되지 않은 불안과 수치심, 죄책감, 공포와 두려움, 분노와 같은 감정을 불러일으킨다. 이러한 감정이 해소되면 성장에 문제가 되지 않으나 해소되지 못하고 쌓이게 되면 문제가 발생할 수 있다고 본다. 놀이는 아동들에게 이러한 감정을 표현하고 해소할 수 있는 통로가 된다. 미국놀이치료협회에서는 놀이치료가 심리사회적 문제를 예방하거나 해결해서 아동의 성장발달을 돕는 과정이라고 하였다.

권리적 측면에서 놀 권리를 충분히 누리지 못한 아동 혹은 다문화아동이 교육과 놀이를 조화롭게 누릴 수 있도록 하며 특히 아동 개인적 측면, 가정적 측면, 지역사회적 측면의 놀 권리 확보를 위한 관심과 배려가 필요하다.

아동을 위한 놀이치료과정은 아동이 상담자와 상호작용하는 과정인데 이 과정에서 비판단적인 경험을 통하여 특별한 관계를 발전시키는 것이다. 아동은 상담자에 의하여 하나의 온전한 인간으로서 존중받는 경험을 하게 되고 상담자와의 특별하고 유일한 관계를 통하여 교정적 정서경험[6]을 하게 된다. 이러한 경험을 통하여 발달이 이루어진다. Moustakas(1955)는 이러한 놀이치료과정을 5단계로 구분하여 그

6) 교정적 정서경험이란 아동이 과거부터 지금까지 오랫동안 가지고 있던 관계패턴으로 인한 정서경험과는 다른 관계와 정서를 상담관계에서 상담자와 경험하게 되는 것을 의미함. 다시 말하자면 아동의 대인관계를 통하여 발생하는 익숙하지만 원하지 않는 정서경험을 새롭고 만족스러운 정서경험으로 변화시키는 것을 의미함.

특성을 다음과 같이 제시하였다.

표 4-3 놀이치료과정

단계	내 용
1단계	놀이에서 부정적 감정 발산단계
2단계	양가감정, 불안, 적개심, 분노 등이 표출되는 단계
3단계	부정적 감정을 대상을 향하여 직접적으로 표현하는 단계
4단계	양가감정, 긍정적 감정과 부정적 감정을 특정 대상을 향하여 표현하는 단계
5단계	놀이에서 긍정적인 태도가 나타나기 시작하며 특정 대상에 대한 긍정적 태도와 부정적 태도를 표현할 수 있는 단계

이러한 아동의 놀이치료과정을 토대로 아동상담자는 다음과 같은 역할을 할 수 있어야 한다.

- 상담 초기에는 아동의 행동과 비언어적 표현을 적극적인 경청으로 반영해주어야 하며 아동의 불안수준을 놀이로 확장할 수 있도록 한다.
- 공격적인 놀이와 부정적 감정을 언어적으로 표현할 수 있도록 한다.
- 상호작용 놀이와 진정한 인간관계로 발전될 수 있는 놀이를 확장한다.
- 아동이 주도하는 상호작용 놀이로 아동이 스스로를 탐색하고 표현, 설계, 검증하는 놀이과정을 경험할 수 있도록 한다.

아동상담에서 일반적으로 활용될 수 있는 놀이치료기법은 상상놀이기법, 이야기 만들기기법, 표현적인 예술치료기법, 게임놀이기법, 인형놀이기법, 장난감과 놀잇감기법 등이 있다.

표 4-4 놀이치료기법 유형

기법유형	세 부 기 법
상상놀이기법	아기놀이게임, 방법을 알고 있는 것으로 가정하기
이야기만들기기법	기분단어게임, 카드이야기게임, 단어추측이야기 게임, 물건 가지고 이야기 만들기, 단축상자기법
표현예술기법	전후그림그리기, 감정풍선, 마법의 그림, 실그림게임, 인생지도, 소년소녀윤곽선 그림그리기
게임놀이기법	나쁜 감정 두드리기, 색깔 있는 산가지게임, 훔치기게임, 숨바꼭질
인형놀이기법	손인형 만들기, 손인형 이용해 상징적인 아동 만들기
장난감 및 놀잇감기법	종이나 신문지 찢기, 화내는 게임, 분노의 탑, 분노방패, 분노의 벽 부수기, 발구르기, 방울 터트리기
집단놀이기법	밴드 늘리기, 집단손인형 연주하기

(2) 치료놀이

치료놀이는 Lauriers와 Brody가 개발한 새로운 접근방법으로 건강한 부모-영아 상호작용 모델이다. 치료놀이는 성인과 영아와의 상호작용을 통해 영아들의 발달을 점검하고 도모할 수 있는 기법이다. 생존을 위한 신체접촉, 건강한 발달을 위한 애착형성, 관계형성을 위한 놀이경험, 사회화를 위한 자율성 발달 등을 내용으로 한다. 치료놀이는 놀잇감 이전 시기의 초기 애착문제를 보이는 아동들에 대하여 장난감을 사용하지 않고 놀이를 통한 관계기법이다. 치료놀이는 발달놀이치료와 치료놀이기법으로 구분된다. 치료놀이는 기본적으로 부모와 자녀관계에 초점을 맞추며 이 기법을 통하여 부모와 자녀관계를 보다 더 돈독하게 하거나 상실감, 심리적 외상, 분리에 따른 문제로 부모-자녀관계 손상을 회복 혹은 향상시킬 수 있다고 본다. 이러한 측면에서 치료놀이는 다음과 같은 특성이 있다.

- 안정애착을 형성하는 건강한 부모의 역할모델을 제공한다.
- 자녀의 감정에 민감하게 반응하는 상호관계적인 활동이다.
- 양육적 신체접촉을 통하여 관계의 통합을 돕는다.
- 지금-여기에 초점을 두는 상담기법이다.
- 아동의 정서적 수준에 맞추어 진행되기 때문에 대상아동의 실제 연령보다 다소 어린 연령의 놀이를 포함시킬 수 있다.
- 상담자 및 성인놀이지도자가 활동을 진행하는 것으로 진행자가 아동의 욕구를 충족시키기 위해 주의 깊게 놀이를 계획하고 민감하게 반응하며 진행하는 것이 중요하다.
- 부모의 참여를 적극 권장하며 가정에 돌아가서도 자녀와 치료적 방법으로 새롭게 만날 수 있도록 돕는다.
- 상담자와 아동 그리고 부모와 자녀가 건강한 관계를 가질 수 있도록 돕는다.

치료놀이기법은 구조, 도전, 개입, 양육의 4가지 영역으로 구분되며 영역별 특성은 다음과 같다.

표 4-5 치료놀이영역 특성

영역	주요메시지	대상아동	주의할 점
구조	넌 나와 함께 있어서 안전해	과잉행동, 주의산만, 쉽게 흥분하는 아동	- 아동이 저항을 보이는 활동이므로 초기보다 중기와 종결에 활용함 - 저항이 클수록 놀이규칙을 완화하거나 다른 놀이로 전환
개입	난 너와 함께 있어 좋아	수줍음과 위축, 관계 회피, 경직된 아동	- 관계에 대한 회피가 심하고 활동에 소극적일 때 감각기관 자극을 통하여 관계유지
양육	넌 정말 사랑스러워	과잉행동, 공격과 저항, 조숙한 아동	- 퇴행자극적 양육활동으로 아동이 수용 가능한지를 조절
도전	넌 할 수 있어 더욱 잘할 수 있어	위축되고 소극적이고 경직된 아동	- 경쟁적 활동을 통하여 협력하여 목표를 이룰 수 있는 기회 제공

다음과 같이 영역별 치료놀이기법을 순서대로 실습해 보고 응용할 수 있는 방법을 생각해 보자.

표 4-6 치료놀이영역별 실습내용

영역별	실습내용
구 조	- 종이 위에 파트너의 손을 올려놓고 아웃라인을 그려보세요. - 두 손을 주먹 쥐고 둘이서 주먹탑 쌓기를 해보세요. 위로/아래로, 빠르게/느리게
개 입	- 자신이 아는 쎄쎄쎄 활동 하나를 상대방에게 알려주고 함께 해보세요. - 한 사람이 볼풍선을 만들고 상대에게 신호를 하면 상대는 두 손으로 볼풍선을 터트려 보세요.
양 육	- 상대의 손과 얼굴에 상처가 있는지 찾아보세요. 그곳이 어디서 어떻게 다쳤는지 이야기해 보세요. - 상대를 주의 깊게 바라보시고 그 사람만의 특별한 점(긍정적인 면)을 한두 가지 찾아보세요.
도 전	- 엄지손가락 씨름을 해보세요. - 상대와 신문지펀치를 실시해 보세요. - 두팔농구게임을 해보세요.

(3) 미술치료

미술치료는 말보다 그림으로서 자신에게 일어나는 내적 욕망이나 꿈, 환상을 직접적으로 표현하고 그 과정을 통하여 치료적인 효과를 거두는 기법이다. 미술활동을 통하여 아동의 불안이나 갈등 등 내적 세계를 파악할 수 있기 때문에 아동의 성격과 발달상의 문제와 원인을 진단하는 방법으로 많이 활용된다. 아동을 대상으로 하는 미술치료는 다른 상담기법에 비하여 활용이 용이하기 때문에 효과가 크며 특히 언어적 기술이 부족한 아동이나 언어적 표현이 미숙한 아동들에게 자연스럽게 자신을 표현할 수 있는 기회를 제공한다. 또한 미술치료는 아동에게 선택의 기회와 자유롭게 표현할 수 있는 기회를 줌으로써 내면의 소망, 적개심, 분노와 충동을 표현하고 경험할 수 있게 한다. 뿐만 아니라 미술을 통하여 표현의 자유를 경험함으로써 점차적으로 자신을 신뢰하게 되고 자신의 감정과 행동을 통제할 수 있게 되며 신뢰 있는 관계형성을 위한 구조와 조직을 경험할 수 있게 된다.

미술치료의 진행과정은 일반적으로 도입, 활동, 논의 및 마무리 순으로 진행되며 먼저 도입단계에서는 상담자와 아동이 편안한 분위기를 통하여 서로 친밀해지는 것이 중요하며 이를 위하여 긴장완화를 위한 음악, 운동 등을 활용한다. 또한 미술치료의 목표를 설정하고 미술치료에 대한 전반적인 안내와 규칙을 정한다. 두 번째 활동단계에서는 아동이 적극적으로 미술활동에 들어간 단계로 아동이 활동 자체에 몰입하여 깊은 경험을 할 수 있도록 불필요한 대화는 하지 않아야 한다. 미술은 의식과 무의식의 영역을 오가며 이루어지기 때문에 상담자의 잦은 질문은 흐름을 방해할 수 있다. 또한 아동의 시각적 표현을 언어적으로 적절하게 반영해 주는 것이 중요하다. 마지막 논의 및 마무리단계는 아동이 자신의 그림을 다시 살펴볼 수 있는 기회를 준다. 이때 상담분위기가 안정되어 있을수록 그림을 통하여 더 많은 정보와 느낌을 발견할 수 있게 된다. 자신에 대한 더 많은 정보와 느낌을 발견할 수 있도록 그림을 그리기 시작할 때와 그릴 때 그리고 끝났을 때의 느낌이 어떠한지, 어떤 부분이 마음에 드는지 그 이유는 무엇인지를 질문한다. 이러한 질문을 통하여 그림 속에서 긍정적인 부분을 찾으면서 아동의 자존감을 향상시킬 수 있다. 아동을 위한 미술치료기법에는 집-나무-사람그림검사를 비롯하여 테두리법, 난화이야기법, 계란화 및 동굴화기법, 콜라주기법, 감정차트기법 등이 있으며 구체적 내용은 〈표 4-7〉과 같다.

표 4-7 아동을 위한 미술치료기법유형

기 법	내 용
HTP그림검사	종이를 아동에게 주고 집, 나무, 사람을 그리게 한다. 지우개 사용이나 소요시간 등은 아동이 원하는 대로 그리며 그림의 모양, 크기, 위치, 방법에 대한 단서는 제공하지 않는다.

기 법	내 용
테두리법	아동에게 도화지를 제시하고 보는 앞에서 테두리를 그려서 건네준다. 그 테두리 안에 그림을 그리게 한 후 이야기를 나눈다. 과잉행동, 주의산만한 행동을 통제할 수 있다.
Starter sheet	종이 위에 상담사가 잡지에 있는 인물사진 중 얼굴부분 또는 다른 일부분을 오려붙여 주거나 직접 그리고 그 외의 부분은 아동이 완성하도록 한다.
난화이야기법	난화이야기법은 정형화된 방법과 비정형화된 방법으로 구분되며 정형화된 방법은 용지에 선을 그려주고 연상되는 그림을 그리게 한다. 비정형화된 방법으로 아무렇게나 자유롭게 그린 후 이미지에 대하여 이야기를 꾸며 나간다.
계란화 & 동굴화	아동에게 알 모양의 타원형을 그려주고 알이 부화하도록 선을 긋고 계란이 부화하는 과정을 이야기한다. 계란화를 그린 후 동굴화를 그린다. 용지를 준 후 아동에게 동굴 속에서 바깥세상 풍경화를 상상해서 그리게 한다.
콜라주기법	잡지 속 인쇄물에서 오려낸 조각을 도화지에 붙여서 완성하는 기법이다.
감정차트기법	도화지에 몇 개의 칸을 구분하여 그 칸에 최근 감정을 그리거나 그 감정을 상징하는 색종이를 붙이게 한다.

2 다문화아동을 위한 부모상담

모든 아동을 상담할 때 부모상담은 필수적이다. 아동들이 일정한 연령이 될 때까지 부모와 가족의 돌봄과 보호가 필요하고 부모는 아동들의 생활과 밀접한 관계가 있는 대상이기 때문이다. 아동문제의 원인은 대부분 부모와의 불안정한 애착관계, 부모의 양육태도, 부모-자녀 간 의사소통방식 등이며 이것은 아동의 심리 · 정서발달에 중요한 영향을 미친다. 이런 이유로 아동문제에 대하여 부모상담을 병행하여 아동을 위하여 필요한 부모역할을 할 수 있도록 한다. 다문화가정 아동의 부모를 상담할 때는 다문화가정 부모의 일반적 특성을 이해하고 부모상담원리에 의하여 상담을 진행한다.

1) 다문화가정 부모의 일반적 특성

다문화가정 부모의 일반적 특성으로 무엇보다 먼저 외국인 부모의 경우 우리나라에서 부모역할을 준비할 기회가 없었다는 것이다. 둘째, 대부분의 부모는 아동의 문제에 대하여 자신에게 문제가 있는 것은 아닌지, 부모역할을 제대로 하고 있는 것인지, 자녀의 문제행동이 변화될 수 있을 것인지 걱정이 많다. 셋째, 대부분의 가정에서는 한두 자녀만을 양육하기 때문에 부모에게 자녀들은 소중한 존재다. 넷째, 내 아이만큼은 다른 아이들보다 특별하기를 원한다. 다섯째, 학교 들어가기 전에 기초적인 학습지도를 시켜야 성공할 수 있다고 생각한다. 다섯째, 자녀수는 줄고 경제적 수준이 향상되면서 특기교육 하나쯤은 시켜야 한다고 생각한다. 여섯째, 아동교육기관이나 서비스기관에서 교육뿐만 아니라 보호까지 책임져 주기를 원한다. 마지막으로 가족형태가 다양해지면서 부모역할에 대한 불안감이 커지고 자녀양육에 대하여 도움받기를 원한다.

2) 부모상담과정

부모상담은 대부분 자녀문제와 부모역할 수행의 문제를 중심으로 이루어지며 특히 자녀행동을 통제하기 어려운 경우 상담을 필요로 한다. 부모상담이 다른 상담과 다른 점은 부모 자신의 문제와 자녀의 문제를 이중으로 다루어야 하기 때문에 이중 문제를 다룰 수 있는 접근방법이 필요하다. 다문화아동 부모상담 시 상담자는 다음과 같은 점을 참고로 한다.

첫째, 조용한 공간을 준비한다.

둘째, 부모와 의논할 내용을 사전에 준비한다.

셋째, 아동의 장점, 좋아하는 활동, 친구, 성취 등 아동과 관련된 정보를 준비한다.

넷째, 상담자는 아동의 바람직하지 못한 행동을 변화시킬 수 있을 것이라는 긍정적 태도를 갖는다.

다섯째, 아동의 부적절한 행동이 발생하는 맥락을 상담에서 파악하도록 노력한다.

여섯째, 상담사가 관찰한 것을 설명하는 사실적 정보만 제공하고 아동의 행동을 과도하게 분석하거나 해석하는 것을 피한다.

일곱째, 부모와의 만남을 통하여 긍정적인 관계를 형성하고 함께 아동의 문제행동 지도방법을 모색할 수 있는 협력적 관계를 형성한다.

특히 현장에서 다문화아동 부모를 상담할 때 흔히 발생할 수 있는 부모문제를 살펴보면, 비협조적인 부모, 빠른 변화를 원하는 부모, 자신의 자녀에게만 신경써 줄 것을 요구하는 부모, 소문에 민감한 부모, 무리한 것을 요구하는 부모, 자녀를 객관적으로 파악하지 못하는 부모, 책임을 전가하는 부모, 지적 프로그램을 과도하게 요구하는 부모, 무관심한 부모 등을 들 수 있다. 다문화아동의 부모들은 그들의 특수성으로 인하여 비협조적인 부모이거나 자녀문제를 객관적으로 파악하지 못하는 부모, 무관심한 부모로 비추어지기 쉽다. 이러한 부모를 대상으로 상담할 때 접근방법은 다음과 같다.

표 4-8 다문화아동 부모유형별 접근방법

유 형	상 담 방 법
비협조적인 부모	- 짧게 자주 만나 부모의 생각을 높이 평가하고 동질감을 가질 수 있게 한 후 아동관련 문제에 협조를 구한다. - 아동상담과정, 내용, 목표 등에 대하여 자세히 설명한다.
자녀문제를 객관적으로 파악하지 못하는 부모	- 갑작스럽게 아동의 문제를 이야기하기보다 자주 전화통화를 한다든가 메모를 자주 주고받으면서 친밀감을 먼저 형성한다. - 문제보다 아동의 일반적 특성을 이야기하고 조금씩 문제를 인식시킨다. - 아동의 문제점이나 단점을 이야기할 때는 반드시 장점을 함께 이야기한다.
무관심한 부모	- 자주 전화통화하고 일주일에 두세 번 메모를 보내면서 부모도 메모로 소통할 수 있도록 한다. - 아동을 매개로 자주 대화를 시도하고 관심을 유지하면서 연결고리를 갖는다.

아동문제행동에 대한 다문화가정 부모들의 다음과 같은 질문들에 대한 대처방법에 대하여 논의해 보자.

주요질문	질문에 대한 대처방법
아빠를 무서워해요	
공공장소에만 가면 떼를 써요	
친구들이 놀려도 아무말도 안해요	
또래보다 말이나 한글이 늦어요	
샘, 질투가 많아요	

다문화아동 부모상담 사례

<table>
<tr><td>성 명</td><td>호oo (남)</td><td>국적</td><td>파키스탄</td></tr>
<tr><td>주소</td><td>경기도 oo시</td><td>연령</td><td>48세</td></tr>
<tr><td rowspan="2">가족</td><td>알0(19세)</td><td rowspan="2">한국
거주
기간</td><td rowspan="2">3년6개월</td></tr>
<tr><td>바00(17세)</td></tr>
</table>

<< 상담내용 >>

○ 내담자는 현재 파주에 거주하고 있으며 약 3년 6개월 전부터 아들 두 명을 한국에 데리고 와 함께 생활하고 있음. 한국에서 용접일을 하면서 생활하고 있지만 최근 사춘기에 접어든 아들 알0(19세)의 진로와 관련된 문제를 상담 받고 싶어함.

○ 원하는 아들 진로분야는 기계분야이며 세부적으로 자동차나 용접 등 기술분야를 공부해서 기술자가 되기를 원하고 있으며 아들(알0)도 용접분야에 관심이 있다고 함. 아들문제를 이야기하면서 파키스탄의 불안정한 상황 때문에 본국에 돌아가고 싶지 않으며 아들 2명과 함께 가능하다면 한국에서 정착해서 살고 싶다고 함(파키스탄의 불안정한 상황을 이야기하면서 눈물을 글썽거림)

○ 아들(알0)이 자신의 진로에 대하여 아버지와 많은 이야기를 하고 싶어하나 자신은 한국어도 서툴고 정보가 많지 않아 안타까운 마음이라고 함. 특히 둘째 아들인 바00(17세)는 한국에 온 지 3년밖에 안 되었는데도 자신보다 한국어를 잘하고 심지어 한국사람같이 이야기할 정도로 머리가 좋다고 함(이 이야기를 하면서 미소를 지음). 그러나 알0는 공부보다는 기술 쪽이 더 좋을 것 같다고 함.

○ 아들에 대한 이야기를 하면서 자신에 대한 이야기를 함. 아들이 5살, 3살 때 아내와 이유없이 이혼하게 되었으며 그때부터 아들들이 엄마 없이 힘들게 자란 것이 마음이 아프다고 함. 아들들이 어른들 눈치 보는 것을 보면 엄마 없이 살면서 생긴 것이라고 생각하면 가슴이 아프다고 하면서 눈물을 보임. 한국에 살면서도 자국민들에게는 마음을 털어놓지 못하고 힘든 것을 어디 이야기하거나 의논할 곳에 없어 더욱 힘들다고 함.

○ 내담자의 자녀 진로문제를 상담하면서 가족으로 인한 문제와 현재 부자관계를 탐색함. 자녀를 위한 아버지의 역할과 한국에서의 적응을 위한 지원방법을 논의하면서 지속적이고 정기적인 상담을 약속함.

3 아동을 위한 집단상담

집단상담은 다문화가정 아동을 위한 교육 및 서비스현장에서 가장 많이 활용되는 직접적 서비스기법 중 하나이다. 집단상담은 집단경험을 통하여 아동이 또래집단과 하나되는 경험, 자신도 남을 돕고 배려할 수 있다는 경험, 다른 아동을 보면서 배울 수 있는 간접학습, 그리고 가족 재경험 체험 등을 할 수 있다.

1) 집단상담의 장점

집단상담은 비교적 정상범위에 속한 아동을 대상으로 하며 집단상담을 통하여 다문화아동이 획득할 수 있는 장점은 다음과 같다.

(1) 집단상담에 참여하는 것만으로도 다문화가정 아동의 성장발달을 촉진할 수 있다.

(2) 집단상담은 소속감, 부정적 감정의 발산, 자아탐색을 통하여 다문화가정 아동의 특정한 심리적 욕구를 충족시킬 수 있다.

(3) 집단상담을 통하여 자신과 타인에 대한 책임감을 발달시킬 수 있으며 책임감의 인정은 집단 밖의 실제생활까지 연장할 수 있다.

2) 다문화아동을 위한 집단상담 운영방법

아동을 위한 집단상담은 일반적으로 초등학생 이상의 연령에 속하는 아동들에게 적합하며 유아들만을 대상으로 하는 집단에는 활용되지 않는다. 집단상담 운영 시 고려할 사항은 집단구성, 집단의 형태와 기간, 구조화된 집단상담 운영과 평가 등이 있다.

3) 구조화된 집단상담 과정

구조화된 집단상담은 집단의 성격과 목적에 따라 진행되며 일반적 과정은 다음과 같다.

표 4-9 집단상담 과정

과 정	준비사항
계획 및 준비단계	기관의뢰, 집단프로그램 목표 설정, 역할규정, 대상자 모집
실행단계	목표 제시, 강의 및 활동, 토의 및 평가
종결단계	전체적인 토론과 평가, 소감 나누기

4) 다문화가정 아동을 위한 집단상담프로그램 종류

다문화가정 아동을 위한 대표적인 집단상담프로그램에는 사회성발달프로그램, 자아존중감 향상프로그램, 정서코칭프로그램, 특별한 문제를 지닌 아동을 위한 프로그램 등이 있다.

다문화가정 아동 자아존중감 향상 집단상담프로그램

구성 영역	세부 영역	회기	활동명	목표	활동내용
관계 형성	자기 소개	1	저를 소개해요	- 프로그램 목표와 운영방식 이해하기 - 자기소개를 통한 집단원 인식하기	- 프로그램(활동) 소개 - 규칙 정하기 - 별칭 명찰 만들기 - 별칭 발표하기
	친밀감 형성	2	함께 하고 싶어요	- 긴장감 줄이기 - 집단원 간 긍정적 감정 교류하기	- 협동하여 컵 옮기기 - 친구 사인 받기 미션 수행 후 친구와 함께 나의 얼굴 그림 완성하기
자기 수용	자기인식과 이해	3	내가 원하는 것을 알아봐요	- 나의 욕구 알아보기	- 신체모형에 자신이 하고 싶은 것, 원하는 것, 갖고 싶은 것, 되고 싶은 것, 듣고 싶은 말 등을 생각하여 쓰거나 잡지에서 찾아 붙이기
		4	내가 가진 보물을 찾아요	- 나의 장점(다문화인으로서 장점 포함) 및 강점 찾기 - 다른 친구 장점에서 좋은 점 찾기	- 내가 생각한 나의 장점, 친구가 보는 나의 장점 붙임쪽지에 적기 - 친구 장점 리스트에서 내가 가지고 싶은 장점 살펴보고 이야기 나누기
	자기수용	5	내 모습을 발견해 봐요	- 관계 안에서 긍정적 내 모습 발견하기 - 긍정적 내 모습 수용하기	- 다른 사람에게 들었던 기분 좋은 말, 칭찬 적기 - 긍정적인 피드백을 받았을 때 느꼈던 감정 표현하기
타인 수용	가족관계 이해 및 수용	6	다양한 가족	- 나와 가족관계 인식하기	- 클레이로 동물가족 표현하기 - 클레이로 만든 동물가족 소개하기

타인 수용		7	서로 달라서 더 즐거워요	- 가족과 즐거웠던 경험 탐색하기(부모님 나라에 갔던 경험 등)	- 가족과 즐거웠던 경험(부모님 나라에 갔던 경험 등) 앨범으로 만들기 - 감정 나누기
	또래관계 이해 및 수용	8	친구와 함께하는 즐거움	- 친구와 즐거웠던 경험을 탐색하기	- 친구와 즐거웠던 경험 정지 동작 퀴즈로 만들기 - 인터뷰 통해 그때의 경험 이야기 나누기
유능감 및 성취감	협동 및 문제해결	9	함께하면 가능해요	- 협동하는 활동을 통해 협동심과 문제해결력 키우기	- 협동 5종 게임하기(실내와 농구, 보자기 배드민턴, 몸 끝말잇기, 협동 탁구공 옮기기, 릴레이 그림퀴즈)
	성취감	10	함께하면 할 수 있어요	- 협동 활동을 통한 신뢰감 및 성취감 경험하기	- 협동화 만들기 - 함께한 경험 나누기
마무리	자기평가 및 수용	11	한 걸음 더 성장하기	- 자신의 긍정적 변화 인식하기 - 긍정적 자신의 변화 격려하기	- 변화된 나에게 점수 주기 - 나에게 축하카드 쓰기 - 친구에게 축하 메시지 써서 종이비행기 날려 선물하기

출처: 김혜란(2019).

다문화가정 저학년 아동의 사회성 향상 집단상담프로그램

하위 영역	회기	회기별 목표 구성요소		회기별 목표
		선행연구 분석	요구조사 우선순위 문항	
사전	1회기			프로그램의 목적과 성격 이해
준법성	2회기	이중문화로 인한 정체성과 가치관 혼란으로 준법정신 부족	집단의 규칙 지키기	집단의 규칙을 지킴으로써 집단에 대한 소속감 형성
협동성	3회기	친밀성을 느끼는 정도가 낮음	협동의 중요성 알기	다른 사람과 친밀감을 형성하여 서로 돕는 생활의 중요성 알기
	4회기	또래와 소극적인 상호작용	협동의 좋은 점을 알고 함께 문제 해결하기	서로 돕는 생활의 좋은 점을 알아보고 함께 문제 해결하기
사교성	5회기	자존감과 자신감이 낮음	자신의 감정 표현하기	자신의 감정을 자신 있게 표현하기
	6회기	놀림, 차별 경험	장점 찾기	타인과 다른 나를 주장할 줄 알고, 다문화가정의 장점 탐색하기
	7회기	놀림과 편견으로 인한 소극적 대인관계	배려하기	놀림과 편견에 대한 대처방법을 알고, 다른 사람도 배려할 줄 알기
	8회기	자존감이 낮아 또래에게 먼저 다가가기 어려움	칭찬하기	칭찬활동을 통해 친구 사귀는 방법 기르기
자주성	9회기	주도성이 낮음	끈기와 인내력 함양	맡은 일을 끝까지 완수하고 최선을 다하기
	10회기	편견으로 인해 노출에 대한 두려움	의사 표현하기	자신의 의견을 자신 있게 말하기
	11회기	자신감 부족	자신감 찾기	자신에 대해 자신감을 갖고 행동하기
종결	12회기			프로그램에 대한 느낌 및 평가

출처: 이샛별(2010).

다문화 청소년을 위한 비폭력 정서조절 집단상담프로그램

단계	회기	주제	내용
시작 단계	1회기	OT 및 사전검사 감정은 선물!!	사전검사, 오리엔테이션, 감정 개념 알기
	2회기	내 안의 감정 인식하기 독서치료	감정이 무엇인지 알아보고 감정을 숨기기는 동화를 통하여 내 안에 여러 가지 감정을 인식하고 표현할 수 있다.
준비 단계	3회기	나는 어떤 언어를 사용할까	비폭력 대화와 감정코치 대화법을 알 수 있다.
	4회기	감정카드게임	감정카드안 에서 자신의 감정을 찾아 비폭력 대화법을 사용하여 표현하고 타인의 감정을 공감할 수 있다.
작업 단계	5회기	내 손을 놓지마	석고 붕대라는 독특한 경험을 통해 가족, 친구간 불편한 감정을 표현하면 감정코칭을 사용하여 반응한다.
	6회기	스트레스와 말!말!말!	평소 스트레스 상황을 활동지에 적어보고 분노 감정을 비폭력 대화를 통해 표현한다.
	7회기	스트레스 폭탄 "꽝"	스스로를 탐색하여 스트레스를 정리하여 표현함으로써 비폭력 대화를 사용하여 심리적 위로를 얻을 수 있다.
	8회기	내 안의 감정 조절하기 -역할극-	평소 생활 상황을 선택하여 역할극으로 비폭력 의사소통을 통한 감정조절을 한다.
종결 단계	9회기	세상에서 소중한 나	나의 강점과 친구의 강점, 친구가 생각하는 나의 강점을 발전시키고 정서조절을 통한 마음의 균형을 유지한다.
	10회기	롤링페이퍼 마무리, 사후검사	사회정서지능검사를 실시하여 비교해 본다. 전체적인 프로그램을 정리하고 표현하여 소감 및 다짐을 한다.

출처: 나옥희(2017).

<다문화아동을 위한 집단상담프로그램>
- 마음 톡(talk)! 마음 톡(tock)! 집단상담프로그램[7] -

단계	중심 활동	회기	활동주제	활동목적 및 기대효과	기법
초기	친밀 행동	1	오리엔테이션 별칭짓기	- 프로그램에 대한 안내 및 흥미유발 - 긍정적 자기표현(긍정적 형용사를 2개 이상 사용) - 관계 맺기, 친밀감 형성	- 명패 만들기
		2	나는...	- 내 마음의 지도 그리기(나의 프로필, 가족, 성격, 친구관계, 꿈 등에 대한): 자기소개 - 자기탐색 및 자신의 주위에 대한 탐색을 통한 자기 지각 - 타인 인식 및 수용	- 난화 그리기 - 내 마음의 지도 그리기
중기	표출/감정 조절	3	나의 감정 이야기	- 자신이 경험한 감정에 대한 탐색, 표현, 인식 - 감정에 대한 반응 정도, 감정처리 패턴 인식 - 다양한 감정에 대한 이해	- 감정카드 - 감정파이
		4	감정 다루기	- 부정적 감정의 발산(표출) - 감정 이완 경험(조절) - 자기조절능력 강화	- 벽뚫기 게임 - 행복한, 슬픈, 화난 감정
	실천/긍정 사고	5	숨겨진 나의 강점을 찾아	- 자신의 자원에 대한 재인식을 통한 자존감, 대인관계, 학교적응 및 문제 해결 능력 향상	- 신체 본뜨기
		6	아빠/엄마의 나라(협동활동)	- 엄마 나라에 대한 이해 및 다문화가정의 긍정적 인식 강화 - 다문화에 대한 긍정적 수용	- 자유화

7) 본 프로그램은 신한대학교의 다문화아동을 위한 집단상담프로그램으로 2018. - 경기북부지역 학교와 다문화대안학교를 중심으로 실시함.

중기	변화/ 문제 해결력	7	따로 또 같이 우리는 하나! (협동활동)	- 타인과 긍정적 관계 맺기 - 다문화에 대한 공감 및 긍정적 유대 강화	- 희망찾기 - 사포 협동화
		8	나를 행복하게 하는 것들!	- 자신을 둘러싸고 있는 환경의 자원들을 재인식하고 문제해결에 활용	- 콜라주
후기	종결/ 자율 행동	9	미래의 내 모습(20년 후의 나는...)	- 자신의 미래에 대한 긍정적 인식을 통한 자존감 향상 및 현실 적응력 강화	- 미래를 향한 첫걸음
		10	비전트리	- 내면의 의식화 및 스스로에 대한 vision부여를 통한 자긍심 강화 - 긍정적 에너지 유도를 통한 자율성 강화	- 소망나무 꾸미기

2018년도 경기도 중도입국청소년자녀를 둔 부모 집단상담프로그램[8)]

■ 프로그램명 : '부모힐링 & 역량강화 집단상담 프로그램

■ 프로그램 내용

세부 내용			
일시	주제	내 용	비고
초기 (10분)		▣ 나는 어떤 부모인가? - 교육에 대한 오리엔테이션 - 자녀가 어떻게 살아가길 원하는가?	
중기 (100분)	부모성격유형 & 스트레스	▣ 부모성격유형과 스트레스 - 부모와 자녀성격분석을 통한 이해하기 - 부모-자녀 간에 갈등 - 부모 힐링(healing)의 시간 : 자녀 양육 스트레스 치유 집단상담	
		▣ 부모-자녀 커뮤니케이션 - 부모-자녀 효율적인 의사소통의 방법 - 자녀 감정코칭	
종결 (10분)	마무리	▣ 서로 서로 마음 다독! 다독!! - 프로그램에 대한 소감 나누기	

8) 2018년 경기도의 위탁을 받아 신한대학교 로고스봉사지원단 다문화센터에서 운영한 중도입국 청소년을 위한 프로그램 중 일부임.

Chapter

05 다문화특수아동

1 다문화장애아동

1) 다문화장애아동 개념

다문화장애아동을 이해하기 위하여 장애아동에 대한 이해가 전제되어야 한다. 장애인복지법에 의하면 장애인은 신체적·정신적 장애로 인하여 장기간에 걸쳐 일상생활 혹은 사회생활에 상당한 제약을 받는 자라고 정의하고 있다. 또한 「장애아동복지지원법」에 의한 장애아동이란 18세 미만의 사람 중 장애인복지법 제32조에 따라 등록된 장애인을 의미하며 만 6세 미만의 아동으로서 장애가 있다고 보건복지부장관이 별도로 인정하는 사람을 포함한다고 규정되어 있다. 이러한 개념정의를 토대로 다문화장애아동을 정의하자면 다문화가정의 만 18세 미만 아동으로 신체적·정신적 장애로 인하여 장기간에 걸쳐 일상생활 혹은 사회생활에 제약을 받으며 장애인복지법 제32조에 따라 등록된 장애인을 의미한다. 그러나 18세 미만의 장애아동은 장애(disability)와 더불어 특수(exceptional)라는 용어로 이해할 필요가 있다.

특수라는 용어는 넓은 의미로 평균이나 정상으로부터 아래나 위의 범위에 있는 것을 의미한다. 즉, 아동이 신체적으로나 지적으로 또는 행동적으로 정상적인 범위를 벗어난 경우를 의미하며 지능의 경우 매우 낮은 지능을 보이거나 매우 높은 지능을 보일 때 특수아동으로 분류된다(Heward, 2012). 특수아동(exceptional children)은 장애아동과 영재아동을 모두 포함하는 포괄적인 의미로 사용된다.

2) 장애유형 및 특성

「장애인 등에 대한 특수교육법」에 의하면 11개의 장애유형으로 세분화하여 제시하고 있다.

장애유형별 특성이 다르고 장애 정도에 따라 개별화된 서비스가 제공되어야 하기 때문에 서비스를 제공하는 교사나 사회복지사는 장애유형에 따른 특성을 이해할 필요가 있다. 장애인 등에 대한 특수교육법에서의 특수교육 대상자는 다음과 같다.

표 5-1 장애유형

장애유형	
시각장애	의사소통장애
청각장애	학습장애
지적장애	건강장애
지체장애	자폐성장애
정서 · 행동장애	발달지체
그 밖에 대통령으로 정하는 장애	

대부분의 다문화아동은 가정 및 학교에서 다양한 언어적 · 문화적 배경을 가지고 의사소통과 언어발달의 지체에 직면하게 된다. 또한 언어를 토대로 하는 학업적 성취에도 어려움을 가짐으로써 학습부진과 학습장애는 물론 정서 및 행동장애로까지 연결되므로 다양한 특수교육적 서비스와 관련된 지원이 요구된다(강금화, 황보명, 2010; 박혜성, 박혜숙, 2014). 다문화장애아동을 이해하기 위하여 무엇보다 언어발달특성을 이해하고 발달수준을 고려하는 것이 중요하다(김혜영, 전은주, 2010). 또한 다문화아동의 연령별 특성을 고려한 개별화된 언어발달지원서비스를 다양하게 마련할 필요가 있다.

3) 이상발달행동유형과 특성 이해

현장에서 만나게 되는 다문화아동 중 여러 가지 특수한 문제를 지닌 아동을 만나게 된다. 어떤 아동은 주의가 산만한 행동이 많으며 어떤 아동은 지능이 정상임에도 불구하고 기본적인 읽기와 쓰기가 잘 안 된다. 어떤 아동은 영리하지만 지나치게 소심하고 위축된 행동을 보이기도 한다. 어떤 아동은 말을 하지 않고 사람들과 눈을 마주치지 않는다. 이러한 행동들은 모두 이상행동에 해당된다. 그러나 이러한 행동을 보인다고 해도 문제행동을 제외하고는 모두 정상아동과 같다. 즉, 한 부분의 발달이 비정상적이라고 해도 다른 부분에서는 지극히 정상일 수 있다. 일반적인 아동의 8가지 이상발달행동유형을 살펴보면 다음과 같다.

(1) 전반적 발달장애

전반적 발달장애는 어려서부터 인지, 언어, 지각, 사회성 등 발달의 여러 분야에 어려움을 보이는 장애이다. DSM-Ⅳ에서는 전반적 발달장애를 자폐장애, 아스퍼거장애, 레트장애, 소아기 붕괴성 장애, 비전형성 전반적 발달장애 등으로 세분화한다. 자폐장애는 전반적 발달장애 중 대표적인 장애로 선천적 혹은 발달 초기부터 발달과정이 전반적으로 왜곡되는 것이 특징이다. 대부분 출생 직후부터 3세 사이에 발생하지만 정상발달을 하다가 3세 이후에 퇴행성 자폐장애로 나타나기도 한다. 아스퍼거장애는 자폐장애와 비슷한 사회성발달의 문제가 있으나 언어와 지능의 발달에는 문제가 없는 장애다. 레트장애는 비교적 정상발달을 하다가 1~2세부터 심한 퇴행현상을 나타내며 주로 여아에게 나타나고 사회성과 언어발달장애와 운동증상이 두드러지는 장애이다. 소아기 붕괴성 장애는 유아성 치매ㅏ유아성 치매

로부터 유래된 극히 드문 장애이다.

(2) 의사소통장애

의사소통장애는 자신의 사고, 느낌, 사상, 의견 등을 말과 언어의 사용을 통해 전달함에 있어 어려움이 있는 장애이다. 의사소통장애는 표현성 언어장애, 혼합형 언어장애, 발음장애, 말더듬으로 구분된다. 표현성 언어장애는 언어를 표현하는 능력이 연령에 적합한 수준보다 현저하게 떨어지나 언어이해력은 정상범위에 속한다. 혼합형 언어장애는 언어를 이해하거나 표현하는 능력 모두 연령에 적합한 수준보다 뚜렷하게 지연되고 발음상의 문제도 흔히 발생하며 남아에게 흔히 발견된다. 발음장애는 정상적인 언어습득과정에서 늦게 학습되는 단일음운들의 정교한 발음에서 흔히 문제가 된다. 말더듬은 말의 흐름이 자연스럽지 못하고 음이나 음절의 반

복, 연장, 막힘 등의 문제를 보인다.

(3) 반응성 애착장애

반응성 애착장애는 주양육자와의 안정된 애착형성의 실패로 인해 사회적 관계형성에 있어서 심각한 문제를 보이는 장애로 신체적, 지적, 정서적인 발달 전반에 걸쳐 문제행동을 보인다. 반응성 애착장애는 5세 이전에 나타나고 이 시기에 주양육자로부터 보살핌을 적절히 받지 못해 발생하기 때문에 5세가 지나서 주양육자로부터 보살핌을 제대로 받지 못해도 발병되지 않는다. 반응성 애착장애는 정신지체나 자폐장애가 없는데도 정상적인 성장발육의 어려움이 있고 이에 따라 정서 및 신체 발달에 문제를 보인다. 반응성 애착장애는 억제형과 탈억제형으로 구분된다.

(4) 주의력결핍 과잉행동장애

주의력결핍 과잉행동장애는 학령기 아동의 3~5%에서 나타나는 아동기 장애이다. ADHD로 진단받은 아동의 70~80%가 청소년기까지 지속되고 10~60%는 성인기까지 지속된다(Barkley, 1990). ADHD는 유아 혹은 아동 초기에 나타나 비교적 만성적으로 지속되며 아동의 삶 전반에 큰 영향을 미치는 발달학적 진행양상을 보이는 장애다. 가장 큰 특징은 주의집중시간이 매우 짧다는 것이다. 이로 인하여 지적 잠재력에 비하여 학업성적이 낮고 부주의와 과잉행동, 충동성을 포함한다.

(5) 학습장애

학습장애는 전반적인 지적발달에는 지체가 없지만 듣기, 말하기, 읽기, 쓰기, 계산기, 추론하기 등 특정 능력의 습득과 사용에 현저하게 어려움을 보이는 장애이다. 학습장애아동은 학교학습의 실패, 심리적 과정상의 결손, 기대치와 성취도의 불일치 특성을 보이며 부모나 교사, 또래가 학습장애아동에게 일관성 없게 혹은 부정적으로 대하는 경우가 많기 때문에 부정적 대인관계나 자아개념이 불안정하고 비현실적인 특성을 보인다.

(6) 정신지체

정신지체는 일상생활에서 요구되는 적응기술의 결함과 일반적인 인지능력에 있어서 어려움을 보이는 장애이다. 정신지체아동의 특성은 기본적인 의사소통의 문제가 있으며 사회성 기술의 문제, 기술학습능력 결여, 일상생활기술 부족 등을 들 수 있으며, 수준에 따라 가벼운 정신지체, 중간수준 정신지체, 심한 정신지체, 중증 정신지체 등으로 분류된다.

(7) 품행장애

품행장애는 반사회적, 공격적, 도전적 행위를 반복적, 지속적으로 행하여 사회, 학업, 작업기능에 지장을 초래하는 장애이다. 품행장애아동의 특성으로는 충동적 행동, 반사회적 행동, 우울증을 들 수 있으며 사소한 일에도 화를 잘 내고 친구의 요구를 무시하며 약한 친구를 괴롭히거나 다른 사람을 원망하고 고의적으로 타인을 괴롭히는 행동을 하여 주변 사람들로부터 인정을 받지 못하거나 따돌림을 당하게 된다. 품행장애는 사람과 동물관련 공격성, 재산 파괴, 사기 혹은 도둑질, 심각한 규칙위반 등의 행동을 포함한다.

(8) 반항성 장애

반항성 장애는 어른과 논쟁하고 화를 잘 내며 반항적이고 버릇이 없으며 보복적인 행동을 함으로써 어른을 화나게 하는 것이 특징이다. 반항성 장애아동은 반항적이고 불복종적이며 도발적인 행동을 하지만 규칙을 어기거나 타인의 권리를 침해하는 반사회적 행동이나 공격적인 행동은 두드러지게 나타나지 않는다는 점에서 품행장애아동과는 차이가 있다. 그러나 반항성 행동장애의 특성이 계속되면 사회적, 학업적 기능에 심각한 장애가 발생된다.

4) 다문화장애아동 평가 및 접근방법

(1) 평가

다문화장애아동의 평가는 단순히 선별이나 특정장애로 진단하는 것으로 끝나는 것이 아니라 선별, 의뢰, 장애의 적격성, 프로그램의 효과, 종결 등의 과정과도 연결되어 있기 때문에 매우 중요하다. 이를 위하여 무엇보다 다문화장애아동의 특성에 맞는 다양성이 존중되는 다양한 평가도구와 절차가 활용되어야 한다(김동일, 이대식, 신종호, 2009). 문화적 차이는 자칫 발달지체로 오인받기 쉽기 때문에 교사 및 전문가들은 다양한 언어적·문화적 배경을 가진 아동들의 능력을 평가하는 데 있어서 매우 신중해야 한다. 차이와 장애를 구분하지 못하는 교사와 전문가들로 인하여 다문화아동이 불필요한 특수교육을 받는 경우가 있기 때문이다. 또한 평가할 때 아동의 잔존능력에 초점을 맞추어야 한다.

① 선별

선별검사는 짧은 시간 내에 신속하게 검사하여 정확한 정보를 수집할 수 있도록 한다. 좋은 선별검사를 위하여 서로 다른 배경과 언어, 연령을 가진 다문화아동에게 적합한 검사규준이 마련될 필요가 있다. 또한 검사결과에 대하여 다문화아동의 개별적 특성을 감안하여 평가할 필요가 있다.

② 진단

선별검사결과가 다문화아동의 발달영역에 있어서 간단한 정보를 제공해 준다면 진단검사는 다문화장애아동의 장애진단에 대하여 보다 구체적으로 상세한 정보를 제공해 준다. 일반적으로 선별검사결과에서 다문화아동이 전반적으로 발달이 지연되거나 발달지체아동으로 선정되고 특수교육서비스를 받아야 하는지 결정해야 한다면 진단검사를 실시해야 한다(국립특수교육원, 2008).

(2) 접근방법

미국의 헤드스타트 프로그램은 저소득층 유아들을 위한 교육지원프로그램이다. 이 프로그램은 조기중재분야의 정부관련 최초 접근법으로 발달지체유아에게 통합 기회를 부여하는 데 큰 기여를 하였다. 일반적인 다문화장애아동을 교육적으로 지원하기 위한 방법으로는 직접교수, 과제분석, 또래교수, 중재반응모형, 긍정적 행동지원 등이 있다. 직접교수의 촉진적 범주는 신체적 촉진, 언어적 촉진, 시범보이기, 시각적 촉진, 제스처, 자극 내 자극 등이 있다. 리날드와 샘슨이 제시한 다문화가정 아동을 위한 3단계 RTI모형은 보편적인 선별, 의뢰 전 중재, 특수교육의뢰로 이루어져 있다.

2 다문화영재아동

1) 다문화영재아동의 개념과 특성

(1) 다문화영재아동의 개념

미국의회에 보고된 말랜드보고서(Marland, 1971)에서 영재란 일반지적능력, 특별학문, 적성, 창의적이고 생산적인 사고, 리더십, 시각과 공연예술, 정신운동능력에서 높은 성취를 보이거나 보일 가능성이 있는 탁월한 자라고 정의하였다. 우리나라는 1998년 영재교육진흥법을 제정하였으며 이 법에 의한 영재의 개념은 재능이 뛰어난 사람으로서 타고난 잠재능력을 계발하기 위하여 특별한 교육이 필요한 사람이라고 정의하고 있다. 다문화영재아동은 다문화가정의 자녀로 영재의 공통적인 특성을 지닌 아동을 의미한다. 다문화영재는 2개 이상의 문화, 언어와 다양성을 경험한 아동으로 서로 다른 문화와 언어에 대한 적응이 빠르며 다른 문화에서 적절하게 행동할 수 있는 탁월한 잠재능력을 가진 아동이다.

(2) 다문화영재아동의 특성

일반영재아동의 심리적 특성을 토대로 다문화영재아동의 특성을 살펴보고자 한다. 영재아동의 심리적 특성인 영재성은 인간의 마음과 행동을 과학적으로 연구하고자 하는 행동과학인 심리학과 교육학에서 연구되었다. 이러한 연구결과에 의하여 영재성은 3가지 특성에 따라 구분될 수 있다고 한다. 첫째, 지능, 창의성, 상위인지, 학습양식 등과 같은 인지적 능력이다. 둘째, 동기, 자아개념, 자아존중감 등과 같은 정의적 특성이다. 셋째, 대인관계 및 리더십과 같은 사회적 특성이다. 영재아동의 정의적, 사회적 특성은 다음과 같다.

표 5-2 영재아동의 정의적, 사회적 특성

<table>
<tr><td>다른 사람의 기대에 민감하게 반응한다.</td><td>자신이 하는 일에 관심이 많고 과제집착력이 높다.</td></tr>
<tr><td>간섭 없이 혼자 해결하는 것을 좋아한다.</td><td>학습속도가 빠르기 때문에 정규수업에 흥미를 잃고 문제행동을 하기도 한다.</td></tr>
<tr><td>반복적인 것을 싫어하고 새로운 것을 시도하려고 한다.</td><td>과제를 완벽하게 수행하려고 하기 때문에 스트레스에 시달리기도 한다.</td></tr>
<tr><td>도덕성이 높아 보다 이상적인 가치를 추구하려고 한다.</td><td>자아개념이 높고 자신감과 자기주장이 강하다.</td></tr>
<tr><td colspan="2">사회적인 문제에 대하여 수준 높은 도덕적 사고를 하고 토론하려고 한다.</td></tr>
</table>

2) 다문화영재아동의 잠재능력과 평가

다문화영재아동을 지원하기 위한 사회복지적 관점에서의 이론은 강점이론과 역량강화(임파워먼트)이론을 들 수 있다. 강점이론은 아동이 어려움에 대처할 수 있고 스트레스에 직면하여 기능을 유지할 수 있는 능력, 외적 충격으로부터 회복에 원동력이 되는 사회적 지지를 이룰 수 있는 능력을 가질 수 있도록 돕는 것을 내용으로 한다. 특히 아동의 문제보다는 강점에 초점을 두고 가능한 모든 자원을 활용하며 잠재능력을 실현할 수 있도록 한다. 역량강화이론은 자기효능감을 증진시키고 새로운 기술 개발, 무기력함의 원인에 대한 비판적 자각을 발달시킨다. 또한 아동이 자신의 잠재된 역량을 개발하고 힘을 발휘하여 필요한 자원을 획득하도록 돕는다.

(1) 다문화영재아동의 잠재능력

영재가 지닌 심리적 특성 중 핵심적 요소는 지능과 창의성이다. 학문적으로 혹은 사회적으로 성공한 영재를 대상으로 한 연구에서 영재집단이 일반집단보다 초등학교 시절부터 영역별 영재집단 간의 지능지수에 차이가 있으며 모든 영역에서 높은 지능지수는 일반적으로 나타나지 않는다. 송인섭(2005)은 이러한 현상에 대하여 지능지수의 측정범위가 극도로 제한되어 있기 때문에 나타나는 현상이라고 하였다. 예를 들면 미술영재의 지능지수는 79~133의 범위이고 평균 107이다. 음악영재의 지능지수는 95~139의 범위이고 평균 121이다. 특히 예술이나 운동분야의 영재집단은 지능지수가 높지는 않으나 지능의 다른 지표에서 우수한 그들만의 고유한 특성을 갖고 있다. 삼원지능이론을 확립한 Sternberg는 이러한 점을 감안하여 성공지능이라는 개념을 제시하였는데 성공지능은 분석적 지능, 창의적 지능, 실천적 지능으로 구성되어 있다. 우리나라는 국가교육 차원에서 창의적인 인재육성을 위한 정책적 역량에 집중하고 있다. 창의성에 대한 많은 학자들이 개념을 정의함에 있어 공통적 요인은 "새롭다"와 "적절하다"는 것이다. "새롭다"는 것은 개인적으로나 사회적으로 새롭고 신기하며 남과 달리 독창적이어야 한다는 것이다. "적절하다"는 것은 가치, 유용성, 경제성과 같은 의미이다. 즉, 창의성은 가치를 창출하고 유용해야 하며 경제적이어야 한다는 것을 전제로 한다. 창의성은 인지적 능력과 정의적 능력으로 구분될 수 있는데 인지적 능력에는 유창성, 독창성, 융통성, 정교성이 포함되며 정의적 특성은 개방성, 민감성, 도전성을 포함한다. Terman과 Oden(1947, 1959)의 연구에 의하면 탁월한 능력의 성취를 위해서는 어느 정도까지의 높은 지능을 필요로 하나 어느 정도 이상이 되면 지능 외에 창의성, 성취동기와 같은 변인이 중요한 역할을 한다고 하였다.

표 5-3 창의성 구성요인

구 분		세부요인
창의성	인지적 능력	유창성, 독창성, 융통성, 정교성
	정의적 능력	개방성, 민감성, 도전성

(2) 다문화영재아동 평가

다문화영재아동의 평가는 영재성에 비추어 적절한 영재를 선별하는 것을 의미한다. 다문화영재아동의 잠재능력을 계발하기 위하여 영재판별과 선발은 기본적이고 필수적인 일이다. 영재평가와 관련되어 사용되는 용어는 선별, 판별, 선발, 배치가 있다.

표 5-4 다문화영재아동 평가관련 개념

개념	개념정의
선별	굵은 채로 거칠게 거르는 것을 의미하며 판별이나 사정의 전 단계
판별	영재인지, 아닌지 혹은 영재의 특성을 보이는지 의사결정과정
선발	영재학교나 학급, 혹은 관련기관에 배치하는 것을 의미
배치	판별된 아동을 적합한 교육과정이나 프로그램에 매칭하여 교육을 받게 하는 것

영재를 판별하기 위한 방법은 심리측정적 접근법, 정보처리적 접근법, 성취지향적 접근법이 있으며 선별단계 혹은 판별 초기에 사용되는 다차원적인 검사는 다음과 같다.

- 관찰과 추천
- 아동의 기능에 대한 교사나 관련자의 보고
- 가족역사와 아동의 배경
- 지명 : 교사 지명, 본인 지명, 부모 지명
- 아동조사기록 : 자아감, 가치관, 흥미, 학교와 과외활동에 대한 태도
- 아동성취 : 성취도검사, 포트폴리오, 수상실적 등
- 다양한 검사 : 지능검사, 적성검사

3) 다문화장애영재아동

(1) 다문화장애영재아동

1970년까지 장애와 영재를 서로 배타적인 것으로 간주하였지만 1995년 이후 장애와 영재성이 교차하는 영역이 있는 것으로 알려지면서 이에 대한 연구가 이루어졌다. 영재성과 장애의 특징이 동시에 나타나는 아동은 교차영역에 속한다고 볼 수 있다. 특히 기초학습능력에 심각한 문제를 지니고 있는 영재아동을 교차특수아라고 한다. 미국의 전문기관인 영재발달센터에서는 양면 특수아집단을 감각통합장애, 주의력결핍 과잉행동장애, 청각 및 지각장애, 난독증, 공간지각장애의 다섯 가지로 보고 있다(이신동, 2006). 장애영재들은 부정적인 면과 긍정적인 면을 보이는데 긍정적인 면은 대부분 영재성과 관련이 있다. 긍정적인 특성으로 탁월한 기억력, 일반지식, 학습에 대한 높은 욕구, 높은 이해력, 유머감각, 지적과제에 대한 집착력, 자신의 장점을 이용할 수 있는 능력 등이다. 영재성과 장애의 상호작용은 다음과 같다.

표 5-5 영재성과 장애의 상호작용

영재 특성	장애 특성	상호작용 결과
다양한 영역의 장점	다양한 결함과 장애	특수한 프로파일 구조
완벽주의	낮은 성취	좌절
높은 포부와 기대	낮은 기대	내적 갈등
강한 동기와 욕구	제한된 동기	억제된 에너지
강한 독립성	지나친 의존성	창의적 문제해결
민감성	자기비판적	불안정한 자아개념
높은 직업의식	낮은 직업의식	소외감

(2) 다문화장애영재의 문제

영재들은 현실적으로 좌절을 경험하는 경우가 많다. 일반적인 수업내용으로 인하여 지적 욕구가 충족되지 못하거나 다른 사람들을 전혀 이해하지 못하거나 학교에 적응하지 못하기도 한다. 또한 좌절감을 극복할 방법을 특별히 배우거나 습득할 기회가 적어 부적응의 문제를 경험하기도 한다. 영재아동의 사회적 문제는 스트레스 문제와 자아개념 및 자기통제의 문제, 진로지도의 문제를 들 수 있다. 또한 정서적 문제로는 과도한 완벽주의, 지나친 흥분, 지나친 민감성, 예민한 지각능력, 과도한 동기와 집착, 주의력결핍 과잉행동장애, 우울증, 비동시적 발달 등이 있다.

> 세계를 누비는 모델 한현민(16)은 어려서 얼굴 성한 날이 많지 않았다. 누군가 그를 향해 모래를 던지고 침을 뱉었다. 피부색이 다르다는 이유만으로 그가 겪은 폭력이었다. 소년은 나이지리아 출신 아버지와 한국인 어머니 밑에서 자랐다. 철부지 어린아이들만 그에게 돌을 던진 것은 아니었다. "까만 애랑 놀지마." 어른들의 혐오 어린 발언에 소년은 친구를 오래 사귀기 어려웠다. 하지만 그는 울지 않았다. 오히려 세상의 차별에 맞섰다. 그때 버팀목이 되었던 건 가족이었다. "어머님이 그러셨어요 넌 특별하다고" … (중략) …
>
> 한현민은 2017년 미국의 시사주간지 타임이 선정한 "가장 영향력 있는 10대"에 선정되었다. 한국에서 검은 피부색 모델로서의 편견을 딛고 당당하게 런웨이를 누벼 쇼의 중심에 선 덕분이다. … (이하 생략)…
>
> 출처: 한국일보(2019.1.31).

Part 02

다문화 아동과 사례관리

Chapter

06

사례관리 대상으로서 다문화아동

1 다문화아동 실태

다문화아동을 위한 서비스는 다양한 측면에서 접근될 필요가 있다. 다문화는 문화의 다양성뿐만 아니라 다문화아동이 속한 가정의 경제적 수준, 아동의 발달적 측면과 권리적 측면의 박탈 여부, 자신감, 억압과 차별의 문제, 자기존중 부재, 교육기회 제한, 문제행동 증가, 사회적 서비스 부재 등을 모두 포함한다. 다시 말하자면 다문화아동이 정치적, 경제적, 사회문화적, 심리정서적 측면에서 소외되어 박탈감을 가지게 되면 가정생활, 학교생활, 사회생활에서 부적응적이 된다는 것이다. 이러한 측면에서 다문화아동에 대한 개별적이면서 통합적인 이해가 필요하다. 다문화아동은 국제결혼 혹은 이중문화가정, 서로 다른 인종의 부부 사이에서 태어난 자녀를 중심으로 혼혈인가족아동 등으로 불리던 국제결혼가족아동이라는 개념으로 이해되고 있다. 그러나 다문화가족 증가와 더불어 다문화가정의 빈곤문제, 교육문제, 의사소통문제로 인한 사회문제도 증가하면서 종전의 다문화아동에 대한 편견적 개념에서 벗어나 새로운 개념정의가 필요하게 되었다. 특히 다문화가족은 대부분 빈곤하고 아동이 취학연령이 되었을 때 부모들은 자녀가 학교에서 편견과 차별로 인하여 상처받을 것에 대한 걱정을 하는 것이 일반적이다. 무엇보다 다문화아동들은 주양육자인 어머니의 한국어 능력 부족으로 자신의 가족 내에서의 갈등을 해결하지 못하고 좌절감을 경험하게 되고 그 가운데 비행이나 반사회적 행동 등 부적응행동을 보이는 경우가 있어 다문화아동에 대하여 부정적으로 인식할 가능성이 있다. 또한 한국문화와 결혼이주여성 간의 문화적 차이와 의사소통 문제, 경제적 문제 등이 원인이 되어 가정폭력이나 갈등도 증가하고 있다. 즉, 경제적 문제나 문화적 차이로 인한 갈등이 가정폭력[9]이나 아동학대로 이어지고 있는 것이다. 다문화아동은 서로 다른 문화적 배경을 가진 남녀가 결혼하고 외국인 배우자는 우리 문화에 적응

9) 다문화가정의 가정폭력검거건수는 2014년 123건에 불과하였으나 2015년 782건, 2016년 976건, 2017년 840건으로 나타남(경찰청 자료).

하는 과정에서 자녀가 태어난다. 부모 중 1명은 문화적응과 부모역할이라는 이중역할을 수행하게 되고 아동의 발달적 욕구에 적절하게 반응할 수 없게 된다. 이러한 이유로 다문화아동은 발달적 문제를 겪게 되고 이러한 발달적 문제는 다문화가정에게 이중 고통을 경험하게 한다. 그러한 가정의 이중 고통은 결국 자녀의 부적응행동으로 연결된다. 다문화아동이 학교에서 일반적으로 경험하는 것으로 첫째, "다르게 생겼다", "부모님이 한국인이 아니다"라는 이유로 집단따돌림을 당하고 이로 인하여 심리적 상처를 받고 등교 거부나 자살충동을 느끼는 것이다. 둘째, 다문화아동의 가장 큰 문제는 언어발달이다. 다문화아동의 언어능력은 일상적 대화를 하기에는 문제가 없으나 교과서에 나오는 개념이나 어휘를 이해하기는 어려워 수업시간과 발표시간에 대하여 부담을 느끼게 된다. 이러한 측면은 학교생활 부적응의 중요한 원인이 된다. 결과적으로 다문화아동은 일반아동에 비하여 미취학률과 중도탈락률이 매우 높은 구조적 문제가 있다. 다문화가정의 자녀가 학교에 다닐 나이이지만 중도에 학교를 포기한 미등록률은 평균 41.6%로 나타났으며 초등학교의 경우 15.4%, 중학교 39.7%, 고등학교 69.6%인 것으로 나타났다.

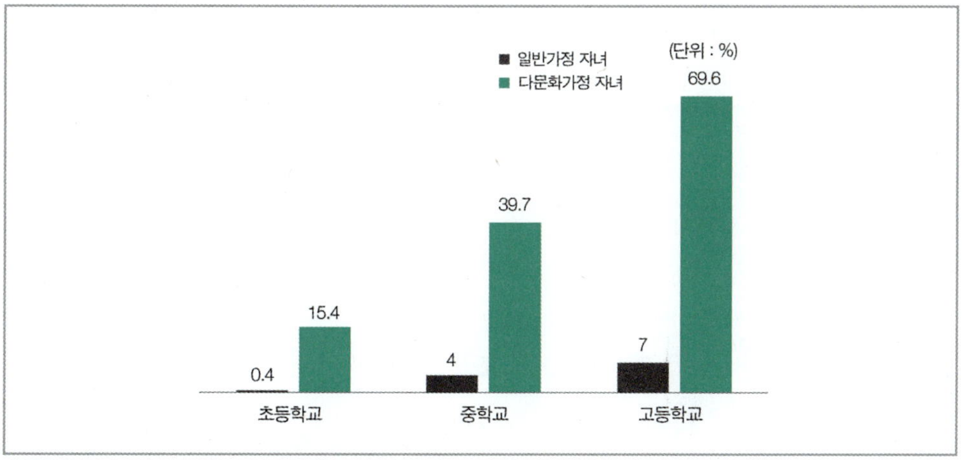

그림 6-1 초·중·고 미취학률 및 중도탈락률

출처: 원희목 의원실.

이는 다문화가정의 경제적 어려움과 개인적 특성에 따른 교육지원 부족과 교육정책에 대한 정보제공 부족, 부모의 한국어 능력 부족으로 학교통신문을 이해하지 못하거나 자녀의 학업을 도와줄 수 있는 능력 부족이 원인인 것으로 분석된다. 특히 다문화가정의 경우 경제적으로 빈곤하여 자녀들이 적절한 발달적 욕구를 충족시키지 못하고 학교부적응으로 중퇴하게 되면 좋은 직업을 얻지 못하고 단순노무직이나 일용직으로 일하게 되고 부모세대와 같은 문제를 반복하면서 빈곤하게 살게 되는 것이다. 2003년 국가인권위원회 보고서와 2006년 여성가족부 조사에 의하면 다문화에 대한 차별과 편견이 매우 심하고 다문화가족아동은 출생부터 교육, 직업, 결혼에 이르기까지 반복적인 차별을 경험하게 되며 이로 인하여 건강한 우리 사회구성원으로 살아가는 데 어려움을 겪게 된다고 하였다.

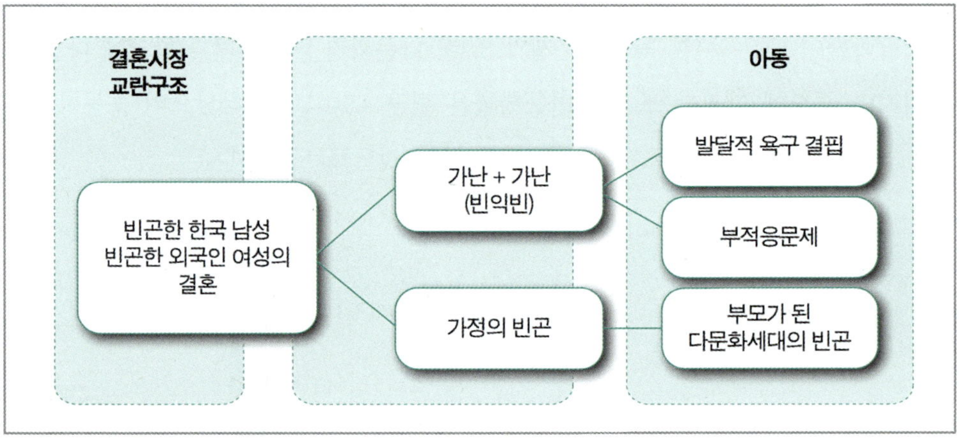

그림 6-2 다문화아동 문제의 순환적 구조

2 다문화가족의 형태와 실태 변화

최근 다문화가족의 형태도 다양하게 변화하고 있다. 특히 다문화가족의 이혼이나 별거 등으로 인한 가족해체가 증가하고 있으며 그로 인하여 다문화 한부모가족이나 다문화 조손가족 등도 증가하고 있다. 그러나 현재의 다문화가족지원법은 부부

중심의 결혼이민자가족에 초점을 맞추고 있어 다문화가족의 정책적 사각지대가 발생되고 있다. 일반적으로 가족의 형태는 구성원의 세대수와 구성원의 특성에 따라 구분할 수 있다. 구성원의 세대수에 의하면 핵가족과 확대가족으로 구분할 수 있으며 구성원의 특성에 의하면 한부모가족, 입양가족, 조손가족, 다문화가족, 북한이탈주민가족, 장애가족, 노인가족 등으로 분류될 수 있다. 최근 다문화가족의 경우 구성원의 특성에 따라 다문화 조손가족, 다문화 입양가족, 다문화 한부모가족, 다문화 재혼 및 계부모가족, 다문화 장애가족 등 다양한 다문화가족 형태가 증가하고 있다. 최근 조사에 의하면[10] 다문화가족의 평균 가구원 수는 2.92명이며 평균 자녀 수는 0.95명인 것으로 나타났으며 가족구성은 부부와 자녀로 이루어진 가족이 34.0%로 가장 많고 부부가구 17.0%, 1인 가구 14.4%, 확대가족 12.3%, 한부모가족 12.2%인 것으로 나타났다. 결혼이민자와 귀화자의 혼인 상태는 '배우자 있음'이 73.%로 가장 높고, '이혼 · 별거' 16.4%, '배우자 사망' 4.8%, 그리고 '미혼'이 5.2%로 나타났다.

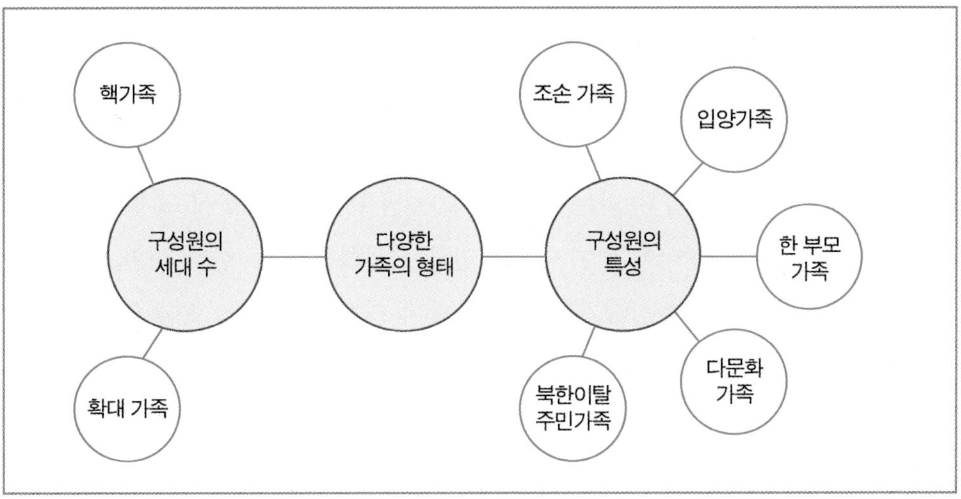

그림 6-3 구성원의 세대수와 특성에 의한 가족형태

10) 전국 다문화가족 실태조사는 다문화가족지원법 제4조에 따라 3년을 주기로 실시하는 조사로 2009년, 2012년, 2015년, 2018년, 4차례 실시됨. 1:1 면접조사를 통하여 단순한 가족구성원, 자녀수, 가구특성뿐만 아니라 자녀들에게 학교생활 및 진로, 교우관계, 가족관계 등 다양한 내용을 조사함. 2018년에는 17,550가구를 대상으로 조사함.

뿐만 아니라 최근 국제결혼 후 외국인 아내와 갈등 후 이혼하는 사례가 증가하면서 다문화 한부모가정이 증가하고 있다. 한국가정법률상담소의 2018년 다문화가정 상담 통계자료에 의하면 2018년 다문화가정 이혼상담건수는 1천 18건인 것으로 나타났다. 또한 이들의 재혼가정 비율은 44.9%로 내국인 가정 13.4%보다 3.4배 높았다. 한국인 남편의 49%, 외국인 아내의 71.6%는 직업이 없거나 수입이 안정적이지 않으며 한국인 남편의 67.7%, 외국인 아내의 92.2%는 보유재산도 없는 것으로 나타났다. 출신국가별로는 배우자 가족과의 갈등이 이혼 · 별거 사유라는 응답이 캄보디아(25.3%), 몽골(20.5%) 출신자에게서 높은 편이었고, 학대 · 폭력 때문이라는 응답은 태국(26.8%), 베트남(19.5%), 필리핀(17.4%), 일본(16.0%) 출신자에서 상대적으로 높게 나타났다. 배우자 없이 생활하는 고령 결혼이민자 · 귀화자 1인 가구가 늘어나고 이들이 빈곤 위험에 노출될 가능성도 높아지고 있다.

3 다문화가족의 주요욕구

2018년 여성가족부의 전국 다문화가족 실태조사 결과에 의하면 우리나라 다문화가족 중 10년 이상 한국 거주자는 60.6%로 2009년 15.5%에 비하여 크게 증가한 것으로 나타났다. 또한 한국에 장기거주로 인하여 문화적응 등 한국 생활 적응력은 높아졌지만 도움이나 의논상대가 없다는 응답이 크게 증가했다. 또한 학령기 자녀들이 증가하면서 학령기와 청소년기 자녀를 위한 지원서비스의 필요성이 제기되었다. 국내 다문화가구는 총 30만 6,995가구로 추정되며 이 중 결혼이민자가구가 85.7%로 가장 많았고 기타 귀화자가구 14.4%로 나타났다. 거주 지역별로는 경기가 28.7%로 가장 많았으며 그 다음으로 서울 20.4%, 인천 6.5%로 수도권 거주비율이 55.6%로 나타났다. 배우자와의 관계에 대한 만족도는 5점 만점에 4.31점으로 비교적 높게 나타났으며 부부간 문화적 차이 경험은 55.9%인 것으로 나타났다. 사회생활 측면에서 차별을 경험한 비율은 30.9%였으며 한국 생활의 어려움에 대하여 없다라는 응답이 29.9%인 것으로 나타났다. 한국 생활의 어려움 중 경제적 어려움이 26.2%로 가장 많았으며 그 다음으로 외로움 24.1%, 언어문제 22.3%, 문화적 차이가 18.8% 순으로 나타났다.

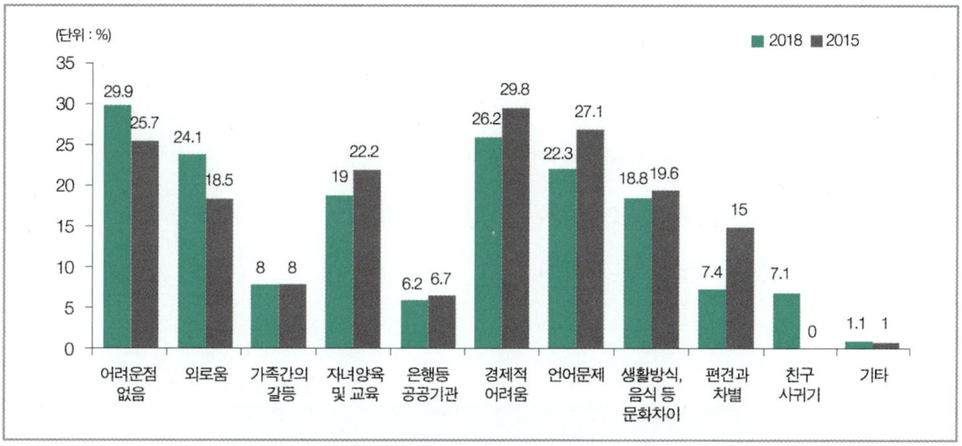

그림 6-4 결혼이민자·귀화자의 한국 생활의 어려움

출처: 여성가족부(2019).

여가 혹은 취미생활을 같이 할 사람이 없다는 응답은 40.7%, 몸이 아플 때 도움을 요청할 사람이 없다는 응답은 38.5%, 자녀교육관련 도움을 받거나 의논할 사람

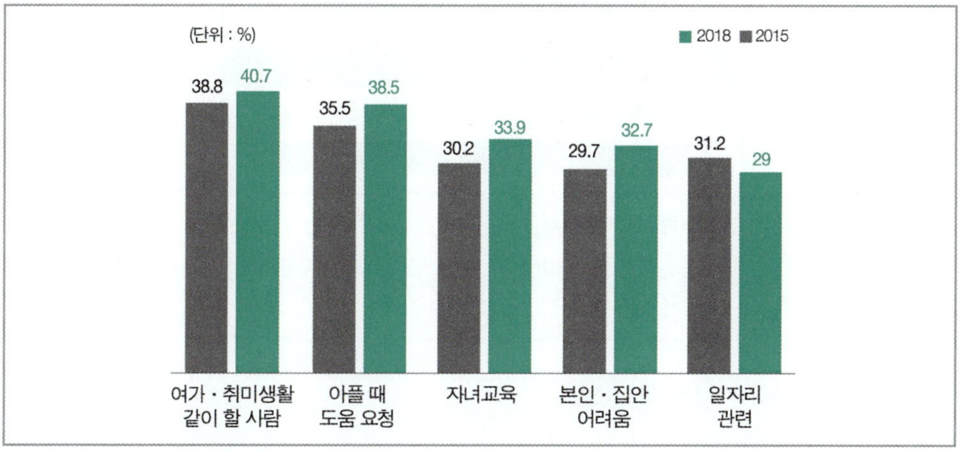

그림 6-5 도움·의논상대 없는 결혼이민자·귀화자

출처: 여성가족부(2019).

이 없다는 응답이 33.9%로 나타났다.

결혼이민자, 귀화자의 자녀는 만 9~11세가 45.8%로 가장 많았으며 만 12~14세 24.1%, 만 15~17세 16.3%, 만 18세 이상이 13.8%인 것으로 나타났다. 만 9~24세 다문화가족자녀 중 국내에서만 성장한 자녀가 83.8%였으며 15세 이상 다문화가족 자녀 중 비재학, 비취업, 청소년의 비율은 10.3%인 것으로 나타났다. 조사일 기준 지난 1년간 학교폭력을 경험한 자녀는 8.2%였으며 차별을 경험한 비율도 9.2%인 것으로 나타났다. 13세 이상 자녀의 고민상담 대상은 부모 38.3%, 친구 33.2%인 것으로 나타났으며 이는 전체 청소년들이 고민상담 대상이 친구 48.1%, 부모 28.0%인 결과와 차이가 있는 것으로 나타났다.

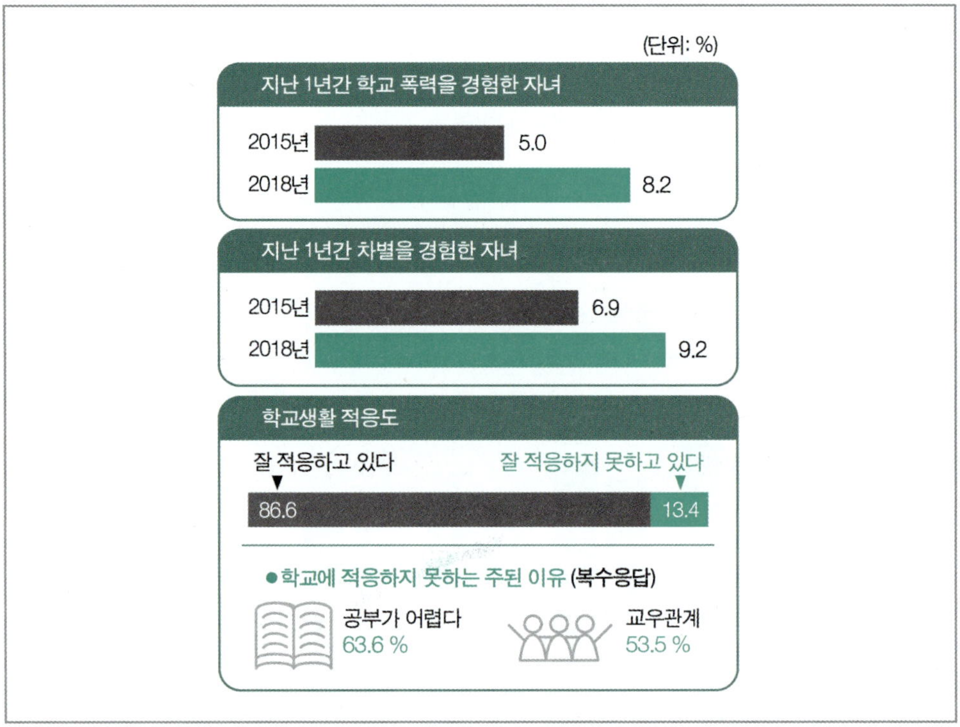

그림 6-6 다문화가족 자녀의 학교생활

출처: 여성가족부(2019).

결혼이민자·귀화자의 지원 서비스에 대한 요구는 일자리교육·일자리 소개에 대한 요구가 3.51점으로 가장 높고, 그 다음으로 한국어 및 한국사회 적응교육(3.22점), 가정방문을 통한 각종 교육(3.17점), 각종 상담(3.14점)의 순인 것으로 나타났다.

표 6-1 결혼이민자·귀화자의 지원서비스에 대한 요구(2015, 2018) (단위: 점)

연도	가정 방문을 통한 각종 교육	한국어, 한국 사회 적응 교육	통·번역 서비스 지원	임신 출산 지원	부모 교육	자녀언어 발달지원, 이중언어 교육	자녀 생활, 학습 지원	사회활동 지원 (자조모임 등)	각종 상담	일자리 교육, 일자리 소개	아이 돌보미 지원
2015	3.11	2.97	2.44	2.47		2.72	3.13	2.70	2.89	3.30	2.78
2018	3.17	3.22	2.79	2.95	2.94	2.68	2.87	2.87	3.14	3.51	2.71

13세 이상 다문화가족 자녀가 갖고 있는 가장 큰 고민은 진로와 관련한 것으로 48.2%이며, 그 다음으로는 공부(성적, 적성 등) 39.4%, 외모(17.3%), 용돈 부족(14.3%), 친구(우정)(11.8%)의 순인 것으로 나타났다.

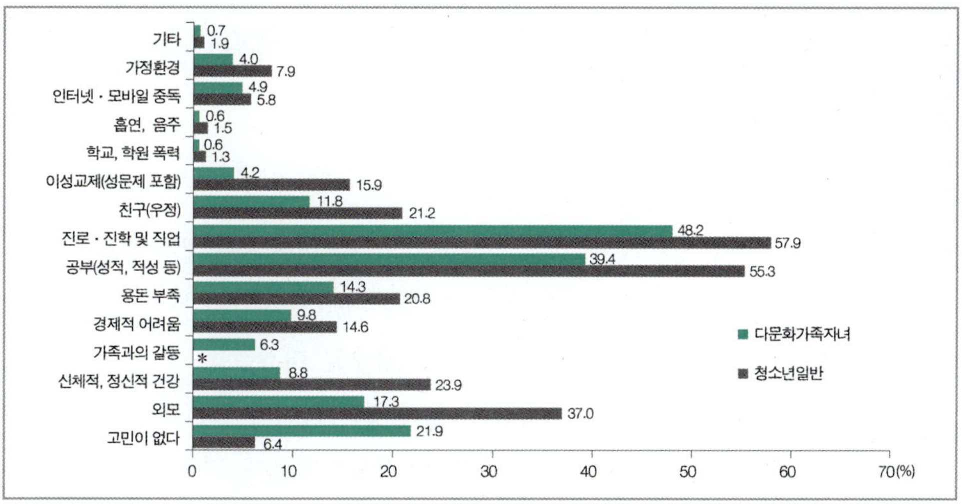

그림 6-7 13세 이상 다문화가족 자녀의 고민 유형(복수 응답)

자료: 통계청(2018). 사회조사 원자료 분석(청소년 일반 부분).

주: *는 조사의 응답항목에 포함되지 않음

출처: 여성가족부(2019).

다문화가족 자녀를 대상으로 한 각종 서비스에 대한 요구를 조사한 결과, 한국어교육, 외국 출신 부모 나라의 언어나 문화교육 등에 대한 필요성은 전반적으로는 낮게 나타났다. 특히 국내에서 성장한 다문화가정 자녀들의 경우 한국어교육, 한국사회 적응교육 등에 대한 필요성은 매우 낮은 편이고, 부모 나라의 언어교육이나 문화교육에 대한 요구도도 크지 않았다. 그에 비하여 학습지, 진로상담 및 진로교육은 전반적으로 높게 나타났다. 이러한 결과는 다문화가족 자녀는 '다문화가족'이라는 단일한 하나의 집단으로서가 아니라, 성장배경이나 외국계 부모의 출신국적 등에 따라 이질적이고 다층적인 성격을 가진 집단으로 인식되어야 함을 의미한다. 또한 3년마다 실시되는 다문화가족 자녀에 대한 실태조사 결과의 해석도 조사대상이 된 자녀들의 인구사회학적 배경에 대한 이해를 전제로 이루어질 필요가 있다. 특히, 다문화가족 자녀들의 성장배경은 다문화가족 자녀를 설명하는 중요한 요인으로 작용하기 때문이다.

4 다문화아동의 일반적 증후와 서비스기관

1) 일반적 증후

「사회적기업육성법」 제2조 제2호에 의하면 취약계층이란 자신에게 필요한 사회서비스를 시장가격으로 구매하는 데 어려움이 있거나 노동시간의 통상적인 조건에서 취업이 곤란한 계층을 의미한다. 또한 취약계층으로 저소득층을 비롯하여 고령자, 장애인, 성매매피해자, 청년, 경력단절여성 중 고용촉진지원금 지급 대상자, 북한이탈주민, 가정폭력피해자, 한부모가족지원법상 보호대상자, 결혼이민자, 갱생보호대상자, 범죄구조피해자 등을 들고 있다.

그중 결혼이민자가족, 즉 다문화가족도 취약계층에 포함된다고 볼 수 있다. 취약계층에 해당되는 다문화가정 아동은 다양한 어려움에 직면하게 되며 취약한 환경에 따른 아동의 심리 · 정서적 현상은 다음과 같다.

표 6-2 상황에 따른 아동 심리 · 정서적 현상

과거 혹은 현재의 상황	상황에 의한 결과	결과로 나타나는 현상(행동)
가족 내 갈등	정서불안정	- 수면장애 - 잠재된 감정장애 - 정신적 무반응 - 쉽게 우는 의사소통함 - 대부분 부정적이며 감정흐름을 통제하지 못함 - 안절부절못하고 뒤척임 - 원인을 알 수 없는 막연한 공포/불안/걱정
	부모-자녀 유대관계 약화 및 단절	- 애정교류가 없음 - 모성과의 갈등 - 부모상실감 - 부모와의 애착 어려움 - 가출한 부모에 대한 상실감 - 혼자 살아야 하는 독립불안(버림받음에 대한 갈등)
신체적 학대	심리·정서·신체적 장애 및 폭력성 내재	- 공격성 - 분노·불안장애 - 공포 - PTSD - 공황장애 - 피해망상증 - 방어조절장애 - 감정적·물리적 손상감 - 신체화 - 분노
가족으로부터 지지 부족, 거부 및 실패의 경험	의사·감정표현 능력 및 대인관계 형성능력 결여	- 폐쇄적 기질 - 감정표현을 못함 - 사건, 사람, 상황에 대한 두려움 - 부모의 삶으로부터 학습하지 못함 - 사회적응이 어려움
	자아존중감 및 자신감 결여	- 자신에 대한 불신 - 자기능력 의심, 무기력 - 자아만족감 결핍이 다른 사람에게 공격적으로 투사되는 신경증 - 자신감 부족 - 항상 실망, 어지러움, 슬픔 - 자부심 부족
경제적 어려움	경제적 궁핍 열등감	- 불확실, 의기소침, 불만족 - 포기 - 성장기 연령의 스트레스 - 좌절감 - 자신이 불행하다는 생각 - 열등감으로 인한 불안장애

과거 혹은 현재의 상황	상황에 의한 결과	결과로 나타나는 현상(행동)
다양한 경험	심리·정서적 심각한 손상	- 인격장애 - 우울, 자살충동 - 우울증, 조울증 - 만져주면 사라지는 통증 - 편두통 - 과거에 대한 슬픔 등으로 불안장애 - 인지능력장애(언어기억력뇌기능장애) - 지나친 근심으로 정신적, 신체적 쇠약상태
	비합리적 가치관 형성	- 무책임 - 자기중심, 이기적 - 책임이나 비난을 타인에게 전가하고자 함 - 소유욕 과다(도벽 발생) - 용서하지 못함 - 과거의 가치에 집착

출처: 강명순 외(20018). p. 20 인용.

다문화아동은 어릴 때부터 자신이 다른 아동과 다르다는 것을 알고 차별에 직면할 수 있으며 차별경험은 아동의 전반적인 발달에 부정적인 영향을 미친다. 특히 가족이나 친구가 경험한 차별사건을 목격하거나 전해 듣는 과정 속에서도 아동은 불안, 슬픔, 분노 및 위험에 대하여 인식하는 등 다양한 대리경험을 하게 된다고 한다. Sue 등(2007)은 현대사회에서의 차별은 과거와는 달리 명시적으로 발생하기보다는 일상생활에서 미묘하고 은근한 방식으로 전달되는 특성을 지닌다고 하였다. 특히 다문화가족 아동이라는 점만으로도 폄하하는 메시지를 짧고 순간적으로 전달하는 일상적 상호작용을 인종적 미세공격(Racial Microagressions)이라고 하였다. 또한 인종적 편견과 증오가 과거에는 공개적이고 의식적으로 표현되었다면 현대사회에서는 모호하고 흐릿한 방식으로 표현된다고 하였다. 이와 같이 차별해서는 안 된다는 인식이 있지만 차별이 완전히 사라진 것은 아니고 오히려 미묘한 방식으로 발생한 차별이 다문화아동들에게 보다 더 불편감을 준다. 인종적 미세공격의 유형은 미세한 폭력, 미세한 모욕, 미세한 무시 등으로 구분되며 구체적 내용은 〈표 6-3〉과 같다.

표 6-3 인종적 미세공격 유형

유 형	내 용	사 례
미세한 폭력 (Microassault)	- 명백한 인종적 폄하이며 언어적, 비언어적으로 전달됨 - 과거 차별과 가장 유사하며 신체적인 폭력보다 언어적인 폭력형태로 많이 나타남	- 모욕적인 별명을 부르는 경우 - 일반학생이 다문화학생과 같은 팀이 되는 것을 피하는 경우
미세한 모욕 (Microinsult)	- 다문화아동의 외국인 부모의 인종이나 나라, 민족정체성을 비하하고 모욕하는 행위를 지칭함 - 가해자가 의도하지 않았으나 피해자는 메시지를 전달받을 수 있음	- 다문화아동에게 놀라워하는 말투로 "너희 엄마는 어떻게 우리나라에 올 수 있었어?"라고 묻는 것 - 다문화아동은 일반아동과 다를 것이다라는 생각
미세한 무시 (Microinvalidation)	- 다문화아동의 생각, 감정 혹은 개인적 경험을 무시하며 의미나 가치가 없다고 간주함	- 다문화아동이 자신의 의견이나 주장을 제시하는 과정에서 못 들은 척하거나 지루해하는 표정으로 바라보는 것

일반적으로 차별경험은 개인의 심리적 고통을 초래하며(진민진 외, 2011; Schmitt et al., 2014), 정서적 고통이나 분노, 불안, 슬픔 등 부적 정서에 영향을 미친다(Appel, 2004; Bennett et al., 2004; Brondolo et al., 2008; Hatzenbuehler et al., 2009).

차별을 경험한 경우 아동의 우울, 불안, 스트레스 등 부정적인 심리적 안녕감 지표는 증가하고 자존감은 떨어지며 삶의 만족도는 줄어드는 것으로 나타났다. 뿐만 아니라 차별에 대하여 보다 예민하게 반응하게 된다. 특히 학교나 공공기관 등 사회에서 차별경험이 많을수록 학업과 관련된 지표에서 부정적인 영향을 보이게 된다고 하였다(권귀연, 2017). 종합하자면 다문화가족이 처한 환경과 상황 속에서 태어나 성장하는 다문화아동은 발달적 욕구를 적절하게 충족시키지 못하여 부적응행동이나 발달지체 등 문제를 지니게 되고 학교 및 공공기관 등 우리 사회에서 보이지 않은 미세한 차별을 경험함으로써 2차적으로 발달적 손상을 경험하기 때문에 이를 위한 적절한 지원서비스가 필요하다.

2) 다문화아동을 위한 서비스기관

지역에서 다문화아동을 위한 지원서비스를 제공하는 기관은 다문화가족지원센터, 다문화교육센터, 지역아동센터, 드림스타트센터를 들 수 있다. 다문화가족지원센터는 다문화가족지원법 제12조에 의거 다문화가족의 안정적인 정착과 가족생활을 지원하기 위한 가족시설로 설치·운영되고 있다. 다문화가족지원센터의 운영목적은 다문화가족의 한국사회 조기 적응 및 사회·경제적 자립지원을 도모하기 위하여 종합적인 가족복지서비스[11]를 제공하는 것이다. 이와 같이 다문화가족지원센터는 지역 내에서 다문화가족 및 아동을 지원하기 위한 자원을 조직화하여 다문화가족이 건강하게 기능할 수 있도록 하고 있다. 또한 다문화아동과 청소년 그리고 다문화가족이 자립적으로 기능할 수 있도록 지원함으로써 다문화가족이 지역사회에서 설 수 있도록 하는 것(empowerment)이다. 그러나 지역 내 다문화가족지원센터는 2017년부터 건강가정지원센터와 통합 운영되고 있다.

지역 내 드림스타트센터는 아동복지법 제37조에 근거하여 취약계층 아동과 가족에 대한 통합지원서비스를 제공하기 위한 아동복지시설로 설치되었다. 드림스타트센터의 운영목적은 아동의 성장 및 복지여건이 취약한 가정을 선정하여 그 가정의 지원대상 아동과 가족을 대상으로 복지, 보호, 교육, 치료 등을 종합적으로 지원하는 통합서비스를 실시하는 것이다. 서비스 대상은 0세(임산부)~만 12세(초등학생 이하)의 아동 및 가족으로 국민기초수급권자 및 차상위 계층가정, 한부모가정(조손가정 포함), 학대 및 성폭력피해아동에 대하여 우선지원을 원칙으로 한다. 드림스타트센터

---

11) 다문화가족지원법 제 12조에 의하면

1. 다문화가족을 위한 교육·상담 등 지원사업의 실시
2. 결혼이민자 등에 대한 한국어교육
3. 다문화가족 지원서비스 정보제공 및 홍보
4. 다문화가족 지원 관련 기관·단체와의 서비스 연계
5. 일자리에 관한 정보제공 및 일자리의 알선
6. 다문화가족을 위한 통역·번역 지원사업
7. 그 밖에 다문화가족 지원을 위하여 필요한 사업

는 대상아동과 가족에 초점을 맞춘 통합사례관리를 통하여 모든 아동에게 공평한 출발기회를 보장함으로써 건강하고 행복한 사회구성원으로 성장할 수 있도록 지원하는 사업을 실시한다. 드림스타트센터의 주요사업내용은 〈표 6-4〉와 같으며 사업추진 체계도는 〈그림 6-8〉과 같다.

표 6-4 드림스타트 주요사업

서비스구분	서비스 내용	프로그램(예시)
신체·건강	- 아동의 건강한 성장과 신체발달을 증진 - 건강한 생활을 위한 건강검진 및 예방·치료 - 아동발달에 필요한 신체·건강 정보제공	- 건강검진, 예방접종, 건강교육, 영양교육 등
인지·언어	- 아동의 의사소통 및 기초학습능력 강화 - 맞춤형 인지/언어서비스를 통한 아동의 강점개발	- 기초학력검사, 기초학력 배양, 경제교육, 독서지도 등
정서·행동	- 자아존중감 및 긍정적 성격형성을 위한 정서발달 서비스제공 - 사회성발달 및 아동권리신장을 위한 교육	- 사회성발달 프로그램, 아동학대예방, 심리상담 및 치료, 돌봄기관 연계
부모·가족	- 부모-자녀 상호작용 및 적합한 교육환경을 위한 부모역량 강화 - 부모의 유능감 및 자존감 강화 - 부모의 양육기술지원 - 임산부의 건강한 출산 및 양육지원	- 부모교육, 가족상담 및 치료, 부모취업지원, 산전산후관리 등

출처: 보건복지부(2019b).

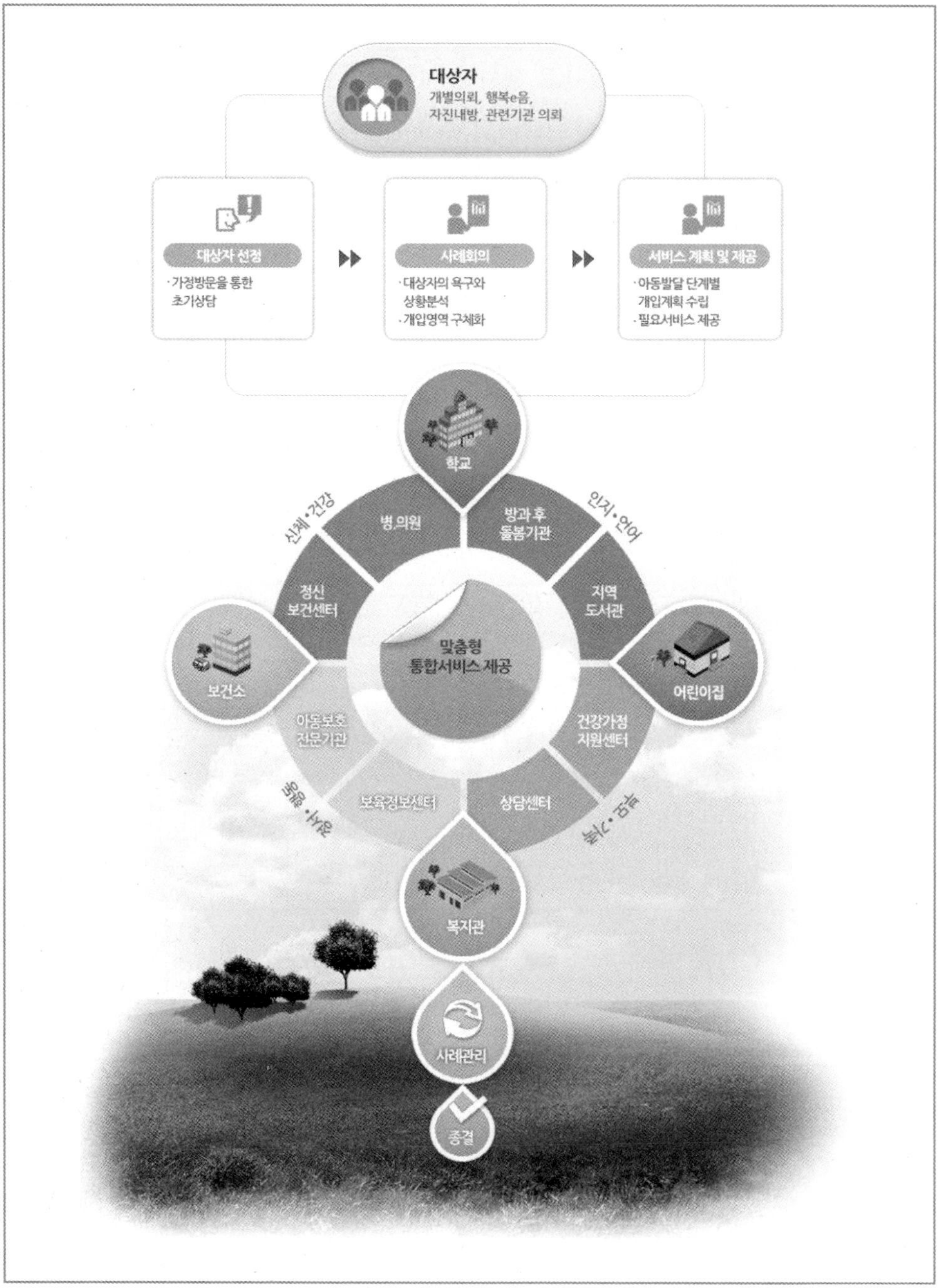

그림 6-8 드림스타트 사업추진 체계도

출처: 보건복지부(2019b).

Chapter

07

다문화아동 사례관리의 이론적 기반

통합사례관리의 기반이 되는 이론은 생태체계이론과 임파워먼트이론과 강점이론, 네트워크이론 등을 들 수 있으며 다문화아동을 위한 사례관리를 함에 있어 사례관리의 이러한 기반이론을 토대로 한다.

1 생태체계이론

생태체계이론은 생태학이론과 체계이론이 연합하여 파생한 이론이다. 사회복지 분야에서 생태이론은 사회상호작용과 모든 개인은 다른 사람과 환경 속에서 지속적인 상호작용을 주고받으며 서로에게 영향을 미친다는 것을 전제로 한다. 즉, 인간은 사고나 감정, 행동을 가진 생물학적, 심리학적, 영적, 사회적, 문화적인 존재로 환경 속의 인간이자 전체적 인간관을 가지고 있는 존재라고 보며 무엇보다 인간에 대하여 낙관적인 관점을 지닌다. 결론적으로 다문화아동의 부적응행동의 원인을 아동 개인과 가족이 아니라 아동과 가족을 둘러싸고 있는 환경과의 역기능적인 상호작용에서 찾고자 하는 것이다. 즉, 다문화아동과 가족의 부적응적 행동과 문제의 원인을 환경과의 역기능적인 상호작용의 결과라고 본다. 체계이론에서 체계(system)란 전체 사회가 크고 작은 하위체계들로 이루어져 있으며 이들 체계 간에는 서로 영향을 주고받는 상호작용이 일어난다. 지역사회를 체계론적 관점에서 본다면 지역사회를 구성하는 하위의 각 구성요소들은 독립적이면서 서로 전체를 이루며 전체체계의 합은 각 부분들의 단순총합보다 크다. 또한 체계는 상호작용하므로 어느 한 쪽이 변화가 생기면 다른 요소에도 영향을 미쳐 일정한 변화가 생기게 된다. 각 체계는 독립적인 영역을 가지며 이 영역을 구분하는 기준은 경계이다. 사회체계이론에서 사회의 하위체계들은 전체 사회체계를 유지하기 위하여 수행해야 하는 기능이 있다. 대표적 하위체계로 정부, 경제, 교육, 종교, 가족 등이 있고 이들은 각각 사회통제, 생산과 분배, 사회화, 사회통합, 사회구성원 재생산 등의 기능을 수행한다. 체계이론은 지역사회 다문화아동과 가족의 문제와 욕구를 발견하고 해결해 나가는 과정에서 관련된 다양한 체계들 간의 상호작용을 이해하는 데 유용하다.

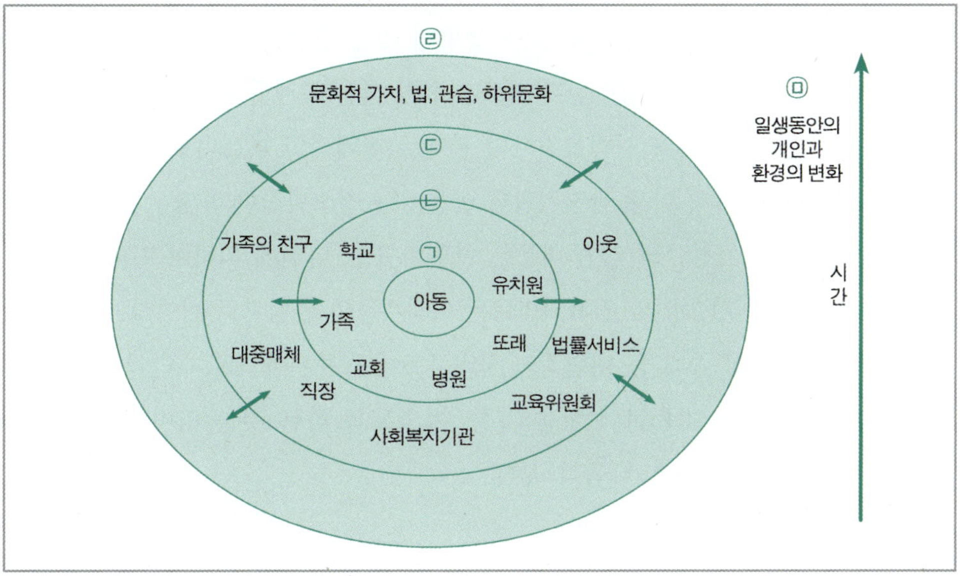

그림 7-1 아동상황과 환경의 상호작용

다문화아동과 가족을 위한 통합사례관리를 함에 있어 생태체계이론은 다문화아동과 가족을 둘러싼 상황과 환경과 상호작용을 하고 있는지를 확인하여 다문화아동에게 긍정적인 영향을 주는 자원을 확인하고 필요한 자원을 개발하는 근거가 된다. 특히 사회복지사는 다문화아동의 상황을 함께 살펴보고 강점과 자원을 발견하면서 소원해진 체계나 새롭게 연계된 체계를 함께 개발해 나가는 과정에서 실제적인 관계망으로 연결할 수 있다.

2 임파워먼트이론

임파워먼트이론은 1970년대 일반체계이론과 생태체계이론이 사회복지분야에 활용되면서 새롭게 등장한 이론이다. 즉, 사회적 · 조직적 환경에서 역량강화, 권한부여 등을 통하여 클라이언트의 통제력을 키울 수 있도록 사회복지임상현장에서 활용할 수 있는 개입, 기술을 의미한다. 특히 클라이언트에 대한 관점이 "문제가 있는 개인"이 아니라 "문제를 해결할 수 있는 능력이 있는 강점을 가진 자"로 보며 잠재력과 자원을 인정하고 탄력성[12]을 전제로 자신의 삶을 통제할 수 있는 역량을 있음을 인정하며 클라이언트와 사회복지사의 관계는 협력적인 파트너로 문제해결과정에 함께 참여한다. 특히 아동 관련기관의 아동이나 청소년집단의 경우 효과적이다. 임파워먼트이론의 가장 핵심적인 내용은 어느 누구도 타인에 의하여 임파워먼트가 될 수 없다는 것이다. 개인의 임파워먼트는 미시수준의 관점으로 개인의 사고 변화, 신뢰성 증진, 자긍심 증대 등 내면적인 심리구조에 집중된다. 즉, 개인이 자신의 삶을 살아가는 데 있어 스스로 권한을 가질 수 있도록 하는 것을 의미한다. 이러한 과정과 관련된 주요개념은 다음과 같다.

표 7-1 임파워먼트이론의 주요개념

개 념	내 용
권한 위임	- 사회복지사의 역할과 그에 상응하는 권한이 부여되는 것을 의미함. 즉, 권한의 양이 많은 사회복지사가 권한의 양이 적은 클라이언트에게 뭔가를 허용 또는 허락하는 것, 즉 신뢰 있는 관계를 기본으로 클라이언트의 능력과 잠재력을 키워주는 방법임
동기 부여	- 클라이언트 수준에서 서비스의 목표를 위해 개인 스스로 노력하는 과정을 의미함. 즉, 개인에게 동기를 부여하는 내용과 과정이 무엇인가 등 개인에게 초점을 두는 것이 아니라 과업, 업무성취, 상호관련성 등의 관계를 새롭게 인식함으로써 집단 및 조직의 수준까지 개념을 확대하여 모든 수준 간의 연결 관계를 재인식하게 만드는 것임. 다시 말하자면 내담자를 직접 통제하지 않고 자율성을 부여받은 내담자가 스스로 자신의 능력을 충분히 발휘할 수 있도록 하는 것임

12) 탄력성 혹은 회복탄력성이란 역경이나 고난이 닥쳤을 때 굴하지 않고 이를 기반으로 더 큰 기회를 만들어 내는 역경이나 고난이 닥쳤을 때 굴하지 않고 이를 기반으로 더 큰 기회를 만들어 내는 심리적 특성을 의미함. 이 개념은 국내 김주환 교수에 의하여 소개되었으며 회복탄력성의 핵심요소로 자기조절능력과 대인관계능력, 공감능력 등 5개 요소가 있음. 또한 Kelly McGonigal는 "스트레스를 친구로 만드는 법"에서 스트레스를 피하려고 하지 말고 지금 닥친 어려움에 맞서는 신호로 받아들이고 상황에 놓여진 의미에 집중한다면 이전보다 훨씬 건강한 상태를 유지할 수 있다고 주장함.

개 념	내 용
조직개발	- 개인보다 집단이나 조직을 우선적으로 고려하는 것이 아니고 개인의 수준에서 점차 집단의 수준으로 확대하면서 개인의 개발과 조직의 목표달성이 결부되도록 함
학습과 변형	- 조직의 지속적 변화와 성장을 위하여 계속적으로 역량을 증대. 강화하기 위하여 학습이 필수조건임
참여	- 클라이언트 개인에게 영향을 미치는 제도, 프로그램, 환경에 있어서 의사결정에 개입하는 과정을 의미함. 즉 개인에게 미칠 영향을 고려하여 다른 사람에게 도움을 요청하는 의미와 자기효능감을 부여하는 과정으로 특정 내부 심리과정이 중요하게 간주됨

임파워먼트 이론에 의한 사회복지임상실천과정은 대화단계, 발견단계, 발전단계로 구분되며 단계별 내용은 다음 〈표 7-2〉와 같다.

표 7-2 사회복지임상실천과정

단계별	주 요 내 용
대화단계 협력관계발전 시키기(나눔)	• 대화는 협력관계를 시작, 유지, 향상시켜 주며 클라이언트는 자신의 상황을 어떻게 인식하는지 스스로 알게 되고 사회복지사는 클라이언트의 핵심감정 파악 • 과업 - 수용, 존중, 신뢰에 바탕을 둔 파트너십 형성 - 각각 역할 설정 - 클라이언트의 상황에 대하여 명확하게 인식하기 - 쉽게 활용할 수 있는 자원 확보하기 - 클라이언트의 감정과 욕구를 구체화하기 - 함께 작업하기 위한 공동목표와 개별목표 정하기 - 협력관계 형성을 위한 일치감과 유대감 갖기
발견단계(탐색) 사정, 분석, 계획	• 서로가 해결점을 찾고자 모르고 있는 자원을 체계적으로 탐색함. • 자원은 서로가 함께 수정한 정보를 분석하고 전략을 개발함. • 함께 목표를 설정하고 변화를 위하여 개인적·제도적 자원체계를 탐색함. • 세부전개과정 : 자원체계탐색하기 ☞ 자원능력분석하기 ☞ 해결점 형성하기 • 과업 - 클라이언트의 사회적·물리적 환경을 검토하여 도전에 대한 상호교류적 관점 확인하기 - 클라이언트와 관련된 정보와 자원을 찾고 연결하여 이용가능한 자원체계의 능력 분석하기 - 목적을 설정하고 목표를 구체화하여 행동계획 구성하기 - 변화를 목표로 계약 협상하기

단계별	주 요 내 용
발전단계(강화) 실행과 변화 안정화하기	• 사회복지사와 클라이언트는 기존 자원을 활용하고 목적달성을 이해하여 새로운 대안을 형성함 • 클라이언트체계와 사회적·물리적 환경을 변화하는 데에서 시작-강화-안정시킴 • 세부전개과정 : 자원 활성화하기 ☞ 기회 확대하기 ☞ 성공 인정하기 ☞ 달성한 것 통합하기 • 과업 - 행동계획 작성하기 - 목표달성에 필수적인 자원 사정하기 - 부가적 자원을 만들기 위한 기회와 선택 강화하기 - 지속적으로 진전상황과 결과 평가하기 - 목표달성한 것을 구체화하고 일반화시키기 - 전문적 관계를 종결하기

3 강점이론

강점이론은 Rapp(1988a)과 Weick 외(1989), Weick & Chamberlain(1997), Sullivan(1997) 등을 중심으로 발전하였다. 강점이론은 문제해결을 하는 데 있어서 사회복지사에 의한 공식적 서비스보다 지역사회 내 자연적 자원, 이를 테면 비공식적 자원 등을 우선적으로 활용하며 문제해결 이상의 바람직한 삶의 질을 이루기 위한 과정에 초점을 둔다. 이러한 과정으로 내담자의 적극적인 관여와 관계를 중심으로 강점사정을 실시하며 클라이언트의 내적 · 외적 강점을 강화하기 위한 계획과 개입을 하며 내담자중심의 모니터링과 평가를 한다. 강점이론에 의한 개입은 일상생활영역에서 지역사회 내 자원획득 등이 있다.

강점관점(Strength Perspective)은 클라이언트의 강점을 강화시키는 과정이 클라이언트의 역량[13]을 향상시켜 가장 신속하게 클라이언트에게 권한을 부여할 수 있다

13) 특정 업무수행을 잘하는 사람들의 독특한 행동특성을 의미함. 1980년대부터 그 중요성이 인식된 개념으로 클라이언트가 보유하고 있는 기술, 기능 및 능력을 해당 집단의 발전과 관련시켜

고 본다. 또한 문제에 대한 관심보다는 해결점을 발견하고 강점을 강화시키는 데 초점을 둔다. 무엇보다 클라이언트를 다양성을 지닌 독특한 존재로서 인정하고 존중하며 클라이언트의 단점보다 강점에 초점을 두고 가능한 모든 자원을 활용하여 클라이언트의 역량을 발휘할 수 있도록 한다. 모든 개인, 집단, 가족 그리고 지역사회는 강점을 가지며 클라이언트의 장애, 학대, 질병, 차별 등이 문제가 될 수 있으나 오히려 도전과 성장할 수 있는 기회가 될 수 있다는 점을 강조한다. 이러한 측면으로 인하여 인간이 살아가면서 어떠한 어려움과 역경을 경험한다고 해도 그들은 회복될 것이고 다양한 자원들이 회복을 도울 것이라는 신념을 토대로 한다. 클라이언트와 협력적 관계를 유지하면서 개인과 집단의 탄력성을 극대화하도록 자원을 활용한다(Saleebey, 2006). 다시 말해서 사회복지사는 클라이언트의 개인적인 강점 발견, 지역사회 자원 탐색, 자기결정권 갖기, 협력적 관계 맺기, 적극적인 외부활동(outreach), 계속적인 배움과 성장변화를 위한 실천원칙을 갖는다(Rapp, 1988). 특히 강점관점을 기반으로 하는 사회복지분야는 크게 가족과 정신장애인, 청소년, 다양한 인구집단에 적용된다(Russo, 1999; Canda, 2002; Youn & Ensing, 1999; Benard, 2002).

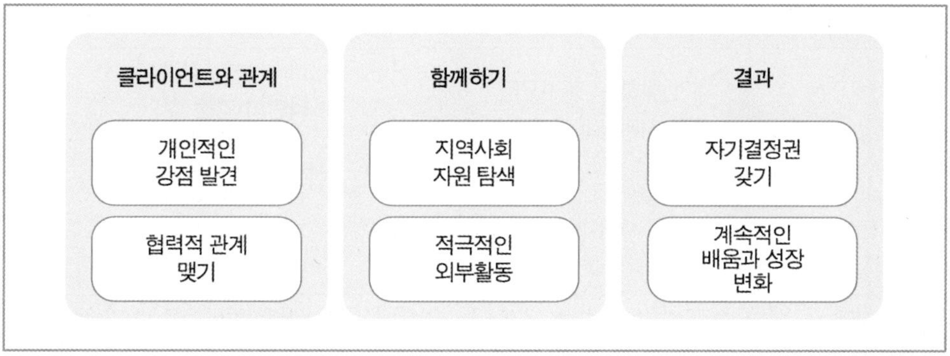

그림 7-2 강점이론의 실천원칙

경쟁력의 원천이 되는 것을 역량이라고 하고 집단이나 조직의 인력개발활동을 역량에 초점을 맞추어야 한다는 것임.

최근 사회복지현장에서 강점이론이 다양하게 활용되고 있으며 청소년들을 위한 강점중심 집단프로그램의 단계별 내용을 살펴보면 〈표 7-3〉과 같다.

표 7-3 청소년을 위한 강점중심 집단상담프로그램

<table>
<tr><th rowspan="2">회기</th><th rowspan="2">단계</th><th colspan="2">내 용</th></tr>
<tr><th>주 제</th><th>세부내용</th></tr>
<tr><td>1회</td><td>대화단계</td><td>- 집단성원 간의 협력적 관계 형성
- 자기존중감 향상</td><td>- 프로그램 설명 및 자기소개
- 별칭짓기 & 규칙 정하기
- 변화에 대한 질문[14]</td></tr>
<tr><td>2회</td><td rowspan="4">발전단계</td><td>- 자기발견 및 자원탐색
- 변화목표 설정</td><td>- 내 주변자원 찾기
- 나의 위치; 나의 목표
- 변화에 대한 질문</td></tr>
<tr><td>3회</td><td>- 자신과 가족 이해
- 가족상을 현실화하기
- 자기유능감 향상</td><td>- 다양한 가족이해
- 가족의 변화 이야기하기
- 변화에 대한 질문</td></tr>
<tr><td>4회</td><td>- 긍정적인 이혼지각으로 변화
- 현실적인 소망 갖기</td><td>- 나와 가족 소망 갖기
- 이룰 수 없는 소망과의 고별식
- 변화에 대한 질문</td></tr>
<tr><td>5회</td><td>- 변화를 위한 새로운 방법 모색</td><td>- 나의 미라클
- 변화에 대한 질문</td></tr>
<tr><td>6회</td><td rowspan="2">발달단계</td><td>- 내가 잘하는 것 발견
- 강점 지지하고 강화</td><td>- 나의 변화 찾기
- 나만의 강점 찾기
- 변화에 대한 질문</td></tr>
<tr><td>7회</td><td>- 변화를 유지·강화</td><td>- 달라진 내 모습
- 자기 상 만들기
- 변화에 대한 질문</td></tr>
<tr><td>8회</td><td>유지단계</td><td>- 긍정적인 피드백을 통해 자신감과 만족감을 가지고 유지하는 방법 찾기</td><td>- 당연하지!!
- 할 수 있어요
- 변화에 대한 질문</td></tr>
</table>

출처: 김민영(2013).

14) 해결중심적 가족치료이론에 의한 치료기법 중 하나는 질문기법임. 해결중심적 가족치료의 질문기법에는 면접 전 질문, 기적질문, 예외질문, 척도질문, 대처방안 질문 등 5가지 방법이 있음(송정애, 2006: 111).

4 네트워크이론

20세기 중·후반부터 권력성, 관료의 사적 이익 추구, 대규모 조직에 내재된 본질적 속성 등의 다양한 병리현상(박천오, 2004)을 극복하고 능률성과 민주성을 함께 발전시킬 수 있는 기제의 필요성이 제기되었다. 그러한 필요성에 근거하여 부각된 이론이 네트워크이론이다(전영상, 2006). 네트워크이론은 정부와 사회의 다양한 참여자들이 상호 네트워크 구조를 구축하여 사회문제 해결이나 공공서비스 제공과 같은 과업과 책임을 분담할 것을 강조한다. 이 이론은 인간과 비인간, 사회와 기술적 요소를 분리해서 보지 않고 하나의 네트워크로 바라보는 통섭적 접근(홍성욱, 2010)을 한다. 다시 말해서 인간과 함께 인간이 아닌 사물도 사회를 구성하는 행위자로 보고 과학기술을 포함한 다양한 사회적 현상들을 행위자 네트워크의 효과로 이해한다. Law & Callon(1988: 285)은 네트워크는 종전의 사회학적 접근을 취하는 "개인들과 행위자들이 서로의 역할을 규정하고 분배하고 동원하고 발명하는 방식을 지도로 그리는 것"이라고 하였다. 이와 같이 네트워크란 일련의 관계를 의미하며 그 속에 일련의 실체(대상)를 포함하며 이들의 관계를 묘사하거나 그려 놓은 것을 의미한다(Kadushin, 2004; 이태수, 2004 재인용). 사회과학적 의미에서 네트워크는 사회적 활동에 의하여 하나의 사회적 구성체(개인 혹은 조직)와 다른 구성체 간에 연계된 체계(Kilduff & Tsai, 2006: 2)나 상호작용 관계에 영향을 미치는 망(net)을 의미한다(우수명, 2006: 3). 다시 말해서 네트워크는 하나의 조직이 그 대상이 되는 클라이언트의 요구에 부응하며 경쟁적인 다른 조직과의 우호적인 활동을 만들기 위하여 요구되는 내재적인 상호 신뢰관계를 만드는 망(web)을 구축해 나가는 것이다(Hutt & Walker, 2006: 466). 사회복지네트워크는 사회복지서비스 제공기관(조직)들 사이의 협력 혹은 연계의 한 유형으로 서비스 기관들이 조직적 자율성을 유지하면서 클라이언트의 만성적이면서 복합적인 문제를 해결하기 위하여 자원동원을 목적으로 공식적, 비공식적으로 협력해 나가는 시스템을 의미한다. 협력하는 과정에 관계를 맺는 구성원들이 위계적이거나 종속적인 관계가 아니며 횡적이고 동등한 위치에서 정보와 가치를 공유하며 조직구성원 간의 상호작용과 커뮤니케이션이 매우 중요하다. 사회복지네트워크에 포함되는 대표적 이론은 상호조직이론(inter-organzationa theory), 사회교환이론(social exchange theory), 사회자본이론(social capital theory), 네트워크 거버넌스이론(network governance theory) 등이 있다(김신열, 2008).

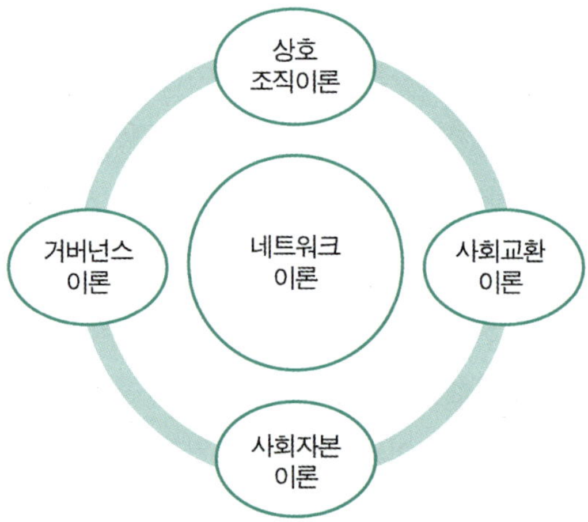

그림 7-3 사회적 네트워크 이론

우리나라에서는 2000년대를 전후하여 지역사회복지 네트워크 개념이 등장하기 시작하였다. 지역사회복지 네트워크가 등장하게 된 배경은 서비스의 통합성 부재에 대한 반성, 지방분권제도의 실시로 인한 서비스의 지방화, 사회복지서비스의 비효율성, 정보통신기술발전과 네트워크 조직화, 지역사회 공동체 회복과 사회적 자본 도입 등을 들 수 있다. 네트워크이론은 다른 분야보다 사회복지분야에 적용하기에 더 적절한 이론으로 알려져 있다. 사회복지분야는 그 특성상 서비스 공급의 다양성이 확보되어야 하며 이는 사회복지서비스에 대한 클라이언트의 수요의 편차가 크기 때문이다. 뿐만 아니라 사회복지서비스의 공급과 관련하여 시장의 영리를 추구하는 기업조직들뿐만 아니라 자발적인 지원을 통해 공공 사회복지증진에 기여하고자 하는 상당수의 공급주체들이 존재하기 때문에 네트워크 구성도 수월하기 때문이다. 이현주(2000)는 복지관의 전략적 협력체제에 대한 강조와 함께 복지관 간의 네트워크 구축에 대한 실제적인 전략과 방안을 제시하였다. 박광덕(2001)은 지역사회의 민간복지서비스는 지역별로 불균형적으로 분포되어 있으며 이러한 상황에서 복지서비스를 제공할 수 있는 방법은 서비스 공급자 간의 네트워크 구축이라고 하였다.

이와 같이 네트워크이론은 사회복지분야에 폭넓게 활용되고 있으며 서비스대상과 유형, 기관에 따라 다양한 네트워크 유형이 활용된다. 네트워크 유형은 네트워크의 어떤 점을 중요하게 보느냐와 네트워크의 관계나 위계구도에 따라 구분된다(손동원, 2010).

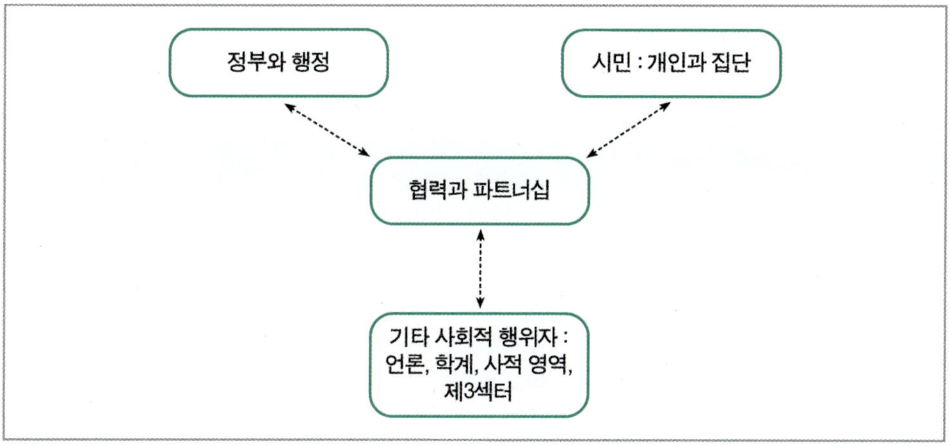

그림 7-4 네트워크 거버넌스의 모형
출처: Vigoda, E.(2002). p. 534.

1940년대 Bavelas & Harold Leavitt는 참여자 사이의 관계모양에 따라 네트워크 유형을 스타형(star), Y형, 체인형, 사이클형(circle)으로 구분하였다. Cummings & Cross(2003)는 네트워크의 위계수준과 중앙조정기구를 중심으로 위계형, 중심-주변형, 원형으로 구분하였다.

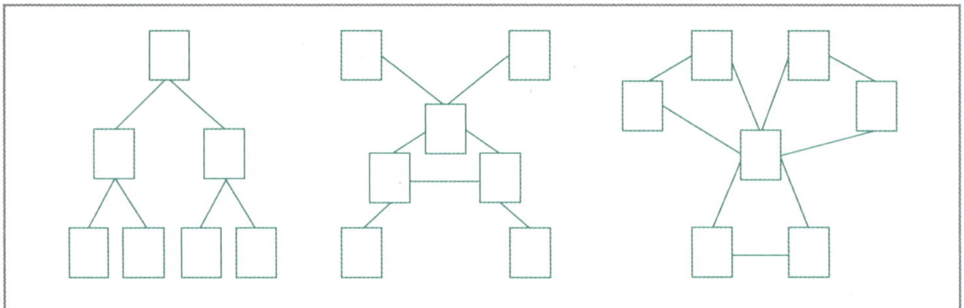

그림 7-5 네트워크 유형
자료: 김영재(2012).

그러나 최근에는 현실세계 가능성을 기준으로 네트워크를 구분하는 복합네트워크가 관심을 받고 있다(김상배, 2008). 더불어 네트워크 시스템 활성화를 위한 구성변수는 다음과 같다.

표 7-4 네트워크 거버넌스 시스템 활성화를 위한 구성변수

구성변수	내 용
다양한 구성원들로 이루어진 자치적 자율적 연결망 존재	구성원들 간의 균등한 영향력이 행사되기 위하여 다양한 구성원들로 또는 자율적인 연결망이 필수적이다.
구성원들 간 상호작용을 통한 이해관계에 대한 지속적인 조정 및 절충능력	다양한 요인들의 상호작용에 의하여 발생하는 사회문제를 해결하기 위하여 다양한 행위주체들이 협력하고 공조하는 지속적인 상호작용이 필요하다. 또한 다양한 이해관계에 대한 지속적인 조정능력 및 절충능력을 갖추어야 한다.
구성원들 간의 수평적인 영향력 행사	네트워크 거버넌스 내에서 소수에 의한 네트워크가 형성되면 시스템은 심각하게 경직되므로 구성원들 간의 수평적인 영향력 행사가 필요하다.

출처: Kichert, W. J. M., Klijn, E-H., & Koppenjan, J. F. M (1997). 재인용.

5 다문화아동 사례관리과정

1) 사례관리란

사례관리란 복합적이고 장기적인 욕구가 있는 클라이언트와 가족의 사회적 기능회복을 위해 서비스 운영체계를 확립하고 이를 기반으로 체계적 사정과 지역사회의 다양한 자원을 활용하여 지속적이고 효과적인 사회복지서비스를 제공하는 통합적 실천방법이다(한국사례관리학회, 2012). 사회복지실천분야에서 사례관리(case management)는 정신건강, 노인, 보건, 발달장애, 아동 및 청소년 등 인간서비스분야에서 폭넓게 활용되고 있다. 즉, 사례관리는 1차적으로 만성적이고 복합적인 문제를 지닌 클라이언트를 대상으로 하며 그들의 기능회복과 삶의 질 향상을 목적으로 환경과의 협력을 강조한다. 특히 다양하고 복합적인 욕구를 지닌 취약계층을 지원하는 데 효과적인 방법이다. 사례관리실천과정에서 가장 중요한 것은 사례관리를 하는 사회복지사의 역할이라고 볼 수 있다. 사례관리자는 클라이언트의 문제가 해결되는 과정에서 대안을 검토하고 필요한 서비스를 연계하고 관리하면서 서비스가 단절되지 않도록 관리해야 하기 때문이다. 즉, 클라이언트에게 필요한 각각의 서비스를 전문가와 기관, 서비스 간, 자원 간 연계하여 단절되지 않도록 하며 통합적으로 서비스지원을 관리하는 것이다. 따라서 빈곤 및 취약계층 다문화아동과 청소년을 대상으로 기관 내 서비스지원뿐만 아니라 지역사회 내 다양한 자원개발과 연계를 통하여 서비스를 관리한다. 사례관리과정에서는 무엇보다 클라이언트가 문제를 극복하도록 힘을 부여하고 역량을 강화하는 데 초점을 맞추어야 하며 예측되는 성과를 목표로 체계적으로 활동해야 한다. 또한 다문화아동이 처한 상황에 따라 사회복지사는 전문가와 사회복지시설 및 기관, 자원봉사자의 역할을 명료화하는 등 의도적으로 개입하는 활동이기 때문에 참여기관의 자원을 조직화해야 한다. 참여기관 자원의 조직화는 상호 협의를 거쳐 다문화아동의 호소문제, 문제해결을 위한 목표를 설정하고 조직적으로 참여한다. 이와 같이 다문화아동을 위한 사례관리 실천과정에서 사례관리자는 지역 내 기관의 실태와 각각의 사업내용을 파악할 필요가 있으며 자원을 조직화함에 있어 협력적 관계가 매우 중요하므로 언제든지 개입을 주도할 수 있는 역할을 해야 한다.

2) 사례관리과정

사례관리의 목적을 달성하기 위하여 일련의 체계적인 과정(process)을 거친다. 일반적으로 시간순서대로 전개되는 과정에 따라서 접수, 사정, 개입계획, 실시, 조정과 점검, 재사정 평가, 종결과 사후관리 순으로 진행된다(DiGur sansky, 2003).

Moxly(1989)는 사정, 서비스계획, 실행, 점검, 검토와 평가로 분류하였고, Rothman (1991)은 기관에 대한 접근, 접수, 사정, 목표설정, 서비스계획과 자원목록 작성, 이용자와 연결, 점검과 재사정, 결과평가로 구분하였다. 한국사례관리학회(2012)가 제시한 사례관리 실천과정은 초기과정, 사정계획, 실행, 과정점검, 결과평가이다. 다문화아동과 청소년을 위한 사례관리는 한국사례관리학회의 과정을 토대로 살펴보고자 한다.

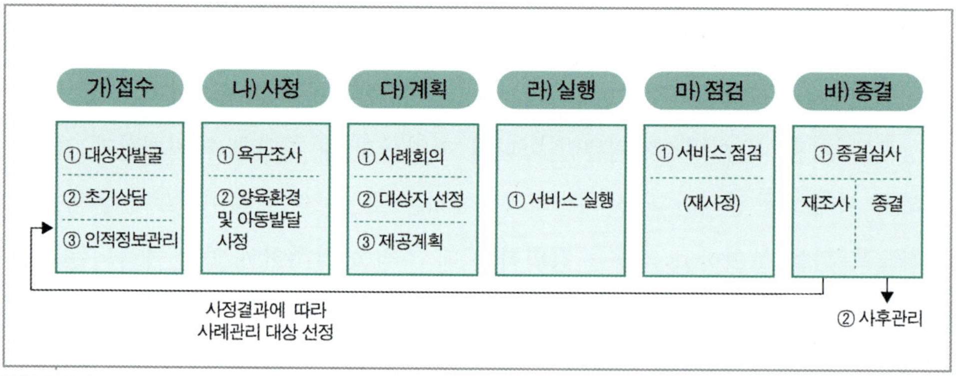

그림 7-6 사례관리 실천과정

출처: (보건복지부, 2019b).

이러한 사례관리과정을 토대로 아동을 위한 통합적 사례관리과정을 제시하면 다음과 같다.

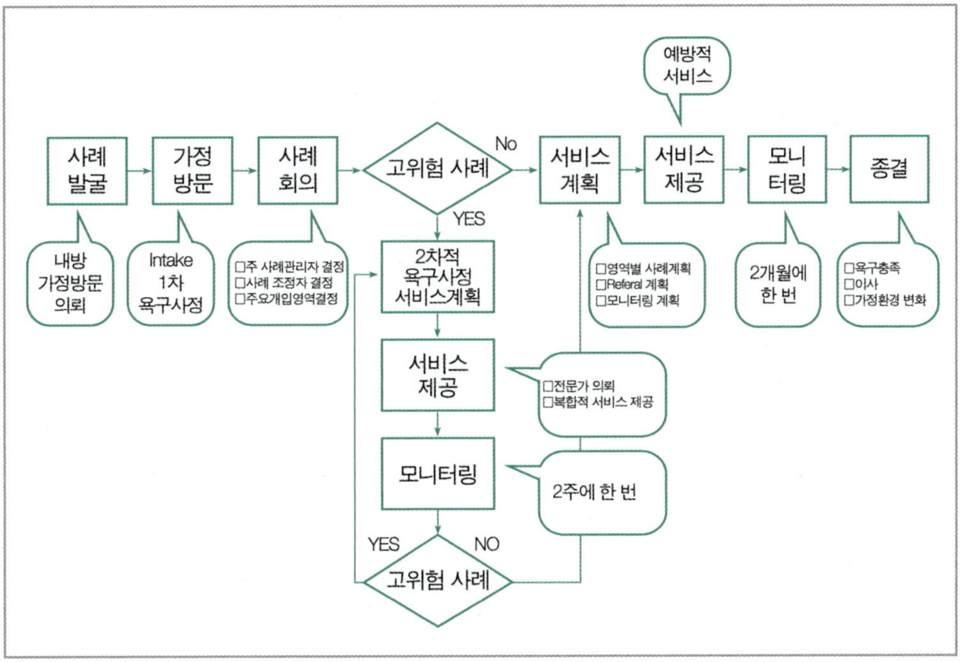

그림 7-7 아동을 위한 사례관리과정

Chapter

08 사례관리 초기단계

1 사례 발굴 및 초기과정

일반적으로 도움이 필요한 아동이나 청소년의 경우 대부분 비자발적인 클라이언트인 경우가 많다. 다시 말하자면 도움이 필요한 다문화아동과 청소년의 대부분은 학교나 기관, 단체 등에서 소개나 의뢰로 만나게 된다. 이 과정은 사회복지 실천과정[15]의 접수(intake) 혹은 관계형성단계, 초기단계에 해당되며 사례관리 실천과정[16]으로는 발견과 접수단계에 해당된다. 다문화아동 사례 발굴은 사례 소개받기와 사례 발굴을 위하여 찾아가기로 구분할 수 있다. 다문화아동 사례 소개받기는 지역사회 내 학교나 사회복지 관련기관이나 단체, 가족이나 친지, 이웃으로부터 의뢰받는 것이고 사례 발굴을 위하여 찾아가기는 사회복지사가 지역사회기관이나 단체 혹은 거주지역을 직접 방문하여 도움이 필요한 다문화아동과 청소년을 찾아가는 것을 의미한다.

2 사례 발굴방법

1) 사례 의뢰받기

의뢰받기는 도움이 필요한 다문화아동과 가족이 기존에 관계를 맺은 기관과 사람들에 의하여 일정한 과정과 절차를 거쳐 사회복지사와 서비스관계를 형성하는 것을 의미한다. 의뢰받기에서 주의할 점은 다문화아동이 서비스에 거부적이며 다른 사람에 의하여 어쩔 수 없이 의뢰되는 존재라는 관점을 지양해야 한다는 것이

15) 사회복지 실천과정 5단계
접수 & 관계형성 ☞ 자료수집 및 사정 ☞ 개입목표 설정 & 계약 ☞ 개입 ☞ 종결과 평가
16) 통합사례관리 실천과정 5단계
사례발견 & 접수 ☞ 사정 & 사례계획 ☞ 개입 ☞ 점검 ☞ 평가 & 종결

다. 사례관리과정은 아동과 사회복지사가 관계를 맺고 확장시켜 나가면서 상호 성장하는 과정이라는 인식을 가져야 한다.

(1) 지역사회 내 기관에 소속된 실무자 및 이웃

사회복지사는 지역 내의 다양한 기관과 실무자들로부터 도움이 필요한 아동과 가족을 소개받을 수 있다. 의뢰하는 기관과 사람들은 다문화아동과 일상적인 관계를 맺고 있어서 1차적으로 그들의 문제에 대하여 알고 있을 가능성이 많다. 다문화아동 및 가족과 일상적인 관계 속에 있는 사람들은 다문화가족지원센터 건강가정사나 사회복지사, 어린이집 교사, 학교교사 및 상담사, 지역아동센터 사회복지사, 교회, 주민자치센터 공무원, 부녀회, 종합사회복지관, 지역아동보호전문기관, 청소년상담센터 청소년상담사, 자원봉사센터 직원 및 자원봉사자들이다. 이들은 지역 내에서 사회복지서비스 및 교육관련 업무를 수행하면서 취약계층 다문화아동과 가족의 문제가 무엇인지 그리고 필요한 도움이 무엇인지 잘 알고 있기 때문에 사례를 관리하는 데 있어 중요한 역할을 하게 된다.

다문화아동 사례 발굴에 있어서 의뢰기관 및 내용은 〈표 8-1〉과 같다.

표 8-1 사례의뢰기관 및 내용

의뢰기관 및 사람	세부내용
다문화아동 & 가족	- 도움이 필요한 다문화아동 및 가족이 자발적으로 직접 의뢰하는 경우
다문화아동·가족지원 관련 기관	- 지역아동센터 실무자 & 사회복지사 - 종합사회복지관의 재가복지, 아동복지담당 사회복지사 - 가정위탁지원센터, 건강가정·다문화가족지원센터, 정신건강증진센터, 중독통합지원센터 실무자 & 사회복지사 - 지역아동보호전문기관, 가정폭력상담소, 성폭력상담소 등 위기 관련 실무자 & 사회복지사

의뢰기관 및 사람	세부내용
교육기관	- 어린이집 보육교사 & 유치원 교사 - 초등학교 혹은 중·고등학교 교사 & 교육복지사 - 학원 강사
공공기관	- 시청, 구청, 동사무소 사회복지전담공무원 - 지구대 혹은 경찰서의 경찰 - 고용지원센터의 실무자 - 출입국관리사무소 실무자
종교기관	- 기독교, 불교 등 종교기관 지도자 - 함께 종교기관에 다니는 신도
의료기관	- 병원 혹은 보건소의 의사, 간호사 - 지역 내 약국의 약사 및 종사자
지역사회 내 이웃	- 학교나 서비스이용시설 주변의 상인들 - 아동의 오락을 관리하는 사람들(PC방, 노래방, 놀이기구) - 지역 내 지도적 역할을 하는 사람들(통·반장, 부녀회장, 새마을지도자, 자율방범대 등 이웃들)

- 철수는 필리핀 어머니와 한국 아버지 사이에 태어난 다문화아동이다. 필리핀 어머니는 철수가 5살 되던 해 가출하여 연락이 두절된 상태이고 철수 아버지는 교통사고로 인하여 거동이 불가능한 상태로 집에 누워 있다. 철수는 현재 9살이며 7살 된 동생과 치매에 걸린 할머니와 함께 살고 있다. 철수는 아직 한글을 잘 모르고 학교 수업시간에 집중하지 못하고 끊임없이 움직이며 주의산만한 행동특성을 보였다. 최근 철수가 학교에 와서 수업시간임에도 불구하고 교실에 들어가지 않고 학교 주변을 배회하는 것을 보고 학교 앞에서 학용품가게를 운영하는 사람에 의하여 의뢰가 되었다.
- 민영이는 캄보디아 어머니와 한국인 아버지 사이에서 태어난 아이다. 민영이는

현재 5살로 7살 된 형과 어머니와 월세 반지하 단칸방에서 생활하고 있다. 민영이 아버지는 공사장에서 일하다가 사고로 크게 다친 후 병원에 장기입원 중이고 캄보디아 어머니는 식당에서 주방 허드렛일을 하면서 생계를 유지하고 있다. 어려운 가정형편으로 인하여 민영이는 충분한 돌봄을 받지 못하여 5살임에도 불구하고 아직 걷지도 못하고 말도 못하고 발달수준이 2살 아동 수준 정도였다. 민영이는 엄마가 일하러 나가면 형과 함께 방치된 채 지내고 있었다. 다문화가족지원센터 가족봉사단 자원봉사자가 기부물품을 전달하러 가정을 방문하여 민영이와 열악한 가정환경을 보고 의뢰되었다.

출처: 강명순 외(2008). pp. 55-56 내용을 토대로 일부 재구성함.

(2) 의뢰된 다문화아동과 가족

취약계층에 해당되는 다문화아동과 가족의 문제는 대부분 만성적이면서 복합적인 문제라는 특성을 가지고 있다. 다문화아동과 가족의 문제는 개인적 측면, 가정적 측면, 환경적 측면으로 구분될 수 있으나 이러한 요인은 서로 연관되어 상호 순환적 영향을 주고받으면서 문제가 악화되는 경우가 많다. 이를 테면 다문화가정의 외국인 부모의 미숙한 한국어능력으로 인하여 가족 간 의사소통 문제가 생기고 이러한 의사소통 문제로 인하여 아동의 발달적 욕구를 적절하게 충족시키지 못하게 되며, 그로 인하여 아동은 언어발달 문제를 겪게 된다. 또한 언어발달 문제가 발달지체가 되고 그것은 학교부적응 문제와 학교중퇴 문제가 된다. 이와 같이 다문화아동과 가족은 대부분 만성적이면서 복합적인 문제를 지니고 있다. 이러한 특성을 가지고 있는 클라이언트를 위하여 무엇보다 의뢰된 다문화아동과 가족의 저항을 최소화하는 것이 필요하다. 이를 위하여 의뢰대상인 다문화아동과 가족을 "문제를 지닌 클라이언트"가 아니라 "욕구가 있는 클라이언트", "도움을 필요로 하는 클라이언트", "그들의 문제를 해결하고자 하는 의지를 지닌 클라이언트"라는 관점의 전환이 필요하다.

사례관리를 통하여 도움을 필요로 하는 아동의 유형과 세부적 내용은 〈표 8-2〉와 같다.

표 8-2 도움을 필요로 하는 아동 유형

유형	내 용
심리·정서적 역량을 필요로 하는 아동	- 공격성, 주의산만, 우울함, 지나친 수줍음, 지나친 질투 - 부주의, 지시를 따르지 않음, 지나치게 민감함 - 자심감 결여, 실패를 두려워함, 건방지고 불복종
신체적, 정신적 잔존능력 개발이 필요한 아동	- 발달지체, 지나친 비만, 성조숙증 - 영양실조, 야뇨, 유분증, 근육병, 소아당뇨, 사시, 아토피, 언어장애, ADHD - 가족의 정신장애, 지적장애, 만성질환 등
바람직한 학교생활을 원하는 아동	- 학습부진 - 학교부적응
자기관리능력 회복 및 향상을 원하는 아동	- 일상생활기술(이닦기, 목욕하기, 준비물 챙기기 등) - 교통수단, 장보기 등
친구관계의 회복, 향상을 원하는 아동	- 혼자 노는 아동, 친구들과 자주 다투는 아동, 집단따돌림 당하는 아동
건강한 가족기능 회복, 유지, 향상이 필요한 아동	- 맞벌이가족, 한부모가족, 조부모가족, 재혼가족, 장애가족
안전관리를 필요로 하는 아동	- 가정폭력, 성폭력, 방임 등 아동학대,
자립자활을 원하는 다문화가족	- 가장의 실업, 신용불량 등으로 생활고를 겪는 가족 - 직업교육 등 기술훈련을 통하여 구직이 필요한 가족

출처: 강명순 외(2008). pp.61-65 내용을 재구성함.

2) 사례 발굴 관련 제도

사회복지사가 다문화아동 사례를 발굴하기 위하여 지역사회의 다문화아동 및 가족관련 기관 및 시설과 네트워크를 형성하고 복지사각지대에 있는 위기 다문화아동 및 가족 사례를 발굴하는 것이 중요하다.

> 서울 관악구의 한 아파트에서 한모 씨(42, 여)와 아들 김모 군이 숨진 채 발견되었다. 경찰은 자살 및 타살 정황이 없고 발견 당시 자택에 음식이 하나도 없었던 것을 근거로 이들이 아사했을 가능성에 무게를 두고 있는 상황이다.
>
> 10년 전 탈북해 우리나라에 정착한 한씨는 아들과 살던 아파트는 임대아파트로 월세를 수개월 동안 내지 못한 상황이었다. 한씨는 임대아파트로 전입한 이후 신변보호 담당관 및 관할 하나센터 상담사와도 연결이 되지 않는 등 연락이 되지 않아 필요한 지원체계를 받지 못한 것으로 알려졌다.
>
> 북한을 떠나온 지 10년이 된 한씨는 북한이탈주민 보호 및 정착지원에 관한 법률 5조 6항에 해당되는 법적 지원 5년의 기한이 넘어가면서 이탈주민이 지원받을 수 있는 범위의 사각지대에 놓인 것으로 보인다.
>
> 출처: 뉴스1(2019.8.12.).

2014년 송파동 세 모녀 사건 이후 정부에서는 복지와 관련된 대표적인 법인 국민기초생활보장법, 긴급복지지원법, 사회보장급여법을 제·개정하고 복지사각지대 발굴시스템 구축, 읍면동 찾아가는 복지서비스를 도입하는 등 사각지대 지원을 위한 기반을 마련하였다. 그럼에도 불구하고 2018년 증평 모녀 사망사건과 2019년 탈북모자 아사 사망사건 등이 발생함으로써 취약계층을 위한 보다 더 촘촘한 사회안전망과 지원체계 구축의 필요성이 제기되었다. 이러한 사각지대 지원을 위한 필요성으로 인하여 보건복지부(2019)에서는 복지위기가구 발굴대책을 보완하였으며 보완된 대책의 주요내용을 살펴보면 다음과 같다.

(1) 사회보장급여 신청 장벽 완화

① 원스톱 복지상담창구 운영

읍 · 면 · 동 주민센터에 원스톱 상담창구를 만들어 보건 · 복지 · 돌봄 등 다양한 서비스를 포괄적으로 안내 · 상담받고 신청할 수 있도록 하였으며 전국 읍 · 면 · 동에 찾아가는 보건 · 복지팀을 설치하고 사회복지, 간호직 공무원을 확충 배치하기로 하였다.

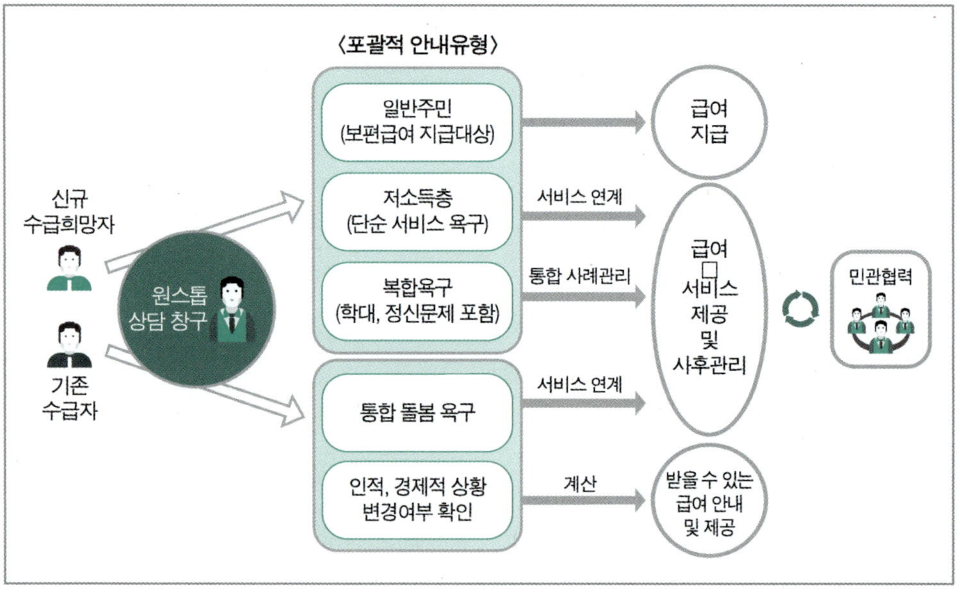

그림 8-1 원스톱 복지 상담창구운영시스템

출처: 보건복지부.

② 복지멤버십 제도

복지멤버십은 국민에게 필요한 복지서비스를 필요할 때에 맞춤형으로 안내하는 제도로 포괄적인 사회보장지원을 원하는 사람은 누구나 등록하여 이용할 수 있도록 한다.

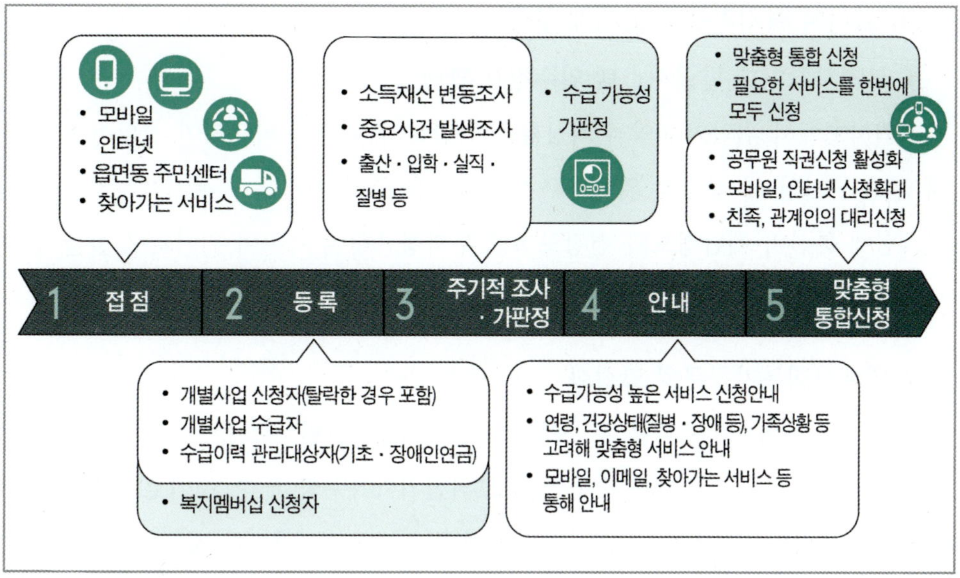

그림 8-2 복지멤버십 진행과정 개요
출처: 보건복지부(2019). 홍보자료.

(2) 지방자치단체 책임성 강화 및 민관협력 확대

① 고위험가구 실태조사 정례화, 사례관리 내실화

지방자치단체가 책임지고 관리할 수 있도록 법적 · 제도적 뒷받침을 강화하고 민관협력을 확대한다. 특히 지역 내 위기가구실태를 정기적 · 의무적으로 조사하도록 하였다.

② 기초생활수급조건 탄력적 적용

복지사각지대 발생 원인으로 보는 부양의무자 기준을 단계적으로 폐지해 빈곤층이 가난을 스스로 증명하고 그 과정에서 좌절하는 일이 반복되지 않도록 하며 부양의무자로부터 실질적으로 부양받지 못하는 취약계층가구는 지방생활보장위원회의 심의를 통하여 부양의무자 기준과 관계없이 탄력적으로 보호받을 수 있도록 하였다.

(3) 상시적 위기가구 발굴체계 구축

① 복지사각지대 발굴시스템 입수정보 확대

지역사회에서 취약가구의 위기상황을 파악하지 못하여 비극적인 상황이 반복되지 않도록 지역 내 상시적 위기가구 발굴체계를 구축하며 특히 복지사각지대 발굴시스템에 통신비 체납정보와 건강보험료 부과정보를 추가하여 위기가구 발굴 정확도를 높일 수 있도록 하였다.

② 명예사회복지공무원 활성화

또한 명예사회복지공무원 중 공동주택관리자, 검침원, 택배기사, 배달업종사자 등 생활업종 종사자의 비중을 높이고 고위험위기가구와 일촌 맺기로 사회관계망서비스(SNS) 등을 활용한 주기적 연락체계를 주진할 수 있도록 하였다. 뿐만 아니라 위기가구 발굴을 위한 신고의무자에 공동주택관리주체(관리사무소)를 포함하고 지방자치단체가 위기가구 발굴업무를 할 때 필요한 정보를 받을 수 있는 의무협조 대상을 확대할 수 있도록 하였다. 정부의 복지사각지대 발굴을 위한 보완대책의 주요내용을 정리하면 다음과 같다.

표 8-3 복지사각지대 발굴을 위한 보완대책

추진목표	핵심정책과제
사회보장급여의 신청장벽 완화	읍·면·동 원스톱 상담창구 설치로 상담신청기능 강화
	복지멤버십 조기도입으로 포괄적 신청주의 구현
지방자치단체 책임성 강화 및 민관협력 확대	고위험 위기가구 실태조사 정례화, 사례관리 내실화
	지방생활보장위원회 활성화로 기초생활수급요건 탄력적 적용
상시적 위기가구 발굴체계 구축	이웃과 함께하는 위기가구 발굴노력 강화 (명예사회복지공무원 활성화)
	복지사각지대 발굴시스템 입수정보 확대

3 사례관리 대상 접근방법

이러한 정부의 복지사각지대 위기가정 사례 발굴 대책을 토대로 위기에 처한 다문화아동 및 가족사례를 발굴하고 사례관리를 위한 협력과 동의를 구하는 과정이 필요하다. 일반적으로 사각지대에 있는 다문화아동과 가족을 발견함에 있어 사회복지사가 갖추어야 할 핵심역량은 방향성과 정기성, 민감성과 책임성을 들 수 있다. 사회복지사가 지역 내에서 다양한 활동을 하면서 도움을 필요로 하는 아동과 가족을 발견하게 되는데 그 경우 다음 과정을 통하여 도움을 필요로 하는 아동 여부를 판단할 필요가 있다.

1) 아동관찰

사각지대에 있는 다문화아동과 가족을 직접 만나서 발견하게 되는 것을 의미한다. 직접 만나서 발굴하게 될 때 사회복지사는 아동을 관찰하고 아동과 친밀한 관계형성을 통하여 필요한 정보를 수집할 수 있어야 한다. 일반적으로 지역에서 사각지대에 있는 다문화아동을 만날 수 있는 장소는 어린이집이나 유치원, 학교, 지역아동센터, 학교 앞 문방구, 오락실, 마트 등을 들 수 있다. 이러한 장소에서 다문화아동을 만나게 되면 우선적으로 민감성을 발휘하여 관찰할 필요가 있다. 관찰을 함에 있어서 다음과 같은 요소를 통하여 도움을 필요로 하는 다문화아동 여부를 판단할 수 있다.

표 8-4 도움이 필요한 다문화아동 관찰기준

지 표	내 용
옷과 외모상태	- 계절이나 상황에 맞는 옷을 입었는지 - 옷이나 신발상태는 어떠한지 - 속옷을 갖추어 입었는지 - 옷의 위생상태는 어떠한지 - 머리상태는 어떠한지 - 손발, 손톱상태는 어떠한지
신체상태	- 몸에 멍 혹은 상처가 있는지 - 치료받지 못한 피부병이나 부스럼 등이 있는지 - 상처에 대하여 연고나 밴드 등 처치가 되어 있는지
아동을 만난 시간과 장소	- 학교 수업시간인데 놀이터나 운동장에서 놀고 있는지 - 밤 늦은 시간인지 - 늦은 시간에 귀가하지 않고 PC방에 있는지
신체행동적 증상	- 발육부진인지 - 비만이나 지나치게 저체중상태인지 - 사시이거나 치아상태가 어떠한지 - 언어적 문제가 있는지
다른 사람과 상호작용	- 혼자 놀고 있는지 - 양육자와 함께 있는지 - 양육자와 어떤 상호작용을 하고 있는지

2) 아동과 관계 맺기

다문화아동을 관찰한 후 도움이 필요한 아동이라고 판단될 경우 아동에게 다가가 보다 구체적인 사실을 확인할 필요가 있다. 이를 위하여 아동과 관계 맺기가 필요하며 아동과 대화하기 위하여 아동의 발달수준을 감안한 다양한 방법을 활용할 수 있어야 한다. 아동과 첫 대화를 시작하기 위하여 호감을 표현하거나 상황에 대하여 말하기, 아동에 대하여 느낀 점 솔직하게 말하기 등을 할 수 있다.

3) 아동과 가족에 대한 정보 탐색

아동과 만나 첫 대화를 시작하고 관계 맺기가 시작되면 아동과의 상호작용을 통하여 아동과 관련된 정보를 파악한다. 정보를 파악할 때 지나치게 질문하면 방어적이 될 가능성이 높으므로 아동이 부담을 가지지 않도록 적절하게 질문하는 것이 필요하다. 질문 순서는 이름–나이–학년–반 순서로 하며 이름에 대하여 특별한 의미를 부여하여 말해주면 보다 편안하게 대화할 수 있다. 특히 아동에 대한 정보를 파악할 때는 신상정보 맞추기 게임 형식으로 진행하는 것이 좋다.

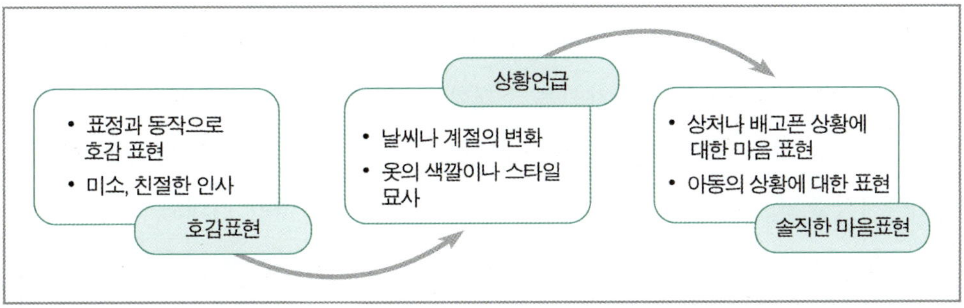

그림 8-3 아동과 관계맺기

- 몇 학년인지 알아 맞춰볼까?
  3학년쯤인 것 같은데... 아니예요 5학년이에요.
- 여기서 사는 것 보니 ○○ 초등학교 다니고 있니? 맞아요!!!
- 누나와 동생이 있는 것 같은데... 아니예요 동생 2명 있어요.

이와 같이 아동의 기본정보를 파악한 후 구체적인 정보를 파악하여야 한다. 구체적인 정보를 파악하기 위하여 관찰한 사실과 관련된 내용을 토대로 대화한다. 이때 캐묻거나 조사받는 것 같은 느낌이 들지 않도록 주의해야 하며 특히 "왜"라는 질문이나 직접적인 질문보다 간접적인 질문으로 아동과 가족이 비난받는다는 느낌을 주지 않도록 한다.

- 왜 다쳤니? ⇒ 어떤 이유로 상처가 났니?
- 여름옷이 없니? ⇒ 긴 바지를 입고 덥지 않을지 궁금하구나.
- 사는 곳은 어디니? ⇒ 어디 사는지 알고 싶은데... 말해줄 수 있니?

4) 아동과 연결망 형성

아동에 대한 기본정보와 구체적 정보를 파악하고 나면 사회복지사는 아동과 연결망을 형성한다. 연결망 형성을 위하여 먼저 명함 등을 주면서 사회복지사에 대한 소개를 한다. 소개를 한 후 추후 만남에 대한 약속을 함으로써 사례관리를 위한 기반을 마련한다. 사회복지사가 자신을 소개할 때 필요로 하는 도움을 줄 수 있으며 도움을 줄 수 없을 경우 필요로 하는 기관이나 시설을 소개할 수 있음을 알린다. 사회복지사를 소개한 후 사회복지사의 아동과의 관계에 대한 기대와 다음 만남에 대한 약속을 제안한다.

- 선생님은 다음에 너를 다시 만나고 싶은데.... 어떻게 하면 좋을까?
- 어머님이 시간되실 때 다시 만나 뵙고 싶은데.. 언제 시간이 되시는지 알고 싶어요.
- 다음에 이곳에서 우리 다시 만날까!!

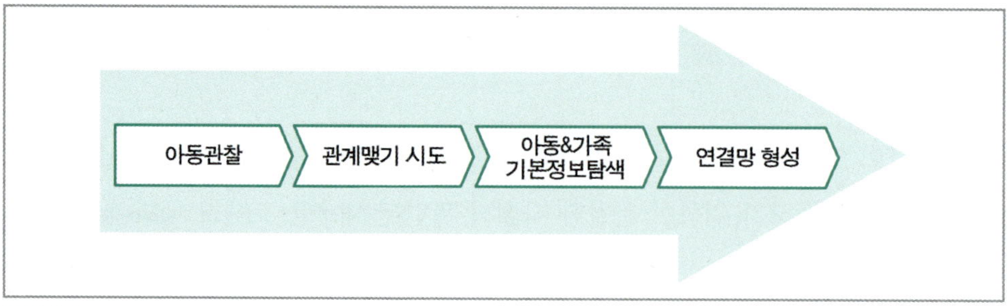

그림 8-4 단계별 접근방법

아동이 서비스개입단계 진입을 거부하면 아동의 선택을 존중하여 서비스개입을 일정기간 보류하고 다시 약속할 기회를 탐색해 보거나 동의하지 않아도 가끔 방문하거나 전화나 메일을 주고받을 수 있는지 물어보고 일상적 만남을 유지할 수 있도록 한다.

5) 서비스개입에 동의와 협력 구하기

다문화아동과 가족이 필요로 하는 도움을 지원하기로 했다면 이는 아동과 가족이 사회복지사와 함께 하기로 약속했다는 것을 의미한다. 서비스개입에 동의하기는 사회복지 실천과정 중 계약하기에 해당되며 강명순(2008)은 동반자 관계맺기[17]라고 하였다. 아동과 가족이 서비스개입에 동의하면 사회복지사는 다문화아동을 위한 사례관리과정에 대하여 알기 쉽게 설명하고 동의와 협력을 구한다. 동의와 협력을 구할 때 다문화아동과 가족의 역할과 책임, 서비스의 한계와 협력적 관계를 위한 규칙 등을 설명한다. 서비스개입에 대한 동의와 협력 구하기는 일반적으로 계약형식으로 이루어지며 1차적으로 다문화아동 및 가족과의 계약과 2차적으로 서비스제공자와의 계약이 있다. 서비스개입에 대한 동의와 협력을 구하기 위한 계약에 포함되어야 할 내용은 다음과 같다.

- 다문화아동 및 가족상황과 환경사정을 기초로 한 서비스계획의 현실적 목표
- 서비스기간의 시간적 제한
- 정해진 목표를 위한 다문화아동 및 가족, 사회복지사, 관련분야 전문가, 기타 계획된 행동
- 일정한 시간 내에 계획된 행동의 성취를 위한 개별적 책임 분담
- 약속한 의무를 실행함에 있어서 실패할 경우 대비책
- 계획된 행동을 실행할 책임을 맡은 사람들의 서명선

17) 동반자 관계맺기는 도움이 필요한 아동과 가족이 사회복지사와 협력할 때 도움을 주는 자와 받는 자 공급자와 수혜자의 일로 일방적 관계가 아닌 파트너십에 기초한 수평적이고 상방적 관계에 기초함을 의미하는 개념임.

초기단계에서 활용할 수 있는 상담기술은 〈표 8-5〉와 같다.

표 8-5 초기단계에서 활용할 수 있는 상담기술

기술	내용
사회복지사 소개하기	- 다문화아동 및 가족에게 사례관리를 하는 사회복지사 자신과 소속기관을 소개하고 신뢰관계가 구축될 수 있도록 하는 주요 실천기술
공감하기	- 다문화아동과 가족의 현재 감정을 파악하고 지지받고 있다는 느낌으로 자신의 문제에 개방적이 될 수 있게 하는 기술 - 핵심감정, 환경적 압력, 성장동기 순으로 공감
반영하기	- 다문화아동과 가족이 표현한 말과 행동 이면에 깔려 있는 숨은 의미를 파악하고 이를 적기에 반영하는 기술
적극적 경청	- 다문화아동과 가족이 말하는 것을 경청한다는 것은 다문화아동과 가족을 이해한다는 것을 전제로 하며 내담자로 하여금 생각이나 감정을 자유롭게 표현할 수 있도록 하는 기술
질문하기	- 질문은 육하원칙에 의하여 명확하고 구체적으로 진행, 개방형, 간접질문을 적절하게 활용함 - 왜라는 질문은 가급적 하지 말고 '어떻게', '어디서', '무엇을' 등을 사용하여 대상 아동과 가족의 방어적 자세를 예방하고 판단받는다는 느낌을 주지 않는 질문기술
관찰하기	- 다문화아동과 가족의 주변환경과 특히 다문화아동의 행동을 다양한 직·간접적인 정보를 통하여 언어적·비언어적 단서를 민감하게 파악하는 기술
피드백	- 다문화아동과 가족에 대한 건설적인 피드백을 코칭이라고 하며 아동과 가족 스스로 문제와 해결방법에 대해 인식할 수 있는 기술
기타	- 상담의 목적 및 초점을 유지하기 위하여 촉구, 탐색, 침묵 등의 기술 활용

출처: 보건복지부(2019b). 자료를 토대로 재구성.

Chapter

09 사정단계

1 사정단계의 특성과 기능

다문화아동과 가족의 협력과 동의를 얻고 나면 다문화아동과 가족을 사정한다. 사정단계에서는 다문화아동과 가족의 욕구를 조사하고 가정환경과 아동발달상황을 조사한 후 사정한다. 다문화아동과 가족사례관리에서 사정은 다문화아동과 사회복지사에게 서비스를 어떻게 지원하고 그 과정에서 무엇을 해야 하는지를 구체적으로 제안할 수 있는 출발점이 된다. 다문화아동을 사정함에 있어 첫 번째 해야 할 일은 다문화아동과 가족이 사회복지사가 속한 기관과 연계기관이 서비스기준에 적합한 대상인지를 판단하는 것이다. 사정은 다문화아동의 가족 및 주위환경, 그리고 전반적 상황을 이해하기 위한 체계적인 방법 중 하나이다. 다문화아동과 가족의 사정은 사례관리의 초기단계에서 이루어지며 사정을 통하여 신중한 서비스지원계획을 수립할 수 있고 다문화아동과 가족에 초점을 맞춘 체계적이고 효율적인 방법이 무엇인지 탐색하고 선택할 수 있다. 사례관리를 함에 있어 사정은 다음과 같이 세 가지 기능을 가지고 있다.

표 9-1 사례관리에서 사정의 기능

기능별	주 요 내 용
적격성 결정	- 다문화아동과 가족이 사회복지사가 지원할 수 있는 서비스에 적합한 대상인가를 결정할 수 있다. - 서비스를 제공하는 기관에서는 서비스를 제공기준을 가지고 있으며 그 기준에 대상아동이 적합한지를 사정을 통하여 판단할 수 있다.
다문화아동과 가족욕구 확인	- 다문화아동과 가족의 능력과 잠재적 자원, 충족되지 않은 욕구, 해야만 하는 것과 할 수 없는 것의 한계를 검토할 수 있다. - 이러한 측면의 불균형 상태를 파악하고 불균형 상태의 구체적 상황에 대한 검토를 할 수 있다.
다문화아동문제 진행상황 평가	- 그동안 다문화아동과 가족이 문제를 해결하기 위하여 노력한 방법들을 평가하고 그러한 과정이 문제에 어떤 영향을 미쳤는지, 그리고 어떻게 다르게 할 수 있는지에 대한 검토를 할 수 있다.

2 사정단계의 주요내용

사정단계에서는 욕구조사와 양육환경 및 아동발달사정(위기도 검사) 등이 이루어진다. 이 단계에서는 이전 단계에서의 자료를 토대로 다문화아동과 가족이 사례관리 대상자가 되는지를 충분히 검토하여 선정하며 선정된 대상자에게 필요한 서비스를 제공하는 근거가 되는 단계이다. 이 단계에서는 다문화아동과 가족의 안전을 확인하고 대상자의 욕구를 보다 면밀하게 검토한다. 검토하면서 문제에 집중하기보다 다문화아동과 가족의 강점과 자원을 발견할 수 있도록 한다. 특히 대상자 및 가족의 욕구를 탐색하는 과정에서 대상의 안전, 건강, 교육별, 기타 등 기본적인 욕구영역을 중심으로 조사한다. 조사하는 과정에 다문화아동과 가족 혹은 주변 환경으로부터 필요한 정보를 획득하고 대상자의 현재 직면한 욕구를 중심으로 문제 우선순위를 결정한다. 이때 객관적인 사정도구를 활용하며 대상아동과 가족이 호소하는 문제 이외에 신체적, 인지적, 심리 · 정서적, 사회적 욕구와 더불어 경제적, 환

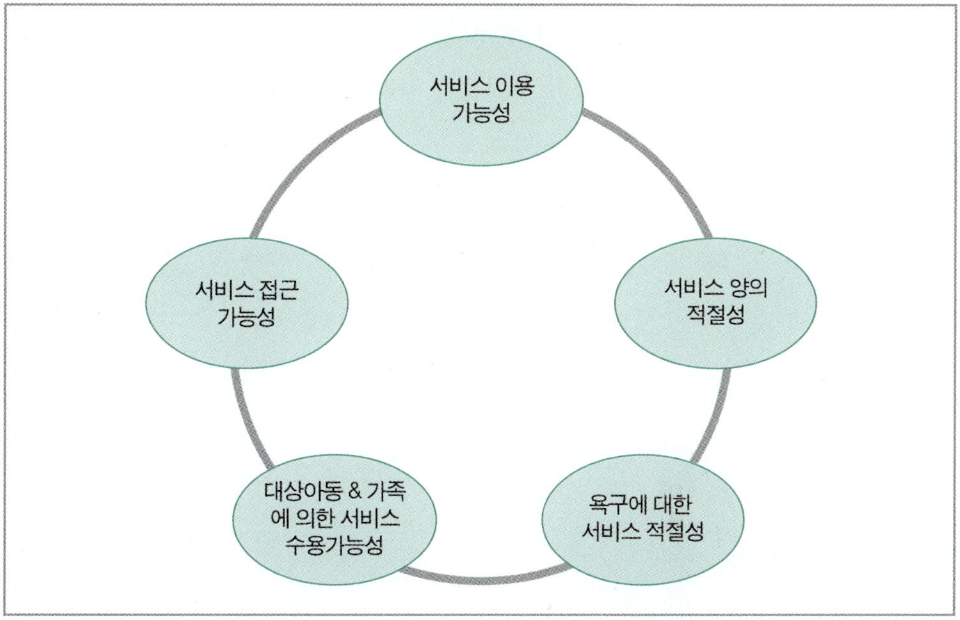

그림 9-1 사정단계의 주요내용

경적 욕구를 파악한다. 사정단계의 궁극적인 목적은 효율적인 서비스 개입을 선택하는 데 있으므로 무엇보다 대상아동의 문제와 상황을 면밀하게 검토해야 한다. 또한 지역사회 내 서비스 제공을 할 수 있는 기관이나 자원에 대한 검토도 함께 이루어져야 한다. 사례관리는 대상아동의 문제를 전문가가 직접 지원하는 것이 아니라 대상아동의 문제해결에 필요한 자원을 발굴하고 이러한 자원을 조정하고 의뢰하는 과정이 중요하기 때문에 정확한 사정이 필요하다. 다시 말하자면 사례관리는 대상아동에게 필요한 직접적이고 전문적인 상담이나 치료보다는 서비스의 이용가능성(availability), 서비스 양의 적절성(adequacy), 욕구에 대한 서비스의 적절성(appropriateness), 대상아동 및 가족에 의한 서비스 수용가능성(acceptability), 서비스에 대한 접근가능성(accessibility)에 대한 정보를 수집하고 관리하는 과정이 강조된다.

이와 같이 사정단계에서는 다문화대상 아동과 가족에 대한 자료를 폭넓게 수집하고 수집된 자료를 분석하고 의미를 부여함으로써 궁극적인 문제를 규정하고 문제 중 표적문제 혹은 핵심문제를 발견하고 우선순위를 결정하는 등 서비스개입의 방향 혹은 목표를 제시해 주는 기능을 가지고 있다. 특히 사례관리에서의 사정단계는 다문화아동과 가족의 다차원적인 욕구와 자원을 폭넓게 파악하고 충족시키는 것을 강조한다는 측면에서 일반적인 사회복지 실천과정에서의 사정과 차이가 있다.

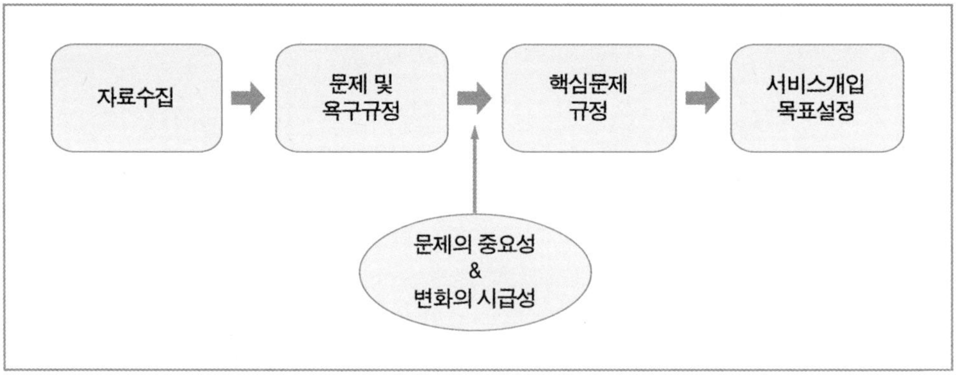

그림 9-2 사정단계 특성

이와 같이 다문화아동과 가족의 상황, 문제, 자원에 대한 탐색을 하면서 다문화아동과 가족에 대한 정보를 포괄적으로 검토하고 향후에 무엇을 해야 할지 탐색한다. 다문화아동과 가족을 탐색함에 있어 〈표 9-2〉와 같은 탐색모형을 참고로 순서대로 접근한다.

표 9-2 탐색모형

	현재	과거	미래
문 제	1	2	7
다문화아동 & 가족	3	4	8
상 황	5	6	9

1) 대상아동의 안전 확인

사정단계에서 가장 먼저 고려해야 하는 것은 대상아동과 가족의 안전이다. 그러나 가족은 아동의 안전을 위협하는 상황에 대하여 외부에 노출되는 것을 원하지 않기 때문에 사회복지사는 협력적 관계를 토대로 안전을 위협하는 요소에 대한 심각성, 지속성, 상해의 범위를 관찰해야 한다. 대상아동의 안전을 위협하는 것에 대한 정보는 대상아동과 가해하지 않는 가족, 친지나 이웃 등을 통하여 확인할 수 있다. 확인하는 과정에서 학대나 폭력 등 극단적 용어는 가급적 사용하지 않아야 하며 안전위협상황을 직접적으로 목격했다고 할지라도 대상아동 앞에서 당황하거나 흥분하지 않아야 한다. 사회복지사가 아동이 처한 상황에 대하여 어떤 태도를 갖느냐에 따라 아동은 보다 더 불안정해질 수 있기 때문이다. 즉, 사회복지사는 아동이 안전감을 가질 수 있도록 상황을 공감하고 지지하는 태도를 지닐 필요가 있다. 안전한 환경이 제공될 때 대상아동은 자신의 상황에 대하여 당황하지 않고 사실 대로 이야기할 수 있으며 그에 따른 적절한 서비스개입이 이루어질 수 있다.

- 대상아동의 안전을 위협받는 상황을 발견하게 되면 먼저 아동을 안전한 환경으로 옮긴다.
- 흥분하지 말고 안정되고 차분한 목소리와 비교적 온화한 표정을 유지하도록 노력한다. 대상아동을 많이 안아주고 무섭고 불안했을 아동의 마음을 읽어준다.
- 아동이 안전을 위협받는 상황에 대하여 예민하게 반응하거나 무감각하거나 공격적인 태도를 보이면 아동발달관련 전문가에게 의뢰하여 심리정서적 상태를 확인한다.

대상아동의 안전은 위험상황이 아동에게 어떠한 영향을 미치는가와 관련된다. 특히 위험의 정도에 따라 아동발달에 심각한 손상을 줄 수 있다는 점을 감안하여 위험상황에 대한 전반적이고 구체적인 확인이 필요하다. 먼저 대상아동의 안전을 확인하는 과정에서 다음과 같은 위험관련 요소를 중심으로 파악하며 이때 문제 중심보다 위험가운데도 대상아동과 가족의 강점과 자원도 함께 확인할 수 있어야 한다.

1. 위험요소의 개수는 어느 정도인가?
2. 위험요소는 얼마나 심각한가?
3. 위험요소는 어느 정도 오랫동안 지속되었는가?
4. 양육자나 아동이 위험요소를 통제할 수 있는 능력이 어느 정도 되는가?
5. 대상아동과 가족의 강점과 자원은 무엇인가?

그림 9-3 위험상황 관련요소

특히 사회복지사가 대상아동의 가정을 방문할 때는 위험요소를 사전에 확인한 후 방문일정을 조정하여야 한다. 확인해야 할 대상아동 가정의 위험요소는 다음과 같다.

- 대상아동의 가족이 술에 취해 있는 상황인가?
- 싸움이나 다툼이 진행되고 있는 상황인가?
- 대상아동이나 가족이 분노, 흥분한 상태인가?
- 대상아동 및 가족이 사회복지사의 방문에 적대적인 태도를 보이는가?
- 대상아동의 가족이 폭력이나 학대관련 전과를 가지고 있는가?
- 대상아동의 가족이 최근 심각한 스트레스 상황(실직, 가정해체, 사회적 고립 등)에 있는가?

또한 위험이 의심되는 상황에서 가정을 방문할 때 반드시 2인 1조로 방문하며 필요할 경우에 경찰, 공무원, 아동보호전문기관 등의 협조를 구하여 동행해야 한다. 방문한 후 무기가 될 수 있는 물건(칼, 낫이나 망치, 가스, 뜨거운 물 등)이 있는 장소는 피하고 출입문 가까운 곳에 앉는 등 사회복지사 스스로 안전에 대하여 민감하게 반응함으로써 불의에 발생할 수 있는 사고를 예방한다. 아동학대 및 폭력의 현장에 나가야 하는 사회복지사들은 아동학대 가해자들로부터 폭력 등 신변안전에 위협을 받는 경우가 많아 이에 대한 대처가 필요하다.

> 2010년 아동보호전문기관에 평소 정신질환을 앓고 있는 아버지가 중학교 3학년인 아들을 상습폭행했고 아동학대신고를 받고 아동을 보호하는 기관의 사회복지사가에서 보호자 동의서를 받으러 집을 방문했을 때 문을 걸어 잠그고 망치로 사회복지사를 때려 상해를 입힌 사건이 일어났다.
>
> 그 다음해인 2011년 초록우산어린이 재단이 운영하는 아동보호전문기관에 알코올중독으로 대상아동의 아버지를 병원에 입원시킨 것에 대한 앙심을 품고 불을 지른 사건이 그 사건으로 일어났다. 앙심은 품은 아버지는 아동보호기관 사무실에 휘발유를 뿌리고 라이터로 불을 붙여 화재가 났는데 이 화재로 사회복지사 등 직원 11명이 중경상을 입게 되었다. 사례는 아버지가 노상에 누워 있고 8살 난 아들은 그 옆에서 심부름을 하고 있다는 아동학대신고가 아동보호기관에 접수되었고 경찰과 동행하여 현장조사를 한 후 아버지와 초기 상담을 하고 아동은 안전하게 보호조치하였다.

그러나 이후에 같은 상황이 반복되었고 학교에 보내는 것도 거부하였다. 아동의 담임교사와의 상담을 통하여 아동은 정서적으로 매우 불안정한 상태이며 친구들과 다툼도 잦고 학교에서 부적응 증상을 보인다고 하였다. 아버지는 상담을 받고 돌아가는 중에도 길거리에서 아들에게 몽둥이를 휘두르는 등 폭력이 지속되자 지구대에서 아버지를 응급 입원시키고 아동보호기관에서는 아동을 보호조치하였다. 그러나 아버지가 퇴원 후 아동이 집으로 돌아갔으나 아버지는 앙심을 품고 불을 지른 것이다.

보건복지부(2019)에서는 폭력적인 아동이나 가족과 대화하는 방법을 다음과 같이 제시하였다.

- 소속기관과 이름 밝히기
- 찾아온 이유를 간단하고 분명하게 설명하기
- 대상아동 및 가족의 권리에 대하여 알리기
- 대화에 있어서 솔직할 것
- 차분하고 편안한 분위기 나타내기
- 도발적이지 않고 비판적인 태도로 부드럽게 이야기하기
- 확실한 것에 대하여 사실에 근거한 태도로 중립적으로 언급하기
- 대상아동 및 가족의 감정에 공감하기
- 감정적이거나 무시하는 느낌을 주는 언급 피하기
- 대상아동 및 가족 사이의 적절한 공간 확보하기
- 대상아동 및 가족에게 항상 존중하는 모습 보이기
- 비언어적 소통도 언어적 의사소통만큼 중요하다는 사실을 인식할 것
- 직접적인 시선접촉을 지속하지 말 것
- 대상아동 및 가족이 이야기를 시작하면 경청하기
- 공감하고 염려하며 비판적이지 않기
- 대상아동과 가족이 직접 자신들의 이야기를 하도록 함

2) 욕구조사

사정단계에서의 욕구조사는 대상아동과 가족이 원하는 것, 해결하기 어려운 문제를 스스로 발견할 수 있도록 돕기 위한 과정이다. 이 과정에서 대상아동 및 가족을 통하여 표출된 욕구를 사회복지사의 전문적인 판단과 함께 종합적으로 파악한다. 욕구조사는 대상아동 및 가족구성원 중 욕구가 있는 대상자를 중심으로 욕구대상자, 주요원인, 원인제공자에 대한 정보들을 포괄적으로 파악하는 데 가족의 경제적 상황, 주거상황, 건강상태, 심리사회적 특성, 장애물, 사회관계망 등을 포함한다. 뿐만 아니라 영역별 욕구로 인하여 야기되는 주요문제 중 문제 완화나 문제해결에 도움이 될 수 있는 강점과 자원 등 잠재적 관계망에 대하여도 파악한다. 특히 대상아동과 가족이 스스로 욕구가 무엇인지 알 수 있도록 돕는다. 대상아동과 가족이 스스로 자신들이 원하는 것이 무엇인지 알 수 있다면 그것을 토대로 목표를 세울 수 있다. 그러나 대상아동이나 가족들은 스스로 원하는 것이 무엇인지 명확하게 알지 못할 수도 있다. 설령 알고 있다고 해도 표현하는 데 있어서 어려움이 있을 수 있기 때문에 이 경우 대상아동이 자신이 원하는 것 즉, 욕구를 스스로 인식하고 표현할 수 있는 다양한 방법을 활용할 수 있다.

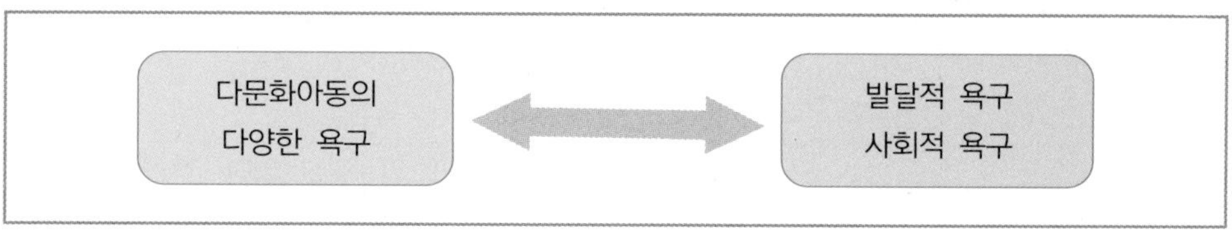

그림 9-4 다문화아동의 욕구 인식

Bradshow는 욕구사정에 활용되는 욕구를 규범적 욕구, 인지적 욕구, 표출적 욕구, 상대적 욕구로 구분하여 〈표 9-3〉과 같이 설명하였다.

표 9-3 사정에 활용되는 욕구유형

구 분	내 용
규범적 욕구	전문가에 의하여 판단·규정된 욕구이며 전문가에 따라 판단기준이 다를 수 있으므로 유동적임
인지적 욕구	개개인이 느끼는 주관적 욕구로 다문화아동이 원하는 욕구이며 개인에 따라 다양한 반응을 보일 수 있으며 불안정하고 과도하게 요구할 수 있음
표출적 욕구	기존 서비스에 참여한 사람이나 서비스를 기다리고 있는 사람들의 서비스 수요에 대비하고 서비스 수요에 기초한 욕구로 직접적인 수요로 나타나기 때문에 다소 보고되기 쉽고 기존의 서비스를 기준으로 평가되기 쉬움
상대적 욕구	다른 사람이나 타 지역과 비교해서 이루어지는 욕구로 사회적 맥락과 상황을 무시하고 두 집단의 욕구를 비교하는 것은 매우 위험함

(1) 욕구조사 영역별 내용

욕구조사는 대부분 가정방문을 통하여 이루어지며 보건복지부(2019)에서는 아동 욕구를 안전, 건강, 일상생활유지, 가족관계, 사회적 관계, 경제, 교육, 고용, 생활환경, 법률 및 권익보장 등 총 10개 영역에 걸쳐 조사하도록 하며 세부내용은 〈표 9-4〉와 같다.

표 9-4 아동 욕구영역과 내용

욕구영역	하위욕구	세 부 내 용
안전	가정 내 안전유지	폭력, 성추행/성폭행, 유기, 방임, 학대, 실종
	가정 외 안전유지	폭력, 성폭력, 협박/위협, 학대, 착취
건강	신체적 건강유지	신체장애, 일시적 질병 및 상해, 만성질환, 희귀·난치병 질환, 비만, 영양결핍
	정신적 건강유지	환청/환각/망상, 자해(자살)행위, 약물오남용, 중독, 식사거부, 수면문제, 음주문제, 공격적 행동, 대인기피, 은둔/칩거, 의사소통장애, 위생관리문제, 이상한 행동, 불안감
일상생활유지	의식주관련 일상생활유지	식사 및 준비곤란, 의복착용곤란, 외출곤란, 약물복용곤란, 의생관리곤란, 긴급상황 대처곤란
	여가생활 활용	여가활동 부족, 부적절한 여가활동

욕구영역	하위욕구	세 부 내 용
가족 관계	관계 형성	부부갈등, 부모-자녀갈등, 고부갈등, 형제갈등, 가족 간 관계소원, 가족 간 관계단절, 가족 간 갈등
	가족돌봄	장애인돌봄곤란, 노인돌봄곤란, 아동돌봄곤란, 환자돌봄곤란
사회적 관계	친인척 및 이웃 간 관계형성	친인척 갈등, 친인척 관계소원, 친인척 관계단절, 이웃 간 갈등, 이웃 간 관계소원, 이웃 간 관계단절
	소속된 집단 및 사회생활	직장생활 어려움, 학교생활 어려움, 종교생활 어려움, 기타 사회생활 어려움
경제	기초생활해결	식비 부족, 주거비 부족, 의복비 부족, 난방비 부족, 공과금 체납, 통신비 부족, 의료비 부족
	자산관리	자산관리능력 부재, 부채, 과태료/벌금, 과소비/낭비
교육	기초지식습득 및 향상	읽기/쓰기/말하기문제, 수리계산능력부족, 그 외 기초학습능력 부족
	교육환경개선	수업료/급식비 부족, 특수교육문제, 상급학교 진학 어려움, 무단결석, 학업성적 부진
고용	취(창)업	실업/실직, 열악한 근무환경, 저임금, 비정규직, 구직의 어려움, 창업 어려움, 기술교육 필요, 취업동기 부족
	고용유지	잦은 직장 이동, 반복적인 재취업/창업, 실업상태에 익숙해짐, 취업동기 부족, 사업체 유지가 어려움
생활 환경	주거내부환경 개선	화장실 열악, 주방시설 열악, 위생환경 열악, 도배/장판 열악, 냉·난방 열악, 전기/가스시설 열악, 지붕 노후, 벽/담 노후, 주택 내 이동곤란, 사생활공간 부족
	주거외부환경 개선	학습환경 열악, 교통접근성 열악, 상습침수, 철거 등 공공수용, 거주지 이전, 화재·폭발 위험물에 노출, 생활환경 열악
법률 및 권익보장	법률적 지원	법률처리문제, 신분상실, 사고보상처리, 파산/신용불량, 국적문제
	권익보장	차별대우, 권리침해
기타	기타	

출처: 보건복지부(2019b). 재구성.

복지사각지대 아동과 가족을 사정할 때 10가지의 욕구범주를 중심으로 사정하지만 다문화아동과 가족의 욕구를 사정할 때는 법률과 권익보장의 국적문제와 차별대우 및 권리침해 요소, 문화적인 특성이나 강점 등에 대하여 민감하게 살펴볼 필요가 있다. 다문화아동과 가족욕구 사정을 위한 기준표는 〈부록〉을 참고로 한다.

(2) 욕구발견방법

사례관리에서는 사회복지사가 다문화대상 아동과 가족의 욕구를 탐색하지만 대상아동과 가족이 스스로 욕구를 발견하고 그것을 표현할 수 있도록 도와야 한다. 다문화아동과 가족이 욕구를 발견할 수 있도록 돕는 방법은 〈표 9-5〉와 같다.

표 9-5 아동이 스스로 욕구를 발견하기 위한 기법

기 법	내 용	방법
그림이야기 하기	- 아동은 직접적으로 자신의 욕구를 표현할 수 있는 능력이 제한적이므로 그림을 통하여 은유적으로 욕구를 표현할 수 있도록 하는 기법	- 그림 속에 말풍선 넣기 - 그림으로 연상하기 - 그림으로 이야기 만들기, 콜라주
얼굴표정 넣어 그리기	- 어린 아동에게 사용할 때 효과적이며 양육자의 양육 상황, 애정 정도, 훈육태도를 파악할 수 있는 기법	- 얼굴표정 그림 완성하기
상징적 가족 표현하기[18)	- 가족을 동물, 날씨, 색 등으로 표현하도록 함으로써 가정환경과 가족구성원 간의 역동적 관계 속에서 아동 심리·정서 상태를 파악할 수 있는 기법	- 상징적으로 가족 소개하기
관계망 만들기	- 아동이 관계망을 그리면서 다른 사람과의 역동적 관계를 파악할 수 있으며 아동의 심리사회적 거리를 알 수 있는 기법	- 소시오그램 그리기
심리검사	- 아동의 욕구를 파악하기 위하여 개발된 심리검사 도구를 활용하는 기법으로 진단의 목적보다는 강점을 발견하기 위한 도구로 활용	- MBTI, HTP, 문장완성 검사
질문기법	- 질문을 통하여 욕구를 보다 더 명확하게 할 수 있게 하는 기법	- 기적질문, 척도질문, 예외질문, 대처방안질문

18) 가족을 상징적으로 표현하기

	엄마	아빠	형	나	동생
동물					
날씨					
색깔					

3) 자원과 장애물사정

사례관리에서 자원은 다문화아동의 건강한 성장과 발달을 지원하기 위하여 필요한 인적, 물적 서비스를 제공하는 지역사회 내의 사람들 혹은 기관을 의미한다. 자원사정은 대상아동의 욕구에 능동적으로 대응하기 위하여 공식적 자원뿐만 아니라 비공식적 자원(민간자원)을 적극 개발하고 다문화아동과 가족의 강점을 자원화하여 함께 체계적으로 관리할 수 있어야 한다. 자원은 일반적으로 내부자원과 외부자원으로 구분되며 내부자원은 개인자원과 가족자원으로 구분된다. 외부자원은 공식적 자원과 비공식적 자원으로 구분된다. Charles Cowger(1992)는 자원을 사정함에 있어 욕구와 자원, 능력, 요구의 네 가지 요소를 포함하여 통합적으로 파악할 것을 제안하면서 〈그림 9-5〉와 같이 도표를 이용할 것을 제안하였다.

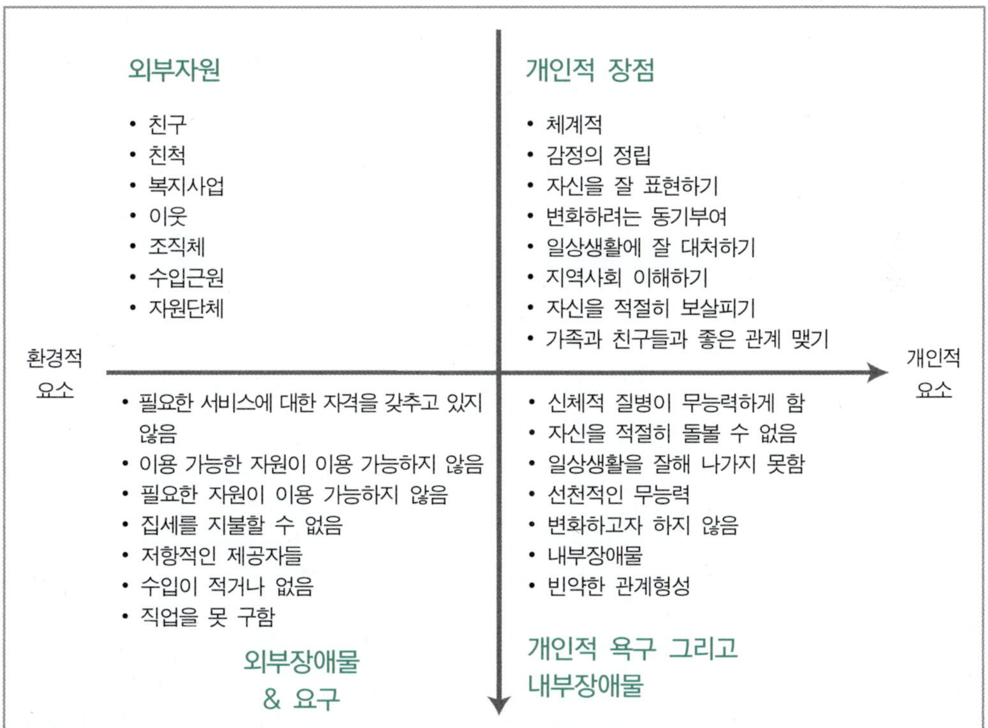

그림 9-5 다문화아동 자원 사정

다문화아동과 가족을 사례관리하는 과정에서 사회복지사의 역할은 아동의 성장발달에 장애가 되는 요인을 제거하고 대상아동과 가족에게 도움을 주는 자원과 연결해 주는 것이다. 다시 말하자면 사례관리는 사회복지사가 다문화아동과 가족의 문제를 직접 해결해 주는 것은 아니다. 직접서비스를 제공할 때도 있지만 사례관리는 대상아동과 가족이 도움(서비스)을 좀 더 잘 이용할 수 있도록 한다는 측면에서 간접적 서비스를 더 강조한다. 직접적인 서비스는 긴급할 때나 간접적 서비스를 촉진시키는 범위 내에서 제한적으로 제공한다. 자원을 사정하면서 동시에 장애요인도 같이 파악한다. 일반적으로 장애물은 외부장애물, 내부장애물, 선천적 무능력으로 구분된다. 외부장애물은 다문화아동과 가족들이 필요로 하는 도움을 이용할 수 없는 외부의 환경에 있는 장애물을 의미한다. 내부장애물은 다문화아동과 가족들이 도움을 효과적으로 얻고 사용하는 것을 방해하는 태도, 신념, 가치관 등을 의미한다. 선천적 무능력은 아동과 가족이 도움을 주는 사회복지사를 포함한 잠재적 자원들과 의사소통하는 것이 아주 어렵거나 불가능한 조건을 의미한다. 3가지 범주의 장애물의 하위유형은 〈표 9-6〉과 같다.

표 9-6 장애물의 유형

외부장애물	내부장애물	선천적 무능력
- 부적절한 자원 - 자원 이용에 대한 무능력 - 고갈된 자원 - 가능한 자원 이용에 필요한 2차 서비스 결핍	- 비관주의 - 비판주의 - 운명주의 - 냉소주의	- 정신지체 - 약물남용 - 심한 정신질환 - 두뇌에 영향을 주는 신체 조건

4) 아동발달사정

다문화아동의 발달사정은 다문화아동과 가족의 다양한 욕구와 상황, 현재 및 미래에 발생 가능한 위기요인 등을 사회복지사의 전문가적 관점을 통하여 종합적으로 파악한다. 아동발달사정은 양육환경과 함께 대부분 가정을 방문하는 것을 통하여 이루어진다. 양육환경 및 아동발달사정은 사례관리 개입 여부, 서비스개입 방향 및 수준을 결정한다. 일반적으로 아동발달사정은 연령별 발달수준에 따라 영아용(만 3세 미만), 유아용(만 3세 이상~7세 미만), 취학아동용(만 7세 이상~13세 미만), 임산부용으로 구분되어 이루어진다. 양육환경 및 아동사정도구 구성은 〈표 9-7〉과 같다.

표 9-7 양육환경 및 아동발달 사정도구 구성

구 분		사정도구 구성내용	
영아용	만 3세 미만	양육환경사정도구	아동발달 사정도구
유아용	만 3세 이상 ~ 7세 미만		
취학아동용	만 7세 이상 ~ 13세 미만		
임산부용		가족 및 환경 사정도구	

출처: 보건복지부(2019b).

아동발달사정은 일반적으로 〈그림 9-6〉과 같은 과정을 통하여 이루어지며 도구는 신체 · 건강/인지/언어, 정서/행동발달 영역으로 구분되어 있다.

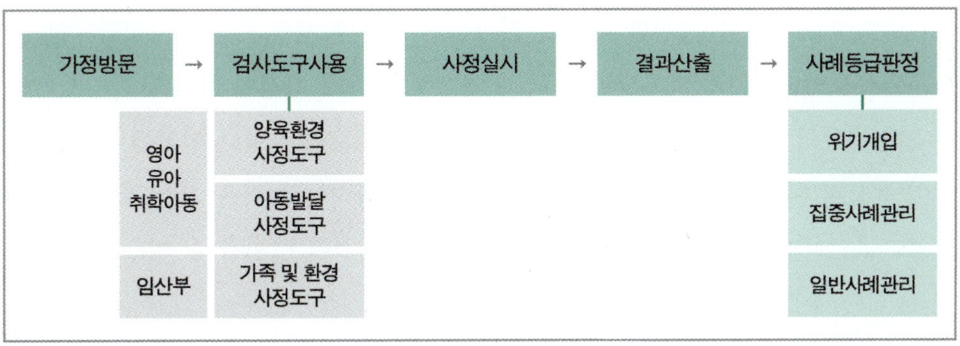

그림 9-6 아동발달 사정과정

출처: 보건복지부(2019b)

양육환경과 아동발달 사정결과를 토대로 집중사례관리와 일반사례관리 대상자로 구분하여 사례관리가 어느 정도 필요한가에 따라 위기개입, 집중사례관리, 일반

사례관리로 구분된 등급이 부여된다. 등급별 아동사례관리 주요내용은 〈표 9-8〉과 같다.

표 9-8 등급별 아동사례관리 내용

등급별	내 용	재사정주기
위기개입	- 아동학대, 방임, 가정폭력 등 아동과 가족에게 위기상황이 존재하는 경우로 사회복지사가 즉각적으로 개입하여 위기에 대한 대처가 필요한 경우	3개월 이내
집중사례관리	- 대상아동과 가족이 복합적인 욕구 및 문제를 가지고 있어 서비스를 제공해야 할 필요성이 높은 경우 - 양육환경과 아동발달에 대한 문제가 안정화될 때까지 집중적인 주의 및 관리가 필요한 경우	6개월 이내
일반사례관리	- 대상아동과 가족의 욕구와 문제가 복합적이지는 않지만 관련 서비스 연계를 통한 관리가 필요한 경우 - 문제가 완전히 해결되지는 않았으나 문제에 대한 서비스 연계로 문제가 안정화된 경우로 모니터링과 통상적인 관리를 하는 경우	12개월 이내

출처: 보건복지부(2019b).

다문화아동 발달을 사정할 때 다문화아동의 욕구나 자원, 장애물사정과 더불어 다문화아동의 강점 혹은 특별한 능력인 영재성도 함께 사정한다. 다문화영재아동은 2개 이상의 문화, 언어경험 등 다양성을 경험함으로써 문화나 언어에 대한 적응성이 높으며 이질적인 두 문화 가운데 적절하게 행동하는 능력을 지닐 확률이 높으므로(Felder et al., 2015) 적절한 환경이 조성되면 영재성이 발휘될 수 있으며 영재성이 발휘될 수 있는 지원서비스 제공이 필요하다.

Chapter

10 서비스계획단계

1 서비스계획 특성

다문화아동 사례관리의 세 번째 단계는 계획이다. 흔히 계획단계는 사례관리에 있어서 지렛대와 같은 역할을 하는 단계라고 한다. 다시 말하자면 계획은 실행의 중간단계이며 다른 단계와는 달리 지적인 과정이 강조된다. 즉, 사정을 통하여 수집된 정보를 다문화아동과 가족의 욕구와 필요로 하는 자원을 다양한 서비스 활동으로 전환하는 단계이다. 계획단계는 비교적 공식적이기 때문에 체계적이고 구조적인 특성을 지닌다. 사정단계는 다문화아동과 가족의 욕구와 그 욕구를 충족하는데 필요한 자원에 대한 정보를 제공하고 다문화아동과 가족이 그것을 이용하는 능력을 발휘하는 것을 제한하는 장애요인 등이 무엇인지 알 수 있다. 즉, 계획단계는 대상아동을 위하여 제공되는 서비스의 청사진을 만드는 단계이다. 서비스 제공을 위하여 세부적인 목표와 우선순위를 정하고 선정된 목표달성을 위한 활동과 서비스를 개발하고 설계하는 지적인 과정이다. 다시 말하자면 계획단계는 사정단계에서 파악한 대상아동과 가족의 정보를 목적과 계획으로 전환하여 어떻게 하면 다문화아동의 욕구와 필요를 충족시킬 수 있을 것인가를 체계적으로 검토하고 결정하는 과정이다.

2 계획단계의 내용

계획단계는 사례회의를 실시하여 대상아동에 대한 서비스 목표를 설정하고 서비스 전략(계획)을 수립하는 과정으로 구성된다.

1) 사례회의

사례회의는 사정단계에서 수집한 대상아동과 가족의 정보를 토대로 사례관리대상으로 선정 여부, 대상아동의 문제 및 욕구분석, 장·단기 목표와 서비스제공계획 수립, 사례관리과정에 대한 점검, 종결 여부 등에 대한 관련기관과 협의 및 조정을 위한 방법이다. 즉, 사례회의를 통하여 대상아동과 가족에 대한 통합적 서비스제공에 대한 계획을 수립하고 서비스실행과정을 점검, 평가하며 대상아동과 가족의 변화를 모니터링한다. 사례회의는 초기 사례회의와 사례점검을 위한 모니터링 사례회의, 종결 사례회의로 구분되어 진행되며 주요내용은 〈표 10-1〉과 같다.

표 10-1 사례회의 종류

구 분	내 용
첫 사례회의	- 문제 및 욕구분석 - 장단기 목표 수립 - 대상아동 선정 여부 판단 - 다른 기관 이관 여부 판단
모니터링 사례회의	- 서비스개입 여부 및 서비스내용 점검 - 대상아동 및 가족 변화 점검 - 장·단기목표 점검 및 신규목표 수립
종결 사례회의	- 종결 여부 결정 - 사례관리과정에서 나타난 대상아동과 가족의 변화 논의 - 사후관리계획 수립

출처: 보건복지부(2019b) 내용을 토대로 재구성.

서비스개입계획을 수립하기 전 첫 사례회의를 통하여 대상아동과 가족의 문제 및 욕구를 분석하고 서비스개입을 위한 장·단기목표를 수립하고 서비스개입계획을 수립한다. 사회복지사는 사례회의의 본래 목적을 달성할 수 있도록 사례회의를 진행하는 데 필요한 정보와 기술을 고려하고 특히 다른 기관과 대상아동 문제와 욕구 그리고 서비스개입계획에 대하여 서로 다른 의견을 조정하고 협상할 수 있어야 한다. 사례회의는 내부 사례회의와 외부 사례회의로 구분되며 참석대상은 지역 내 다문화아동 및 가족관련 업무를 담당하는 공공, 보건, 정신, 의료, 교육 등 각 영역의 실무자와 전문가로 구성된다. 회의순서는 회의 안내, 자료 설명, 안건 토의, 회의결과 안내 및 종료 순으로 진행된다. 사례회의는 다문화아동과 가족을 지원하기 위한 방안을 모색하는 것이 궁극적 목적이며 목적을 달성하기 위한 다양한 회의방법을 모색할 수 있다. 기관 실무자의 입장과 의견을 비교적 자유롭게 표현하고 입장 차이가 있다고 해도 서로 조정하는 과정을 통하여 구체적인 목표설정과 현실적으로 실행 가능한 계획을 수립할 수 있도록 한다. 효과적인 사례회의 진행을 위하여 회의 참여의 자세와 유의할 점은 〈표 10-2〉와 같으며 사례회의가 끝난 후 반드시 사례회의 결과를 작성한다.

표 10-2 사례회의 참여자의 자세와 유의할 점

사례회의 참여자의 자세	회의에서 의견 발언 시 유의할 점
- 사례회의를 할 때 함부로 자리를 비우지 않는다. - 회의 참석 전 자신이 속한 기관을 중심으로 의견을 정리해 본다. - 회의할 때는 서로를 존중하며 공손한 말을 사용한다.	- 참여자는 개인자격으로 참석한 것이 아니므로 개인적인 감정과 관점으로 발언해서는 안 된다. - 의견을 말할 때는 결론을 먼저 말하고 이유와 소견을 나중에 말한다. - 발언 시 바른 자세로 참여자를 보면서 말한다. - 참여자 간 토론하지 말고 사례회의 진행자를 보고 말한다. - 반론을 말할 때는 그 이유를 정확하게 전달한다. - 예와 아니오를 강요하는 질문은 하지 않는다. - 답변 시 회피하거나 슬쩍 넘어가는 답변은 하지 말아야 한다. - 질문자의 의도를 충분히 파악한 후 답변을 한다. - "이런 것은 알고 계시리라 생각합니다."와 같은 참여자를 무시하는 발언은 하지 않는다. - 답변을 마친 후 "답변이 되었는지요."와 같은 확인 질문을 한다.

2) 서비스실행계획 수립

사례관리의 궁극적 목적은 대상아동과 가족이 자원을 찾고 사용할 수 있도록 개인적인 능력을 강화하고 더불어 자원망을 확대하는 것이다. 개인적인 능력을 강화

한다는 것은 대상아동과 가족의 능력, 기술, 동기를 강화하고 자원을 활용함에 있어 장애요인을 감소시키는 것을 의미한다. 자원망을 확대한다는 것은 기존의 자원보다 더욱 많은 자원망을 만드는 것을 의미한다.

(1) 서비스실행계획 수립단계

서비스실행계획 수립은 사례관리의 목적을 달성하기 위한 수단들을 체계적으로 배열하는 것이다. 공식적이고 구조화된 사례관리의 서비스실행계획을 수립하기 위한 실천적 단계는 〈표 10-3〉과 같다.

표 10-3 사례관리 서비스실행계획 수립의 단계

단 계	주 제	내용과 기술
1단계	상호 간 목표 만들기	- 상호 간 목표 만들기는 보다 구체적으로 원하는 바람직한 결과를 언급하고 행동적 특수 언어로 설명하며 대상아동과 가족과 그를 둘러싼 환경을 향상시키는 것에 초점을 둠
2단계	우선순위 정하기	- 우선순위를 결정하는 기준으로 욕구와 요구의 차이를 고려할 수 있으나 충돌 시 욕구를 우선시함 - 우선순위 결정기준은 대상아동과 가족이 가장 중요하다고 생각하는 것, 생활과 자녀에게 당장 위험이 있을 가능성이 있는 것, 달성하기 쉬운 것 순으로 정함
3단계	전략 세우기	- 브레인스토밍 기술을 활용하며 특히 전략과 기술은 분석 혹은 판단하는 일이 없어야 하고 실천가능하고 성과를 쉽게 낼 수 있는 것에서부터 어려운 수준으로 진행되도록 계획함
4단계	전략내용 분석하기	- 3단계에서 세운 전략 중 장점과 단점을 분석하고 분석한 것을 토대로 어떤 원조세력이 강화될 것인지를 정하고 선택함
5단계	계획 수립·실행	- 대상자와 함께 계획 수립을 실행함

출처: 권진수, 박지영(2009). p. 165.

서비스개입계획은 서비스제공자, 전달방법, 서비스제공 횟수 및 시간, 서비스비용 및 부담, 평가방법 등을 포함하며 계획수립을 위하여 다음과 같은 질문을 해 볼 필요가 있다.

- 서비스실행이 필요한 일은 무엇인가?
- 가장 나은 방법은 무엇인가?
- 누가 필요한 서비스를 제공할 것인가?
- 언제 각각의 욕구가 충족될 것인가?
- 언제, 어디서 서비스가 제공될 것인가?
- 종결 이후에 아동과 가족들은 어떻게 지내게 될 것인가?

(2) 서비스계획서의 내용

① 일반적인 정보

대상아동과 가족의 이름과 생년월일, 의뢰경로, 사례접수일, 첫 면접일, 서비스계획일 등 대상아동과 가족에 대한 일반적인 정보를 적는다.

② 면접날짜

면접날짜는 대상아동과 가족면접과 기타 자원 관련기관 실무자들과의 면접을 구분하여 적는다. 면접은 방문면접과 전화면접 혹은 이메일 등을 통하여 이루어진다.

③ 문제사정

대상아동과 가족이 제시하는 문제를 중심으로 정서적인 문제, 사회적 고립, 부모-자녀관계, 주거상태, 가족갈등, 친구관계, 장애 정도, 지도감독 등을 적는다.

④ 자원과 장애물사정

문제사정을 토대로 내부자원과 외부자원으로 구분하며 내부자원은 개인자원과 가족자원으로 구분하고 외부자원은 공식적 자원과 비공식적 자원으로 구분하여 〈표 10-4〉와 같은 방법으로 기록한다.

표 10-4 주요문제와 자원유형

문제	자원	목적
정서적 문제	가족서비스	자존감을 향상시키고 분노를 적절하게 표현하는 방법을 개발하도록 상담한다.
사회적 고립	부모집단, 이웃, 확대가족, 부모조력자	위기 시 도움이 필요할 때 잠정적인 지지자원을 제공한다.
부모-자녀관계	가족서비스, 아동지도, 부모집단	적절한 기대와 신체적인 폭력에 대한 대안을 배운다.
주거상태	공공주택, 주거전문가	임대주택이나 임대료가 적절한 주택을 물색한다.

장애물사정은 외부 장애물과 내부 장애물, 선천적인 무능력으로 구분한다.

⑤ 서비스목표

서비스의 목적을 중심으로 장·단기목표를 구분한다. 목표는 대상아동과 가족이 원하는 바람직한 결과와 상황이다. 목표를 수립할 때 대상아동과 가족의 목표에 대한 동의가 이루어져야 하며 1개 문제에 1개 목표로 설정되어야 한다. 목표는 비교적 명료하고 정확하게 진술되어야 하며 긍정적인 단어로 기술할 필요가 있다. 무엇보다 대상아동 중심으로 기술되어야 하며 구체적이며 실현가능하고 달성 여부를 알 수 있도록 기술한다. 또한 행동 형태로 진술되고 "왜"나 "어떻게"보다는 "무엇을", "언제" ~~한다 등으로 표현되어야 한다. 목표를 진술할 때 다음의 원칙을 참고하여 기록한다.

- 서비스개입목표는 사회복지사의 행동이 아닌 다문화아동과 가족의 행동으로 진술되어야 한다.
- 서비스목표의 진술에는 개입되어야 할 서비스의 준거가 제시되어야 한다.
- 서비스목표의 진술은 서비스개입 중이나 서비스개입과정 중에 나타나는 다문화아동과 가족 행동을 강조하기보다는 서비스개입이 끝났을 때 나타날 수 있는 변화된 행동과 관련되어 진술하여야 한다.

- 서비스목표 진술에는 변화하고자 하는 다문화아동의 능력에 따라 진술되는 동사의 형태가 달라져야 한다.
- 서비스목표 진술에는 아동의 행동이 나타나는 장면과 조건에 따라 명세적 동사의 형태 또는 구체적이고 분명한 행위동사를 활용해야 한다.

〈표 10-5〉와 같이 바람직하지 않은 목표 진술과 바람직한 목표 진술을 비교하여 활용한다.

표 10-5 사례관리 서비스실행계획수립의 단계

바람직하지 않은 목표 진술	바람직한 목표 진술
- 다문화아동과 가족의 소외감을 감소시키고 자신감을 향상시킨다.	- 3개월 이내에 소외감을 현재보다 20% 감소시킨다. - 3개월 이내에 지각된 자신감 수준을 현재보다 30% 향상시킨다.
- 목표를 언제 달성할지 시간계획이 없음 - 목표달성을 확인할 구체적 지표가 없음 - 목표달성수준을 측정할 수 없음	- 목표달성기간이 제시됨 - 목표달성을 확인할 구체적 지표가 있음 - 목표달성수준을 측정할 수 있음

⑥ 서비스개입계획

서비스개입계획으로는 대상아동과 가족이 제시한 욕구, 합의된 결과목표, 세부목표 및 실천계획, 표적체계, 개입전략 및 수행방법, 빈도, 역할분담, 평가방법 등을 기록한다.

⑦ 기타

서비스일정과 평가 및 계약내용에 각각 서명한다.

사례관리 계획서

대상아동명		성 별		조사일	
주 소		전화번호		작성일	
업		학력		연령	
의뢰경위		경제상태	□ 일반 □ 저소득 □ 수급자		

1. 일반적인 사항
   - 가족상황, 경제상황, 건강상황, 일상생활 및 주거상황, 사회 심리적 상황, 자원 활용 상황

2. 클라이언트에 관한 사항
   - 신체, 인지, 정서, 행동기능면 / 클라이언트의 강·약점

3. 욕구진술

4. 개입계획

욕구	결과목표	세부목표	표적체계	개입전략 및 수행방법	비고 (역할분담 등)

5. 서비스 일정표

날짜	담당	서비스 목표	서비스 내용	준비물	비고

Chapter

11 서비스실행단계

1 서비스실행단계의 특성

다문화아동과 가족의 사례관리과정 중 네 번째 단계는 서비스실행단계이다. 서비스실행단계는 사회복지사와 대상아동 및 가족과 상호 합의하여 선택한 서비스실행계획을 구체적인 행동으로 실천하는 단계이다. 실행단계를 통하여 계획한 변화를 유도할 수 있으며 대상아동과 가족의 문제해결에 장애가 되는 요인들을 감소시킨다. 결과적으로 다문화아동과 가족이 직면한 문제를 해결하거나 자신의 능력과 강점을 개발할 수 있도록 지원하는 것이 실행단계의 핵심적 목표이다. 이러한 목표를 달성하기 위하여 다문화아동과 가족에게 필요한 서비스를 연결하여 서비스를 활용할 수 있도록 서비스를 순서대로 배열하고 제공한다. 이와 같이 실행단계에서는 대상아동과 가족의 문제해결과 변화를 위하여 수립된 전략을 실제적으로 적용하고 실천하며 모니터링 사례회의를 통하여 서비스에 대한 중간점검과 평가를 한다.

2 실행단계의 주요원칙

서비스실행단계에서는 지역사회 서비스투자사업으로 제공되는 서비스를 적극 활용하고 다음과 같은 점을 고려하여 실행한다.

- 다문화아동과 가족의 부정적 관계 유형에 대하여 주의하여야 한다(전이, 침묵, 저항, 이중 불안 등).
- 서비스 개입을 할 때 사회복지사로서 정체성을 가지고 개입방향을 선택해야 한다(상담사, 임상치료사, 교사, 자선활동가 등).
  - 서비스 개입목표와 기간 등을 명확하게 제시한다.
  - 자신의 한계와 능력을 알고 그 범위 내에서 개입한다.
  - 모든 개입과정은 반드시 기록하고 관리한다.
  - 적절한 슈퍼비전 체계를 유지해야 한다.

서비스실행단계에서 반드시 지켜야 할 원칙이 있다. 실행단계의 원칙은 경제성의 원칙, 자기결정의 원칙, 개별화의 원칙, 발달적합의 원칙, 상호의존성의 원칙, 서비스목표 초점의 원칙 등이 있으며 세부내용은 〈표 11-1〉과 같다.

표 11-1 서비스 개입과정에서 지켜야 할 원칙

원칙	내용
경제성의 원칙	- 선택된 활동은 사회복지사와 대상아동의 시간과 비용을 최소화할 수 있어야 함 - 대상아동이 스스로 할 수 있는 일은 사회복지사가 관여하지 말아야 하고 도움이 필요한 일에 요구하는 도움만을 제공함
대상아동의 자기결정 원칙	- 개입 전 과정을 통하여 가능하면 대상아동 스스로 의사결정을 하도록 함
개별화 원칙	- 도움을 필요로 하는 대상자의 특성과 욕구에 맞도록 개입활동을 조정하며 대상아동의 능력과 상황에 맞는 접근이 필요함
발달적합 원칙	- 개입의 전체 방향은 대상아동의 발달단계에 적합한 것이어야 함
상호의존성의 원칙	- 대상아동의 활동과 변화능력을 고려하여 개입이 시작되며 사회복지사와 대상아동의 활동은 서로 의존하고 있으므로 상호 보완적이어야 함
서비스목표 초점의 원칙	- 모든 활동은 사회복지사와 대상 아동 간 상호 합의한 계획의 목표에 부합되어야 함

출처: 보건복지부(2019b). p. 76 내용을 재구성함.

3 서비스실행의 유형 및 기술

1) 서비스실행 유형

서비스실행에 필요한 서비스는 사례등급과 서비스 접근방법에 따라 구분될 수 있다. 먼저 사례등급에 따른 서비스실행 유형은 기본서비스, 필수서비스, 맞춤서비스로 구분된다. 이 중 기본서비스와 필수서비스는 사례등급과 관계없이 반드시 제공되어야 한다.

표 11-2 서비스 유형

서비스 유형	내 용
기본서비스	가정방문을 통한 대상아동 및 가족면담
필수서비스	다문화아동의 전인적 발달을 위하여 필수적으로 제공되는 서비스
맞춤서비스	사정결과에 따라 제공되는 서비스

출처: 보건복지부(2019b). p. 74.

두 번째, 서비스 실행유형은 사회복지사가 대상아동과 가족에게 직접적으로 개입하는 경우와 간접적으로 개입하는 경우로 구분된다. 직접적 개입과 간접적 개입의 주된 내용과 역할은 다음과 같다.

표 11-3 개입유형과 기술

유형	내용	사회복지사 역할	구체적 기술
직접적 개입	- 대상아동에게 자기표현기술을 가르치는 것 - 자기옹호기술을 가르치는 것 - 위기 시 대처하는 것	상담자, 치료자, 교육자, 안내자, 실행자, 정보제공자	의사소통기술, 상담기술, 집단상담기술, 갈등대처기술, 분노조절기술, 스트레스관리기술 등
간접적 개입	- 대인서비스제공자와 대상아동과 연결하는 것 - 서비스를 중재하는 것 - 대상아동을 옹호하는 것 - 사회적 지원과 혜택을 증가시키는 것	중개자, 옹호자, 사회적 망 구성자	연계기술, 옹호기술, 협력과 조정기술

출처: 송정애(2010). p. 185.

(1) 직접적 개입

직접적 개입은 대상아동에 대한 개인적 개입과 가족에 대한 개입, 집단에 대한 개입으로 구분된다.

① 개인적 개입을 위한 기술

대상아동과 가족구성원 개인을 위한 개입기법에는 정서·인지적 기술에 개입하는 기술과 행동변화를 위한 기술, 문제해결기술, 사회기술훈련, 자기주장훈련, 스트레스관리를 위한 기술 등이 있으며 구체적 내용은 다음과 같다.

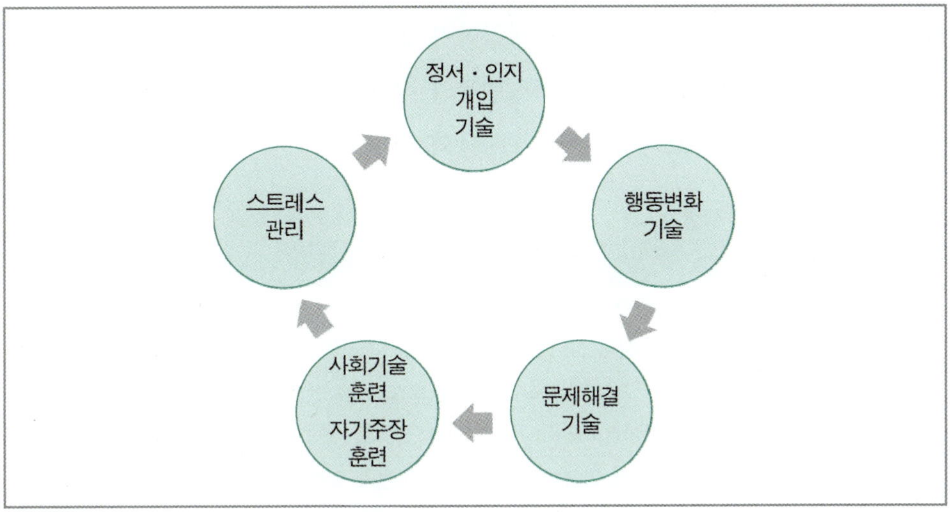

그림 11-1 다문화아동 개인을 위한 개입기술

표 11-4 직접적 개입기술 유형

구분	요인별	세부내용
정서 · 인지 개입기술	정서적 안정	격려, 재보증, 일반화, 환기법
	인지구조변화	재구조화, 초점화, 직면
	상황인식능력향상	정보제공, 조언
행동변화 기술	긍정적 행동강화	모델링, 타임아웃, 토큰경제
	잘못된 행동수정	행동조성, 행동계약, 행동시연, 역할교환
문제해결 기술	문제해결기술	문제에 대한 자세한 언급, 현재에 초점두기, 한 번에 한 가지 문제에 초점두기, 경청, 긍정적이고 건설적인 방법으로 문제 공유하기
	문제해결단계	1단계 : 문제 확인 2단계 : 문제분석, 참여자 욕구 파악 3단계 : 브레인스토밍 활용 4단계 : 욕구에 맞는 대안 선택 5단계 : 선택한 대안 실행 6단계 : 결과 평가
기타 기술	사회기술훈련, 자기주장훈련, 스트레스관리	

② 가족개입기술

가족체계의 개입기술은 개입단계에 따른 개입기법과 주요기법 등으로 구분된다. 개입단계기술은 1단계 가족과 라포 형성하기, 2단계 문제 표면화하기, 3단계 문제에 대한 합의 도출하기, 4단계 가족성원들의 상호관련성 탐색하기로 구분된다.

가족개입을 위한 주요기법은 〈표 11-5〉와 같다.

표 11-5 가족개입기법 유형

기법유형	내 용
탈삼각화	- 다문화아동과 가족의 삼각관계를 끊기 위하여 사회복지사가 제3의 인물이 되어 대상아동과 정서적 삼각관계에 연루되지 않으면서 두 사람과 접촉해 나가는 방법
합류하기	- 사회복지사가 가족의 조직과 상호교류 유형을 있는 그대로 수용하고 가족의 강점을 직접 경험함으로써 가족체계와 관계를 맺는 방법
가족조각	- 주어진 상황에서 이상적인 자신들의 관계를 표현하게 함으로써 가족에 대한 이해를 높일 수 있는 방법 - 이 기법은 사람들이나 물체를 배치하는 방법으로 어느 특정한 시점에 가족 간의 정서적 관계를 신체적으로 상징화함
역할극	- 역할극은 서비스개입단계에서 다문화아동이 활동자료로 제공되는 행동을 연습하거나 즉석에서 정보를 제공하는 특정상황에서 역할을 해내는 방식의 구조화되고 목적지향적인 방법 - 특히 사회복지사가 경험해 보지 못한 다문화아동과 가족의 문제와 상황을 이해하기 위하여 활용할 수 있으며 역할극 단계는 타블로, 마임, 즉흥극의 순서로 활용할 수 있음.
역설적 개입	- 다문화아동과 가족의 주의를 사로잡거나 의식에 과부하를 일으켜서 그들로 하여금 믿음, 추론, 사실, 기억 등에 의문을 갖게 함으로 문제행동을 중단할 수 있도록 하는 방법

③ 집단개입기술

집단개입은 집단상담, 집단활동, 집단지도, 집단치료의 개념을 의미하며 초기에 사회복지실천의 직접적 개입방법으로 집단개입이라는 용어를 사용하였다. 다문화아동을 위한 집단상담의 의미로서 집단개입기술은 집단, 집단성원, 집단환경을 구성요소로 하며 목표지향적인 기술 중 하나이다. 집단개입은 주로 소집단을 활용하여 문제를 지닌 취약계층 다문화아동뿐만 아니라 일반 다문화아동을 대상으로 전문적인 지식과 실천을 바탕으로 한 서비스를 제공한다. 집단개입기술은 아동복지 실천현장에서 가장 많이 활용되는 기술 중 하나이다. 집단개입기술이 아동복지실천 현장에서 가장 많이 활용되는 이유는 인적·물적 측면과 인간은 사회적 존재라는 점을 토대로 하기 때문이다. 특히 아동은 집단개입을 통하여 또래집단과 하나되는 경험, 자신도 다른 사람을 돕고 배려할 수 있다는 경험, 다른 아동을 보면서 배울 수 있는 간접학습, 그리고 가족 재구조화의 경험을 할 수 있다. 아동을 위한 집단개입을 통하여 아동이 얻을 수 있는 이익은 다음과 같다.

1. 집단활동에 참여하는 것만으로 아동의 성장발달이 촉진될 수 있다.
2. 소속감, 부정적인 감정 발산, 자아탐색을 통하여 특정한 심리적 욕구를 충족할 수 있다.
3. 문제가 문제가 아니라 대처방법이 문제임을 알 수 있다.
4. 자신과 타인에 대한 책임감을 발달시킬 수 있으며 이를 실제생활까지 적용할 수 있다.

그림 11-2 집단개입을 통하여 아동이 얻을 수 있는 이익

집단개입은 참여아동들이 서로 동질감을 느끼고 아동이 겪고 있는 문제가 다른 아동도 겪고 있는 보편적 문제임을 받아들일 수 있기 때문에 참여아동에 대한 낙인효과와 부담감이 개인개입보다 적다. 뿐만 아니라 개인개입과 병행하여 실시할 수 있고 특히 개인적 개입을 거부하는 아동은 집단개입을 통하여 개인개입을 유도할 수 있다. 다문화아동을 위한 집단개입은 주로 초등학생 이상의 아동에게 적합하다. 아동을 위한 집단구성은 8~15명 내외로 하며 1회기 60분 내지 90분, 주 2회 진행하는 것이 적합하다. 구조화된 집단개입은 일반적으로 계획 및 준비단계, 실행 단계, 종결단계로 이루어지며 집단개입은 개별적 접근에 비하여 장점이 있으나 그 과정은

훨씬 복잡하며 1차적으로 집단 자체가 하나의 문제해결수단이기 때문에 집단을 안정적으로 유지하는 것이 중요하다. 집단활동 단계별 개입기술은 〈표 11-6〉과 같다.

표 11-6 집단단계별 실천기술

단계별	주요 실천기술
초기	프로그램 안내기술, 신뢰감 조성 기술, 집단성원의 불안, 저항을 다루는 기술, 목표설정기술, 집단운영기술
개입	집단응집력향상기술, 집단과정 촉진기술, 변화를 이끌어내는 기술
종결	마무리하는 기술, 피드백기술, 평가기술

집단상담과정에서 흔히 나타날 수 있는 문제들이 있는데 이에 대하여 사회복지사는 적절하게 대처할 수 있어야 한다. Vinogradov와 Yalom(1970)은 집단상담에서 흔히 나타날 수 있는 문제로 구성원의 문제, 소집단화, 집단의 갈등, 문제성원으로 구분하여 설명하였으며 구체적 내용은 〈표 11-7〉과 같다.

표 11-7 집단상담에서 나타나는 문제

주요문제	세부사항	특성
구성원의 문제	결석	- 집단의 계속성 파괴, 집단역동성 저하, 구성원 참여동기 저하
	조기탈락, 중도탈락	- 사회복지사 위협, 참여동기 저하, 응집성 저하
	성원의 제거	- 집단결속력 저해, 구성원 사기 저하, 불안 증가
	신규성원의 추가	- 새로운 자극 제공, 이질감 및 분열
소집단화	두 명 이상의 구성원과 관계형성	- 집단과정 방해, 정직한 자기노출 저해, 소집단 이익 우선
집단의 갈등	경멸, 무시, 농담, 비평	- 집단효율성 저하, 긴장감 조성, 집단에 대한 부정적 정체감 형성
문제성원	독점자	- 반복되는 독점행위로 집단과정 방해, 참여동기 저하
	침묵하는 성원	- 집단과정 저해, 활발한 상호작용 저해
	경계선 인격장애	- 집단과정 방해, 긴장과 불안감 조성, 참여동기 저하

집단단계별 개입 시 고려할 사항은 〈표 11-8〉과 같다.

표 11-8 집단개입 실행단계별 고려사항

실행단계	고려할 내용
목표제시	- 집단활동이 목표하는 바를 분명하게 제시함으로써 참여아동이 목표지향적인 행동을 함으로써 집단목표를 달성할 수 있다.
강 의	- 목표달성을 위하여 어떤 점을 주의해야 하는지 구체적으로 설명하는 지적 이해의 과정이다. 여기서 주의할 점은 강의시간이 너무 길어서는 안 된다는 것이다.
활동	- 목표달성을 위한 직접적 활동을 의미하며 먼저 활동을 어떻게 해야 할지 설명을 한 후 구체적인 활동을 한다. 이때 사회복지사는 한 회기에 마무리할 수 있는 과제를 제시해야 하고 과도한 개입이나 지시를 하지 않는다. - 활동은 개별적, 2인, 3인, 몇 개 그룹 또는 전체 그룹으로 진행할 수 있으며 모든 아동이 참여할 수 있는 분위기를 조성한다.
토의 및 평가	- 모든 활동이 끝나면 전체그룹이 모여 활동한 결과를 나누는 시간을 갖는다. 이때 활동한 내용을 전 참여자가 돌아가면서 발표하고 활동을 통하여 배운 점, 자신을 이해한 점, 느낀 점 등을 나눈다. - 이 과정은 지금까지 활동을 요약하고 느끼고 배운 점을 자신의 문제를 해결하는 데 활용할 수 있다는 점에서 매우 중요하다.

(2) 간접적 기술

서비스실행단계는 서비스계획단계의 목적을 달성하기 위한 과정으로 서비스를 지원하는 기관 간 활발한 상호작용이 일어나는 단계이다. 즉, 서비스지원기관과의 활발한 상호작용을 필요로 하는 것이 간접적 기술이다. 간접적 기술은 직접적 기술과는 달리 다문화아동과 가족의 욕구와 문제해결을 위한 지원망이 보다 더 반응적이 될 수 있도록 사회복지사가 관여하는 서비스이다.

즉, 다문화아동과 가족의 사회지원망인 자원을 개발하고 연계시키는 계획에 사회복지사가 관여하는 것이다. 간접적 서비스의 목적은 대인서비스를 지원하는 지원망이나 조직적 수준의 체계적인 변화, 환경적 개입, 자원을 제공하는 실무자의 능력 배양, 자원에 대하여 명확화하고 조작화하는 것이다. 간접적 기술을 위하여 사회복지사는 다음과 같은 역할을 할 수 있어야 한다.

- 다문화아동과 가족의 가치 지향성 향상
- 다문화아동과 가족의 자원접근성과 활용역량 강화
- 자원망의 개발과 역량의 강화
- 직접서비스, 간접서비스 병행 실행
- 자원개발과 관리
- 기타 행정업무 수행

다문화아동과 가족에게 필요한 서비스를 지원하는 기관이 보다 더 반응적이 될 수 있는 영역은 욕구해결을 위한 서비스자원획득과 욕구에 대응하는 서비스 영역과 자원능력에 영향을 미치는 영역으로 구분할 수 있다. 구체적 내용은 〈표 11-9〉와 같다.

표 11-9 간접적 기술의 주요내용

구 분	주요기술	효 과
서비스자원획득	중재/의뢰	- 서비스의 공식화 획득
서비스자원 지원능력 향상	옹호 점검 및 조정 자원개발 자원망 관리 및 지원	- 서비스접근성 증가 - 서비스제공자 협력관계 증가 - 활용할 수 있는 자원 증가 - 자원제공자의 서비스지원에 대한 반응적 역량 강화

2) 모니터링 사례회의

서비스개입단계에서는 사례점검을 위한 모니터링 사례회의를 실시한다. 모니터링 사례회의를 통하여 서비스 개입에 따른 대상아동의 변화 및 개입 여부, 목표달성 여부 등 사례관리과정에 대한 중간점검을 한다. 특히 모니터링 사례회의는 서비스에 대한 전반적 점검이나 평가가 아님을 감안하여 진행한다. 모니터링 사례회의에서 점검해야 할 주요내용은 다음과 같다.

- 다문화아동과 가족의 상황이 변화되었는가?
- 다문화아동이 희망하는 결과는 이루어지고 있는가?
- 서비스개입을 위한 자원연계는 잘 이루어지고 있는가?
- 목표는 어느 정도 달성되고 있는가?
- 서비스 개입계획은 수정할 필요가 있는가?
- 사례는 종결되어야 하는가?

Chapter

12

서비스점검 및 조정단계

1 사례점검

1) 사례점검내용

사례과정을 점검한다는 것은 단순히 사례관리과정에 대한 정보를 파악하는 것뿐만 아니라 기존의 서비스 개입계획을 그대로 수행할 것인지 아니면 변경할 것인지가 핵심내용이 된다. 점검기준으로 서비스계획을 활용하면서 사회복지사는 서비스제공자나 대상아동과 계약한 내용을 정기적으로 점검함으로써 다문화아동의 변화된 상황을 알 수 있다. 정기적인 점검을 통하여 사례관리의 목표달성 수준을 파악할 수 있을 뿐만 아니라 문제해결을 위한 적절한 대안이 필요한 시기를 선택할 수 있다. 이와 같이 점검은 목표달성 여부를 확인한다는 측면보다 서비스제공자와 대상아동과 지속적인 관계를 맺고 연락체계를 유지하는 것이다. 사례관리에 있어 점검이란 서비스이용자의 실행계획에 의해 정해진 서비스와 자원전달이 잘 이루어지고 있는가를 추적하기 위하여 사례관리자에 의하여 행해지는 활동과정이다(Gibbon, 1978). 사례점검단계에서는 사정주기 내에 제공된 모든 서비스에 대한 적절성 등 종합적인 점검을 실시하며 점검해야 할 내용은 계획이행도, 서비스 산출량과 목표 달

표 12-1 서비스 산출에 대한 점검

구분	내 용
노력	- 지원망 구성원이 목표를 달성하는가? - 지원망 구성원이 특정활동을 적절히 수행하는가? - 지원망 구성원의 시간안배가 적당한가? - 지원망 구성원의 책임감이 실행되고 있는가?
적절성	- 계획에 적절한 서비스와 자원이 있는가?
질	- 서비스지원계획이 잘 이행되는가?
결과	- 서비스계획이 성공적인 결과를 가져오는가? - 아니면 악행적 결과를 가져오는가?

출처: 임원선(2019), p.161.

성치, 새로운 욕구 발견 등이다. 그중 서비스 산출에 대한 점검은 노력과 적절성, 질과 결과로 구분하여 〈표 12-1〉과 같이 점검한다.

2) 사례점검 유형과 방법

점검은 될 수 있으면 규칙적이고 체계적인 방법으로 한다. 사회복지사가 관리해야 할 사례수가 많으면 대부분 형식적 점검을 하게 될 가능성이 많으므로 정기적으로 전체 사례를 점검하며 자신의 노력을 검토할 때 반드시 그 내용을 기록해야 한다. 점검방법은 공식적이고 양적인 방법과 비공식적이고 질적인 방법이 있으며 두 가지 방법을 균형 있게 활용한다. 공식적이고 양적인 점검방법은 인터뷰, 각종 척도와 지원과정의 노력, 서비스 적절성, 질과 결과를 점검하기 위한 표준기준을 이용한 도구, 서비스이용자의 기록 등을 들 수 있으며, 비공식적이고 질적인 방법으로는 서신교환, 전화접촉, 이메일 접촉, SNS 접촉 등을 들 수 있다. 이러한 점검방법을 이용하여 서비스이용자의 점검, 자원망 점검, 서비스이용자와 자원 간의 상호작용 점검으로 구분하여 실시한다. 또한 서비스개입계획단계에서 자기보호, 상호보호, 전문가보호와 관련된 점검과업과 활동을 점검하도록 하며 점검방법과 내용에 대한 구체적 내용은 〈표 12-2〉와 같다.

표 12-2 서비스 점검유형과 내용

점검유형		내용
서비스이용자 자기보호	비공식적, 질적 점검	서비스이용자 자신의 욕구를 충족시키는 데 있어 지니고 있는 기술, 행동, 능력, 새로운 정보에 대한 수용능력 및 활용능력에 초점을 두고 관찰, 가정방문, 대면접촉, 전화접촉 등을 통하여 점검
	공식적, 양적 점검	개발된 객관적인 도구를 활용하여 점검하는 방법으로 그래프 그리기, 스티커 붙이기, 채점표 만들기, 심리척도 등을 이용하여 양적인 측면을 점검하는 방법

상호보호	비공식적, 질적 점검	사회적 망 구성원들이 서비스이용자서비스와 서비스개입목표 달성을 위하여 기여하고 있는 정도를 점검하는 것 활동의 기여 정도와 지원활동의 질을 비구조화된 질문에 대한 문답 요청, 전화접촉, 위기상황에 관련된 기술 분석을 점검함
	공식적, 양적 점검	상호보호의 내용을 토대로 일지, 일기, 점검보고서, 운영일지 등의 도구를 활용하여 점검하는 방법
전문가보호	비공식적, 질적 점검	서비스이용자에게 서비스를 제공하는 다른 전문가의 활동노력, 적절성, 서비스 질, 산출 등을 점검하는 것
	공식적, 양적 점검	일지, 검사결과지 등 양적 자료를 토대로 점검함. 이러한 점검결과는 사례회의를 통하여 전문가의 기여도, 적절성, 향후 방향설정에 근거자료로 활용함

출처: 임원선(2019). pp. 162-163 내용을 토대로 재구성함.

2 서비스 조정

1) 서비스 조정의 내용

조정은 서비스를 지원하는 다른 기관이 하는 일과 다른 기관의 실무자를 지지하기 위하여 함께 노력하고 있다는 것을 서로에게 알리는 과정이다. 즉, 다문화아동과 가족을 위한 지원망들이 함께 하도록 돕는 활동이다. 그 과정에서 지원기관 실무자들의 노력을 통합하고 각각의 역할을 보충·보완하는 과정이다. 사례관리에서 조정단계는 다음과 같은 의미를 포함한다. 첫째, 돕는 것을 위한 상호목표와 방법을 수립하기 위하여 지원망 속의 실무자들과 함께 일한다. 둘째, 각각의 노력이 다른 지원망의 역할에 미치는 영향에 대하여 알게 한다. 셋째, 각각의 노력을 통합하고 갈등을 줄인다. 넷째, 성공을 평가하기 위하여 대상아동과 지원망에서의 진행상황과 활동을 지속적으로 점검하여 필요시 조정한다.

조정단계에서는 대상아동과 지원기관의 실무자들의 노력을 지지하면서 공식적·비공식적 지원망의 실무자들로 하여금 활동을 보다 더 수월하게 할 수 있도록 해야 한다. 이러한 측면에서 사회복지사는 조직적인 경계확장을 할 수 있어야 하며 상황에 따라 역할을 변경할 수 있어야 한다. 사례관리가 잘 이루어지기 위하여 지원체계 내의 실무자들 간에 다문화아동과 가족에 대한 자유로운 정보교환이 필수적이다. 그러나 다문화아동과 가족에게 지원을 제공하는 기관의 실무자들과 업무를 조정하는 것은 협력체계가 잘 갖추어져 있지 않으면 매우 어려운 일이다.

2) 조정을 위한 갈등협상과 대처방법

(1) 갈등협상

다문화아동과 가족을 지원하는 관점과 상황에 대한 판단이 서로 다르기 때문에 조정단계에서 기관 실무자 간 갈등이 있을 수 있고 이러한 갈등은 사례관리를 저해하는 요인이 된다. 이러한 이유로 조정단계에서 자원제공기관 간 발생할 수 있는 갈등의 유형을 파악하고 갈등에 적절하게 대처할 수 있어야 한다. 갈등관련 대표적 학자인 토마스와 킬마(2002)는 성격에 따라 5가지 갈등대처유형을 구분하였는데 이러한 측면을 참고하여 기관 실무자 간 갈등을 협상하여 적절한 협상안을 도출하고

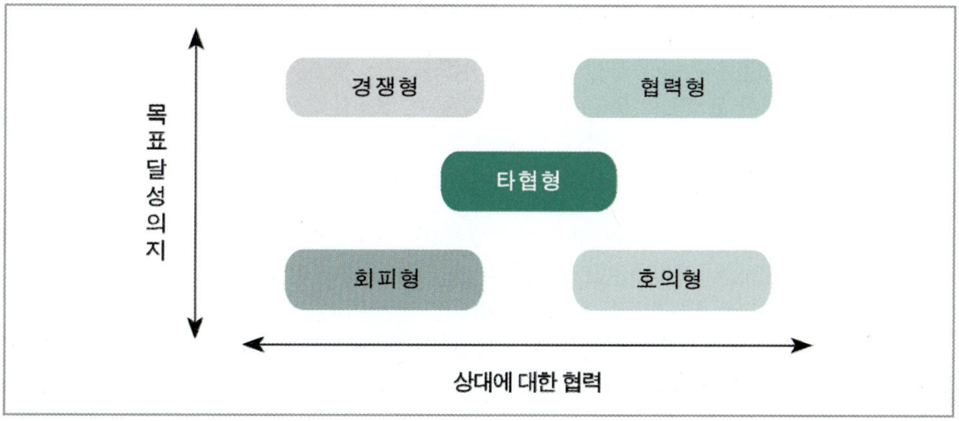

그림 12-1 갈등대처유형

서비스를 조정한다. 5가지 갈등대처유형은 사회복지사의 목표달성 의지와 다른 기관 실무자에 대한 협력 정도에 따라 회피형, 호의형, 타협형, 경쟁형, 협력형으로 구분된다.

갈등대처유형의 구체적 특성은 〈표 12-3〉과 같으며 조정단계에서 사회복지사는 자신의 유형과 서비스기관 실무자들의 유형을 감안하여 서비스지원관련 갈등상황에 대처하고 합리적인 방안을 도출하는 등 서비스를 조정한다.

표 12-3 갈등대처유형 및 특성

유 형	특 성
회피형	- 회피형은 갈등상황 자체를 피하려고 함 - 조정단계에서 갈등이 생기면 자리를 피하려는 경향이 있는데 이러한 행동을 하는 이유는 갈등상황 자체를 두려워하기 때문임 - 회피형은 동굴 속에 숨어 있는 곰으로 비유되며 곰을 동굴 밖에 나오게 하기 위하여 소리를 지르거나 물을 뿌리면 더 깊이 숨는 성향에 비유됨 - 회피형에게는 시간과 정보가 필요하며 지속적이고 충분한 정보를 제공하고 재촉하지 않으며 자발적으로 참여할 수 있도록 함
호의형	- 호의형은 "Yes Man 같은 사람"으로 함께 일하기 편한 긍정적이고 순응적인 유형임. 그러나 어느 순간 더 이상 지원하기 어렵다고 말할 수도 있는 유형임 - 호의형과 함께 일할 때는 지속적인 관심과 인정이 필요하며 질문을 할 때 선택할 수 있도록 선다형으로 질문함으로써 조정단계에서 그들의 의견이 간접적으로라도 반영될 수 있도록 함
타협형	- 타협형에게 가장 중요한 가치는 빨리 끝내는 것이며 서로 공정하게 양보하고 문제를 해결하는 것을 선호함 - 타협형은 정해진 시간 내에 어떤 선택을 해야 할 때 효과적인 유형이지만 결과에 누구도 만족하지 못하는 결과가 생길 수 있음 - 타협형에게는 줄 건 주고 받을 건 받는다는 방식의 대처가 필요하며 양보할 것과 꼭 얻어야만 하는 것을 명확하게 구분할 수 있도록 함
경쟁형	- 경쟁형은 본인의 생각을 강하게 주장하는 유형으로 본인의 의사를 관철하는 것이 중요하고 자신이 옳다고 생각하는 것에 반대의견이 있을 경우 공격받았다고 생각함 - 한마디로 독불장군일 수 있지만 확실한 정보를 바탕으로 절대 양보할 수 없는 중요한 사안이라면 꼭 필요한 유형이므로 주장하는 의견에 대한 정확한 정보와 자료를 제시할 수 있도록 함

유 형	특 성
협력형	- 협력형은 아무리 갈등이 심해도 적과 아군을 구분하지 않는 유형으로 모두 참여해서 의견을 조정하길 원하는 유형임. 계속해서 새로운 아이디어를 내놓으며 갈등상황을 풀어보려 시도함 - 협력형은 기존에 없는 그리고 모두가 만족할 만한 해결책을 찾는 데 집중하여 새로운 대안을 만들 확률이 높지만 조정하는 데 시간이 많이 걸리기 때문에 이 점을 감안하여야 함

(2) 협상 시 고려할 점

대체적으로 조정단계에서는 참여하는 자원망, 다시 말해서 개별 지원기관의 특성과 독립성을 존중하고 결과에 대하여 기관 각각의 노력과 그에 따른 보상을 공유할 수 있도록 배려한다. 뿐만 아니라 다문화아동과 가족사례를 의뢰받은 기관의 고유 업무에 해당될 수 있어야 하며 의뢰로 인하여 별도의 인력배치를 해야 하고 업무를 재편성해야 하는 등의 부가적 업무가 발생되지 않아야 한다. 지원기관 실무자 간의 갈등을 조정하는 사회복지사는 다음과 같은 점을 특히 유의해야 한다.

- 서비스 이용자의 욕구에 초점을 맞추어 논의한다.
- 사례관리자의 조정노력을 통한 결과를 공유한다.
- 조정활동에 대한 사전 동의를 받고 사례관리를 시작한다.
- 조정의 이점을 공유한다.
- 조정을 위한 시스템을 마련한다.

(3) 기관 실무자 간 협상을 위한 실습

사례관리에서 사회복지사가 서비스 지원기관 실무자들 간 발생할 수 있는 갈등상황에서 활용할 수 있는 다양한 기법 중 감정신호등 방법을 활용할 수 있다.

사례관리팀 감정신호등 활용방법

1. 서비스지원기관 실무자 사례 회의 시 다음 내용을 기록하게 한다.
   사람마다 너무 다양합니다. 그래서 사람이 모인 곳에는 크고 작은 갈등이 있습니다. 작은 갈등들은 오해를 낳고 결국 사례관리에 부정적 영향을 미칩니다.
   각자 포스트잇에 이렇게 적어보세요
   1) 빨간 포스트잇 : 이것을 나는 정말 싫어한다. 웬만하면 이런 것을 조심해 달라는 항목 적기
   2) 노란 포스트잇 : 싫어하긴 하지만 참을 정도는 된다. 팀을 위하여 싫어도 한다는 항목적기
   3) 파란 포스트잇 : 개의치 않으니 나를 신경 쓰지 않아도 된다는 항목 적기
2. 기록한 포스트잇을 표로 만들어 모두가 볼 수 있는 곳에 걸어둔다.
3. 기록한 내용에 대하여 서로 이야기해 보는 시간을 갖는다.
4. 감정신호등을 정기적으로 업데이트한다(관리하는 사람을 지정하면 효과적임).

☆ 감정신호등 기법을 처음 실시할 때 거부적인 사람도 있을 수 있음. 이때 설득하여 실천하는 추진력이 필요하고 무엇보다 서로 다름과 입장 차이가 있음을 강조함.

표 12-4 감정신호등 기법 사례

성명	빨간색	노란색	파란색
OOO기관 □ □ □팀장	시간 안 지키는 것	애매모호한 말투	긴 휴식시간
OOO기관 □ □ □과장	무시하는 말투	추측하는 말	회의 후 식사자리
OOO기관 □ □ □주임	반말	회의 중 전화통화	긴급회의 소집
OOO기관 □ □ □팀원	즉흥적인 업무	잦은 질문	가정방문

Chapter

13 평가와 종결

평가와 종결은 사례관리의 마지막 단계에 해당된다. 마지막 단계에 도달되었다 함은 서비스개입계획의 목표가 어느 정도 달성되었다는 것과 목표가 충분히 달성되지 못했다고 할지라도 서비스개입을 통하여 다문화아동과 가족이 욕구를 충족하기 위한 능력과 문제해결능력이 어느 정도 생겼다고 판단되었을 경우에 해당된다.

1 평가

평가는 사례관리서비스에 대한 사회적 책무와 이를 확인하기 위한 평가활동을 강조한다. 평가는 사례관리의 전 과정을 통하여 지속적으로 이루어지는 하나의 과정이며 다문화아동과 가족에게 보다 더 효과적인 서비스를 제공하기 위한 방향으로 결과물을 피드백하는 것을 목적으로 한다. 평가는 크게 협의적 측면의 평가와 광의적 측면의 평가로 구분된다. 협의적 측면의 평가는 사례관리에 참여한 다문화아동과 가족이 욕구와 변화목표에 부합되는 서비스를 적절하게 제공받고 이를 통하여 원하는 변화를 어느 정도 성취하였는지를 확인하는 과정이며, 광의적 측면의 평가는 사례관리의 다양한 구성요소에 의하여 계획된 서비스가 대상아동과 가족의 변화목표에 부합하고 실천원칙이 잘 반영되었는지 확인하고 실천의 내용들이 개입의 다양한 수준에서 기대된 변화나 성과에 기여하고 있는지를 통합적인 방법으로 확인하는 과정이다.

1) 평가의 주요내용

평가단계에서 해야 할 주요과업은 평가근거를 확보하는 일이다. 평가근거를 확보하기 위하여 실천과정 중 다양한 자료를 축척하고 서비스이용자 평가에 초점을 맞춘다. 평가는 개입계획에 대한 평가, 자원관리의 적정성에 대한 투입평가, 사례관리의 전반적 효과성에 대한 평가, 서비스이용자의 만족도 평가 등으로 이루어지며 구체적 내용은 다음과 같다.

표 13-1 평가의 구체적 내용

평가	내 용
개입계획에 대한 평가	- 구성된 전문인력, 서비스, 지원계획에 대한 평가
자원관리 평가	- 자원의 적정성과 양 등을 평가
전반적 효과성 평가	- 서비스이용자가 변화하였는가? - 점검을 통하여 얻은 자료를 통하여 서비스이용자의 욕구충족 능력이 강화되었는가? - 독립심이 강화되었는가? - 효과적으로 원조망을 활용하였는가?
만족도 평가	- 서비스이용자가 서비스에 만족하였는가? - 비공식적 지지망이 형성되었으며 도움이 되었는가?

2) 평가방법

평가방법은 크게 양적 평가와 질적 평가로 구분된다. 양적 평가는 결과평가와 목표달성평가, 서비스이용자 만족도 평가가 있으며, 질적 평가에는 서비스이용자의 인식이나 태도, 행동관찰, 이메일 및 편지 등과 주위 사람들의 의견 등을 들 수 있다. 또 그림이나 사진 등도 질적 평가의 자료가 될 수 있으며 이러한 자료를 토대로 평가한다. 질적 평가방법 중 가장 대표적인 방법은 관찰법이다. 관찰법은 다문화아동을 이해하고 평가하기 위하여 활용되는 가장 보편적인 방법 중 하나이다. 관찰법은 평가의 목적에 따라 평가의 대상이 되고 있는 사람이나 형상을 주의 깊게 그리고 가능하면 정확하게 파악하고 기록하는 것을 의미한다. 관찰법에는 자연적 상태를 그대로 관찰하는 자연적 관찰법, 장기간에 걸쳐 관찰하는 전기적 관찰법, 관찰대상의 특정한 부분만 오랫동안 관찰하여 재구성하는 행동요약법, 참가자와 같은 상황에 들어가서 관찰하는 참가관찰법, 관찰장면을 조작하여 보다 정확하게 관찰하고자 하는 실험적 관찰법으로 구분된다. 다문화아동 관찰법을 활용할 때는 일화기록법을 사용하여 관찰일지를 작성한다. 관찰기록지는 다음과 같다.

아동행동발달 관찰기록지

◎ 아 동 명 : ◎ 생년월일 :

◎ 관 찰 자 : ◎ 관 찰 일 :

다음의 행동이 관찰되면 √ 표를 함.

영 역	내 용	관찰 횟수			
		0	1	2	3
기본 생활 습관	친구와 사회복지사를 만나면 인사를 한다.				
	자신의 옷과 신발을 스스로 정리한다.				
	사회복지사에게 존댓말을 쓴다.				
	공동의 물건을 소중히 다루고 아껴쓴다.				
	고마워, 괜찮아, 미안해 등의 말을 적절히 사용한다.				

아동 자가활동평가

√ 활동을 마친 후 "상징표어 만들기", "문제해결과정 알아보기" 활동에 대하여 자기평가와 동료친구평가를 하도록 안내하고 그 결과를 평가에 반영한다.

(활동평가지)

※ 나와 우리 모듬친구들이 얼마나 열심히 활동했는지 생각해봅시다.

	나	친구 1	친구 2	
상징표어 만들기				
문제해결과정 알아보기				

잘함 : ★★★ 보통 : ★★ 노력요함 : ★

2 종결

사례관리과정 중 종결은 사례관리 목표가 달성되었거나 서비스가 다문화아동과 가족들의 삶의 질 향상을 위하여 필요하지 않거나 다문화아동과 가족의 상황 변화로 인하여 사례관리를 지속하기 어려운 사유가 발생하였을 경우 서비스제공을 마무리하는 단계이다.

1) 종결사유와 종결과정

서비스의 종결을 결정할 때는 다문화아동과 가족에 대한 정확한 사실정보를 토대로 판단한다. 사례관리의 종결은 시작과 같이 다문화아동과 가족의 동의가 필요하다. 그러나 사례관리기관의 입장과 사례관리를 담당하는 사회복지사의 퇴직이나 업무분장 변경, 기관의 정책변화 등 대내·외적인 상황 변화로 인하여 종결되기도

표 13-2 종결사유별 사회복지사의 역할

종결사유	사회복지사가 할 일
목표가 달성 되었을 때	- 목표달성 여부 확인 - 최선의 종결시점 선택 - 종결준비(평가를 기초로 미래 해결방안 계획) - 사례관리과정 리뷰 - 종결에 대한 감정 나누기 - 성과의 일반화 - 사후관리계획
의뢰가 효과적일 때	- 자원 활용의 한계를 인식하기 - 자연스럽게 의뢰하기 - 의뢰를 통해 기대할 수 있는 것 인식하기 - 의뢰 이후의 과정 모니터링하기
서비스이용자가 중단을 원할 때	- 사례관리과정에서 벗어나고자 하는 이유 인식하기 - 이용자와 사회복지사 서로를 위한 방안 탐색하기

한다. 사례관리의 종결은 다문화아동과 가족의 변화목표를 달성하기 위하여 제공된 서비스와 대상아동과 가족 간의 협력활동을 종료하는 과정으로 종료에 따른 위기도를 조사하고 종결사례평가, 내부사례회의 실시, 종결심사서 작성과정을 통하여 결정된다.

사례관리 종결과정은 종결 여부 및 유형을 결정하는 단계와 종결심사 그리고 사후관리로 구성된다. 첫째, 종결 여부 및 유형을 결정하는 단계에서는 무엇보다 장·단기 사례관리목표 달성 여부를 점검하여야 한다. 달성 여부를 점검하면서 종결에 대한 사회복지사의 종합적인 의견, 사례관리를 통하여 서비스개입 이후에 나타난 다문화아동과 가족의 변화를 작성한다. 검토결과 종결유형을 재조사와 종결로 구분하여 진행한다. 다문화아동을 위한 사례관리의 종결은 대체적으로 다음과 같은 경우에 해당된다.

- 재사정 결과 비사례 대상자로 결정된 경우(장·단기목표 달성)
- 연령 도래에 따른 상급학교 진학(만 18세 이상)
- 이사 또는 6개월 이상 연락두절
- 아동 및 가족의 서비스 거절이나 포기(서비스거부동의서를 활용함)
- 기타 사례회의에서 서비스조절결과 종결을 합의하였을 경우

2) 종결과정의 사회복지사 역할과 고려할 점

사회복지사가 다문화아동 및 가족과 함께 협력적으로 활동하다 보면 어느 시점에 다문화아동이 스스로 문제를 해결하고 있는 것을 관찰하게 되거나 서비스지원기관이나 학교에서 다문화아동의 변화에 대한 정보가 많아지면서 종결을 고려하게 된다.

사례관리의 종결단계에서 사회복지사가 할 수 있는 일은 다음과 같다.

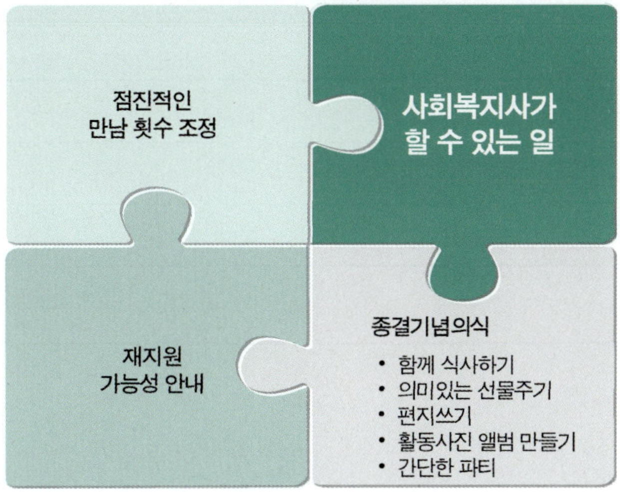

그림 13-1 사례관리의 종결단계에서 사회복지사가 할 수 있는 일

종결단계에서 고려할 점은 다음과 같다.

- 종결하기 전에 다문화아동 및 가족이 종결을 받아들일 수 있도록 일정기간 종결에 대한 논의를 실시한다.
- 사례관리기간 동안 다문화아동 및 가족이 성취한 성과를 구체적으로 함께 확인한다.
- 종결 이후에도 필요할 때는 언제나 도움을 요청할 수 있음을 안내한다.
- 장기와 단기목표가 달성되어 종결된 아동 및 가족의 경우에도 문제가 재발하거나 새로운 욕구가 발생할 수 있으므로 지속적인 사후관리를 통하여 대상자의 긍정적인 변화상황 유지 여부를 확인한다.

3) 종결보고 및 평가

종결보고는 종결에 대한 기록과 평가서를 작성하는 것으로 이루어진다. 먼저 종결기록은 제공된 서비스와 사례관리 목표달성 정도, 사후관리계획을 간단하게 요약 · 기록한다.

사례관리 종결 기록지

다문화아동성명	
사회복지사	
서비스제공기간	

1. 제공된 서비스

2. 사례관리 목표달성 정도

3. 사후관리계획

사례관리 종결 평가는 주요제공서비스와 종결사유, 종결에 대한 사회복지사의 실무의견을 토대로 작성하며 종결사유와 관련된 자료를 첨부한다.

사례관리 종결 평가서

<table>
<tr><td>성명</td><td></td><td>주민번호</td><td></td><td>관리번호</td><td></td></tr>
<tr><td>주소</td><td colspan="3"></td><td>전화번호</td><td></td></tr>
<tr><td>사례관리기간</td><td colspan="5">년 월 일 ~ 년 월 일</td></tr>
<tr><td>주요제공서비스</td><td colspan="5"></td></tr>
<tr><td>종결사유</td><td colspan="5">□ 클라이언트 사망
□ 거주지 이전
□ 계획목표 달성
□ 시설입소
□ 서비스 본인 거부
□ 기타</td></tr>
<tr><td>사회복지사의견</td><td colspan="5"></td></tr>
<tr><td colspan="6">위 대상자는 상기한 사유로 인하여 사례관리를 종결합니다.</td></tr>
<tr><td>종결일</td><td colspan="2">년 월 일</td><td colspan="2">담당사회복지사</td><td></td></tr>
</table>

출처: 현외성 외(2012). p. 198.

4) 사후관리

최근 지역사회 내 사회복지서비스를 지원하기 위한 민·관 기관 간 협력적 사례관리네트워크를 보다 강화하고 있다. 특히 서비스의 중복을 사전에 예방하고 대상자 입장에서 가장 효과적인 서비스가 제공될 수 있는 효율적인 사례관리 방안을 모색하면서 종결된 사례에 대하여도 새로운 욕구나 문제가 발생되었는지, 혹은 변화가 지속되고 있는지를 모니터링하고 재개입 여부를 확인하기 위한 사후관리과정이 필요하다.

> 000시 00동 행정복지센터 맞춤복지팀은 사례관리 종결 20가구에 대한 모니터링 가정방문 상담을 시작하였다. 모니터링 가정방문은 한 달간 실시되며 2019년 1월 1일부터 2019년 8월 말까지 통합사례관리를 개입하여 사례관리사와 함께 자립력을 키우고 위기사유를 해소한 20가구가 지금까지 그 변화를 지속적으로 유지하고 있는지를 모니터링하여 새로운 문제나 욕구가 발생해 사례관리 재개입 필요성이 있는지 확인하기 위함이다.
>
> 00동장은 "위기사유가 재발할 가능성이 높은 가구를 일시적으로만 지원하는 데 그치지 않고 생활실태 및 복지욕구 등을 지속적으로 모니터링하여 대상가구가 자립하고 지역사회에 안정적으로 안착할 수 있도록 계속 함께 하겠다"라고 하였다.
>
> 출처: 서울매일(2019.09.03) 기사 중 일부 발췌함.

사후관리는 종결 이후 다문화아동과 가족이 변화를 어느 정도 유지하고 있는가를 사회복지사 관점에서 파악하는 과정이다. 사후관리를 위하여 종결된 이후 대상아동에 대한 정기적인 방문이 이루어져야 한다. 다문화아동 및 가족과 의논하여 종결 이후 정기적인 만남계획을 수립하고 약속한 방문일자를 반드시 지킬 수 있도록 한다. 또한 종결 시 계획한 사후관리를 수행하면서 그 내용은 반드시 기록·관리한다. 사후관리는 1차 사후관리와 2차 사후관리로 구분하여 이루어지며 접촉은 전화나 가정방문 혹은 대상자가 서비스기관을 방문하거나 제3의 장소에서 만나는 형식으로 진행된다. 대상자와의 접촉을 통하여 대상자의 현재 상황을 파악하고 파악된 내용을 요약한다. 이때 가급적이면 면담한 내용과 주변환경의 의견, 관찰내용을 반영한다. 1, 2차 접촉이 이루어진 후 이에 대한 사회복지사의 사후관리에 대한 실무검토의견과 추후계획을 기록한다.

사후관리 기록서

<table>
<tr><td>이용자 ID</td><td colspan="2"></td><td>이용자명</td><td></td></tr>
<tr><td>등록일</td><td colspan="2">년 월 일</td><td>종결일</td><td>년 월 일</td></tr>
<tr><td>주소</td><td colspan="2"></td><td>전화번호</td><td>(집)
(HP)</td></tr>
<tr><td rowspan="3">1차
사후관리</td><td>날짜</td><td></td><td>접촉방법</td><td>□전화상담 □내방상담
□가정/방문상담 □기타</td></tr>
<tr><td>접촉
대상</td><td colspan="3">□아동 □주양육자( ) □기타</td></tr>
<tr><td>현상황
요약</td><td colspan="3"></td></tr>
<tr><td rowspan="3">2차
사후관리</td><td>날짜</td><td></td><td>접촉방법</td><td>□전화상담 □내방상담
□가정/방문상담 □기타</td></tr>
<tr><td>접촉
대상</td><td colspan="3">□아동 □주양육자( ) □기타</td></tr>
<tr><td>현상황
요약</td><td colspan="3"></td></tr>
<tr><td>사례관리자
종합의견</td><td colspan="4"></td></tr>
<tr><td>추후계획</td><td colspan="4">□재개입 □타 기관 의뢰( )
□종결확정 □기타( )</td></tr>
<tr><td>사례관리자</td><td colspan="2">성명: (서명 또는 날인)</td><td>작성
날짜</td><td></td></tr>
</table>

출처: 월드비전(2009).

Chapter

14

아동사례관리 실제

아동복지현장에서 활용되는 다양한 서비스 중 사례관리에 대한 관심이 점차 확대되고 있다. 특히 취약계층 아동을 위한 드림스타트사업에서 사례관리서비스는 가장 핵심적 서비스 중 하나이다. 가장 최근에 지역아동센터에서 사용한 사례관리 사례를 중심으로 사례관리의 전반적 과정에 대하여 살펴보고자 한다. 한국지역아동센터 중앙지원단에서 개발하여 보급한 사례관리 매뉴얼에 따라 제시한 순서대로 사례관리과정을 이해할 수 있다.

1 접수(아동 관리카드)[19]

사례관리 첫 단계에서 접수양식은 다양하게 사용할 수 있으나 주 클라이언트와 보호자 및 가족환경 등 인구사회학적 특성을 정확하게 기록할 수 있는 양식을 개발하여 사용할 수 있다.

19) 본 교재에서 소개하는 아동사례관리의 실제 부분은 사회복지실천과 사례관리(임원선, 2019)의 내용을 발췌 소개함.

<table>
<tr><td rowspan="4">아동</td><td>성별</td><td colspan="2">*혜*</td><td colspan="2">주민등록번호</td><td colspan="2">0105**-2******</td></tr>
<tr><td>생년월일</td><td colspan="2">2001-05-**</td><td colspan="2">학교명 및 학년</td><td colspan="2">회룡중학교 3학년</td></tr>
<tr><td>핸드폰</td><td colspan="2">010-****-****</td><td colspan="2">이메일</td><td colspan="2"></td></tr>
<tr><td>주소</td><td colspan="6">경기도 의정부시 호원동</td></tr>
<tr><td rowspan="3">보호자</td><td>성별</td><td>*선*</td><td>생년월일</td><td>1962.10.**</td><td>주소</td><td colspan="2">경기도 의정부시 호원동</td></tr>
<tr><td>직업</td><td>운전</td><td>생활
정도</td><td>상 중 하</td><td>주거
상태</td><td colspan="2">자가 전세 월세 기타</td></tr>
<tr><td>월수입</td><td>만원</td><td>관계</td><td>부</td><td>연락처</td><td colspan="2">010-****-****</td></tr>
<tr><td rowspan="4">가족
관계</td><td>성명</td><td>관계</td><td>연령</td><td>학력</td><td>직업</td><td>수입</td><td>비고</td></tr>
<tr><td>김선*</td><td>부</td><td>53세</td><td>중졸</td><td>운전</td><td></td><td>돌나르는 일</td></tr>
<tr><td>김은*</td><td>언니</td><td>18세</td><td>재학중</td><td>학생</td><td>없음</td><td>센터생활
지적2급장애</td></tr>
<tr><td>김지*</td><td>언니</td><td>17세</td><td>재학중</td><td>학생</td><td>없음</td><td>센터 생활</td></tr>
<tr><td rowspan="2">신체 및
외적
사항</td><td>신장</td><td>체격</td><td>얼굴형</td><td colspan="2">두발</td><td colspan="2">기타 신체특징</td></tr>
<tr><td>155.3㎝</td><td>1. 야윔
2. 보통
3. 비대
4. 기타</td><td>1. 둥근형
2. 긴형
3. 삼각형
4. 역삼각형
5. 네모형</td><td>1. 장발
2. 단발
3. 삭발</td><td>1. 곱슬
2. 파마
3. 커트
4. 기타</td><td colspan="2">54.3㎏</td></tr>
<tr><td rowspan="2">보호
아동
사항</td><td>연월일</td><td colspan="2">조치내용</td><td>보호시설
(가정)명</td><td colspan="2">주소</td><td>비고</td></tr>
<tr><td></td><td colspan="2"></td><td></td><td colspan="2"></td><td></td></tr>
</table>

* 아동의 가정환경(성장과정)
  - 모가 생전에 신기가 있어 굿을 자주 하고 우울증이 있어 삶의 의욕을 상실하고 지냈음.
  - 8살 때 모의 사망(자살)과 부의 직장생활로 인하여 가정을 돌봐줄 보호자가 없음.
  - 방치의 우려가 있고, 식사에 대한 어려움이 있음.
  - 부가 2010년 큰 언니의 도움반 친구 엄마와 동거를 시작하고, 재혼함.
  - 계모의 아이들 중 둘째와 친구이고, 아동끼리의 어려움이 큼.
    (부는 아동들이 알아서 이겨내라는 이유로 방치함)
  - 계모는 아동에게 강제로 집안일을 시키고 평소엔 무관심으로 일관함.
  - 계모의 말을 어기면 폭력을 행사하고 아이들이 감당할 일들이 너무 많아 심신이 지친 상태임.

* 학교생활(추가사항)
  - 학교 활동에 솔선수범하고, 운동 및 축제에도 참여율이 높음.
  - 학업성적은 중상 정도임.
  - 과제수행능력이 우수함.
  - 영어 및 수학 기초학습이 조금 부족함.
  - 타인을 배려하는 마음이 있어 또래관계가 좋음.

* 상담자의 관찰과 의견
  - 방치의 우려가 있고, 정서적으로 지지와 돌봄이 필요함.
  - 영양결핍이나 식사의 문제가 야기됨.
  - 전문적인 상담가의 지속적인 상담이 필요함.
  - 긍정적인 목표를 갖고 부모에게서 독립하여 자신을 만들며 지낼 수 있도록 스스로 만들어 나가는 것이 필요함.
  - 계모의 폭력과 계모의 자녀 때문에 자유롭지 못하지만, 이에 얽매이지 않고 자신의 할 일을 스스로 하는 것이 필요함.
  - 억울한 사항은 참고 견디기보다는 주변의 어른들에게 털어놓아 마음속에 있지 않도록 정서적인 지원을 하는 것이 필요함.

* 지도 계획
  - 아동센터에서의 정기적으로 교육을 요함.
  - 모의 부재를 아동센터에서 생활하면서 마음을 채울 필요가 있다 생각됨.
  - 학교 숙제 지도나 영양의 공급이 필요함.
  - 아동이 힘들어서 손을 내밀 때 손을 잡아줄 수 있도록 언제나 아동을 지켜보고 충분한 대화로 아동의 상태를 파악하는 것이 필요함.

* 비고사항
  - 계모의 폭력에 대한 조치가 필요함.

2 사정

사례관리 두 번째 단계인 사정단계에서 사정도구를 사용함에 있어서는 정부가 개발하여 제공하는 도구를 사용하거나 주요 클라이언트의 특성을 고려한 사정도구를 선정하여 사용할 수 있다. 본 사례는 정부가 개발하여 보급한 척도로서 보편적인 아동을 위한 일반위기지표와 심층적인 사정이 필요한 심층사정지표로 구분하여 사용하고 있다.

(2-1) 일반위기지표-일반아동 사정

◎ 작성일자: 2018. 03. ◎ 아동 이름 : *혜*

항 목			
1	양육자에게 정신장애/신체장애/만성질환이 있다.	무	유
	- 정신장애 : 정신분열증, 정신지체, 우울, 알코올 중독, 약물남용, 도박 등	0	1
	- 신체장애	0	1
	- 양육에 지장을 주는 만성질환: 신장병, 당뇨병 등	0	1
2	가족구조상의 어려움이 있다.	무	유
	- 미혼모 또는 한부모가정이다( )	0	1
	- 기타 가족구조상의 어려움이 있다( )	0	(1)
3	부부갈등 및 배우자 학대, 아동학대 등 가정 폭력이 있다.	무	유
	- 가정폭력(배우자 학대, 아동학대)으로 이웃이나 경찰 등 외부의 개입이 있었다.	0	1
	- 부부갈등으로 현재 배우자와 별거 중이다	0	1
4	가족 내 지속적 관리를 요하는 구성원이 있다.	무	유
	- 서비스 대상이 아닌 다른 가족구성원 중에 지속적인 관리가 필요한 발달장애아, 중증장애인 또는 치매노인이 있다	0	1
5	경제적 어려움이 해결될 가망이 보이지 않는다.	무	유
	- 보호자가 6개월 이상 실직상태이다.	0	1

	- 보호자가 신용불량 상태이다.	0	1
	- 보호자에게 일용직일(식당일, 가사도우미, 막노동 등)도 없이 가구에 수입이 거의 없다.	0	1
6	**거주지 주변 환경이 열악하다.**	무	유
	- 거주지 주변의 사회경제적 지표가 전반적으로 낮다.	0	1
	- 거주지 주변의 폭행을 비롯한 기타 범법행위가 잦다.	0	1
	- 거주지 주변의 실직자가 급증하였다.	0	1
7	**대상 아동에게 외상 경험이 있다. (해당하는 외상 경험에 대해서는 구체적으로 기록해 주십시오.)**	무	유
	- 심한 차사고, 화재, 자연재해(태풍, 수해 등)를 경험한 적이 있다. 당시 연령 : 만 ___세 내용 및 심각도: ______________ 외상의 영향 : ______________	0	1
	- 함께 사는 가족 구성원의 죽음을 경험한 적이 있다. 당시 연령 : 만 8세, 내용 및 심각도: ______________ 어머니의 자살 : ______________ 외상의 영향 : ______________	0	1
	- 성추행이나 성폭력을 당한 경험이 있다 당시 연령 : 만 ___세, 내용 및 심각도: ______________ 외상의 영향 : ______________	0	1
8	**현재 수감 중이거나, 과거에 수감되었던 경험이 있는 가족이 있다.**	무	유
	- 현재 수감 중인 가족이 있다. (아동의 ______________)	0	1
	- 과거 경력 (아동의 ______________)	0	1
	일반위기 총점	6	

(2-2) 심층사정-집중지원아동 사정

심층사정은 일반아동 위기지표에서 심층사정이 필요한 아동으로 판정된 경우 사용하며, 아동발달지표와 아동양육환경지표로서 신체/건강영역, 인지/언어영역, 정서/행동영역으로 세 개 영역씩 구분하여 사정한 후 위기도 등급환산표를 작성하고 총위기점수와 등급을 판정하도록 한다.

<문항의 평정기준>

평점	문제수준	설명
0	전혀 문제가 없다.	제시되는 문항과 관련 예시에 전혀 해당되지 않을 때
1	약간 문제가 있다.	제시되는 문항과 관련 예시에 드물게 해당되거나, 해당되더라도 그 정도가 매우 낮을 때
2	상당히 문제가 있다.	그런 문제가 어느 정도 발생된다고 판단되는 경우로 제시문항과 관련 예시에 중간정도 수준으로 해당
3	문제가 심각한 수준이다.	제시문항과 관련하여 예시 대부분에서 중간정도 이상의 수준으로 해당되거나 하나라도 심각한 수준으로 확인될 때

1) 아동발달지표: 신체 · 건강영역

	항 목 (※ 해당되는 항목에 모두 o표 해 주십시오.)	전혀 문제가 없다	약간 문제가 있다	상당히 문제가 있다	문제가 심각한 수준이다
1	**병원 등에서 진단받았거나 기관에 등록된 분명한 장애가 있다.**	⓪	1	2	3
	예) - 선천성 기형: 다지증, 합지증, 잠복 고환, 안면기형, 기타(　　　) - 신체 및 정서장애: 뇌성마비, 청각장애, 시각장애, 발달장애, 정신지체, 기타(　　　) - 성장장애나 왜소증: 염색체이상, 선천성 대사이상, 기타(　　　)				
2	**지속적인 관리를 요하는 만성질환이 있다.**	⓪	1	2	3
	예) - 심장병, 소아당뇨, 소아암, 간질, 아토피, 천식, 기타(　　　　　　　)				
3	**출생 시 미숙아로 태어났다.**	⓪	1	2	3
	예) - 출생 시 몸무게가 2.5Kg 이하였다. (　　　) - 재태 기간이 37주 이하였다.				
4	**신체발달이 연령에 비해 부진하다.**	⓪	1	2	3
	예) - 키가 연령에 비해 작다(*규준표 참조, 10% 이하 불량, 아동의 키=　　cm). (　　) - 몸무게가 연령에 비해 적다(*규준표 참조, 10% 이하 불량, 아동의 체중=　kg). (　　) - 비만도 (BMI= 체중/키제곱, 아동의 BMI= ____________) (　　) (18.5 이하 저체중, 18.5~24.9 정상, 25~29.9 과체중, 30 이상 비만)				

5	건강상태에 문제가 있다.	(0)	1	2	3
	예) - 두통, 복통, 어지러움, 피로감 등을 자주 호소한다. ( ) - 응급실을 찾는 일이 분기별 1회 이상 되거나, 상해나 사고가 아닌 질병으로 인한 1주 이상의 입원도 연간 1회 이상이다. ( ) - 비만도(BMI= 체중/키제곱, 아동의 BMI= ______________) ( ) (18.5 이하 저체중, 18.5~24.9 정상, 25~29.9 과체중, 30 이상 비만)				
6	대소변 가리기	(0)	1	2	3
	- 만 4세(48개월) 이상임에도 대변을 지리거나 싼다(1달에 1회 이상, 3개월 이상 지속). ( ) - 만 5세(60개월) 이상임에도 불구하고 옷이나 침대, 이불 등에 소변을 싼다 (1주일에 2회 이상, 3개월 이상 지속).( )				
7	섭식에 문제가 있다.	(0)	1	2	3
	- 지나치게 먹지 않아, 하루에 한 끼 먹이기도 힘들다. ( ) - 흙이나 풀, 휴지 등 먹지 않아야 할 것을 먹는다. ( ) - 지나치게 편식이 심하고, 새로운 음식을 먹어보려 하지 않는다. ( )				
	발달지표 신체/건강 총점	0			

2) 아동발달지표: 인지 · 언어영역

	항 목 (※ 해당되는 항목에 모두 o표 해 주십시오.)	전혀 문제가 없다	약간 문제가 있다	상당히 문제가 있다	문제가 심각한 수준이다
1	일상생활 장면에서 의사소통이 잘 안 된다	(0)	1	2	3
	예) - 지시를 내리려면 한 번에 알아듣지 못해 여러 번 반복해 주어야 한다. - 자신의 의사를 명확히 밝히지 못해 여러 번 확인해야 한다.				
2	읽기, 쓰기의 성취가 유난히 부진하다	(0)	1	2	3
	예) - 읽기문제 : 3학년 이상에서 단어를 잘못 읽거나 빼먹고 읽거나 없는 글자를 넣어 읽는다. 읽는 속도도 느리고 내용에 대한 이해도 떨어진다. - 쓰기문제 : 3학년 이상에서 맞춤법에 오류가 잦고 문법적 오류도 많다. 문장의 구성체계가 잡히지 않는다.				

3	산수의 성취가 유난히 부진하다.	0	1	2	3
	예) - 산수문제: 셈하기가 어렵고 분류를 잘 못하며 기수와 서수 구별이 어렵다. 3학년 이상에서 두 자리 수 덧셈, 뺄을 정확하게 하지 못한다. 3학년 이상에서 구구단을 학습하는 것이 어렵다.				
4	학업 전반에 걸쳐 대체로 성취가 부진하다.	0	1	2	3
	예) - 교과목에 상관없이 성적이 좋지 않다.				
	발달지표 인지/언어 총점	0			

※ 아래 문항은 전화 혹은 서면을 통해 교사가 평가를 수집하여 반영해 주시기 바랍니다(보다 신뢰성 있는 평가를 위해 양육자 이외에 아동에 대한 객관적 정보를 제공해줄 수 있는 교사의 평가를 반영하는 것이니 협조해주시기 바랍니다).

	항 목 (※ 해당되는 항목에 모두 o표 해 주십시오.)	전혀 문제가 없다	약간 문제가 있다	상당히 문제가 있다	문제가 심각한 수준이다
	교사평가 1 : 인지 및 언어발달의 지체가 의심된다.	0	1	2	3
	- 또래에 비해 인지발달이나 언어발달이 지체되어 있다.				
	교사평가 2: 인지 및 언어발달의 수준은 어느 정도인가요?	0	1	2	3
	발달지표 인지/언어 교사평가 총점	0			

3) 아동발달지표: 정서 · 행동영역

	항 목 (※ 해당되는 항목에 모두 o표 해 주십시오.)	전혀 문제가 없다	약간 문제가 있다	상당히 문제가 있다	문제가 심각한 수준이다
1	다른 사람과의 상호작용이나 의사소통에 문제가 있고, 활동과 관심의 종류가 제한되어 있다.	0	1	2	3
	예) - 눈맞춤이 잘 안 된다. - 다른 사람이나 주변 사물에 별로 관심을 보이지 않고, 다른 사람과 감정을 주고받지 못하는 것 처럼 보인다.				

	- 언어발달이 지연되어 있거나, 반복적이고 특이한 언어를 사용한다. - 특정 주제에 집착하거나, 머리나 손, 몸 등을 반복적으로 흔든다.				
2	**정서적으로 우울해하거나 불안해한다.**	0	①	2	3
	예) - 무기력해 보이거나, 기분이 처져 있거나, 자주 우는 모습을 보인다. - 자기가 남보다 못하며, 아무도 자기를 사랑하지 않는다고 말한다. - 새로운 상황에서 지나치게 수줍어하고 불편해한다. - 어떤 동물이나 상황, 장소에 대해 지나치게 겁을 내고 무서워한다. - 미리 걱정을 많이 하고, 쉽게 초조해한다.				
3	**주의집중을 하지 못하고 행동 통제 및 충동 조절에 어려움이 있다.**	⓪	1	2	3
	예) - 과제를 할 때 집중하지 못하고 딴 생각을 하거나, 다른 일 때문에 쉽게 방해를 받는다. - 가만히 앉아 있지 못하고, 지나치게 활동적이다. - 쉽게 흥분하고, 생각 없이 충동적으로 행동한다.				
4	**극단적인 분노표현이나, 공격적, 반항적 행동을 한다.**	⓪	1	2	3
	예) - 고함을 치거나, 갑작스럽게 화를 낸다. - 집, 학교 등에서 말을 안 듣고 규칙을 따르지 않거나, 어른에게 대든다. - 자신이나 다른 사람의 물건을 부순다. - 신체적, 언어적으로 다른 사람을 괴롭히거나 공격하고, 자주 싸운다.				
5	**다른 사람에게 해가 되는 행동을 하거나 사회적 규칙을 위반한다.**	⓪	1	2	3
	예) - 거짓말을 하거나 남을 잘 속인다. - 남의 물건을 훔친다. - 가출이나 무단결석을 한다. - 술을 마시거나, 담배를 피우거나, 약물을 반복적으로 사용한다.				
6	**눈을 깜빡이거나 얼굴을 찡그리기, 몸을 움찔거리기, 킁킁거리기, 헛기침하기 등의 틱증상을 보인다.**	⓪	1	2	3
7	**또래와 어울리지 못하고 따돌림 당하는 등의 사회적 부적응행동을 보인다.**	⓪	1	2	3
	예) - 나이에 비해 어리게 행동하여 놀림을 받는다. - 또래와 잘 어울리지 못하고 겉돌거나 따돌림을 당한다.				
	발달지표 정서/행동 총점	1			

※ 아래 문항은 전화 혹은 서면을 통해 교사가 평가를 수집하여 반영해 주시기 바랍니다(보다 신뢰성 있는 평가를 위해 양육자 이외에 아동에 대한 객관적 정보를 제공해줄 수 있는 교사의 평가를 반영하는 것이니 협조해 주시기 바랍니다).

항 목 (※ 해당되는 항목에 모두 o표 해 주십시오.)		전혀 문제가 없다	약간 문제가 있다	상당히 문제가 있다	문제가 심각한 수준이다
교사평가: 정서 및 행동영역에서 문제가 의심된다.		0	1	2	3
	정서적으로 우울해하거나 불안해한다.	0	1	2	3
	주의집중을 하지 못하고 행동통제 및 충동조절에 어려움이 있다.	0	1	2	3
	극단적인 분노표현이나, 공격적, 반항적 행동을 한다.	0	1	2	3
	또래와 어울리지 못하고 따돌림 당하는 등 사회적 부적응 행동을 보인다.	0	1	2	3
	발달지표 정서/행동 교사 평가 총점				

4) 양육환경지표: 신체 · 건강영역

	항 목 (※ 해당되는 항목에 모두 o표 해 주십시오.)	전혀 문제가 없다	약간 문제가 있다	상당히 문제가 있다	문제가 심각한 수준이다
1	**안전사고 : 집안 내 환경** **아이의 안전을 위협할 수 있는 환경요인에 대해 별로 신경쓰지 않는다.**	0	1	2	③
	예) - 아이가 혼자 가스를 제대로 다룰 능력이 부족한 상황에서 조리를 하도록 방치 - 누전 등의 위기 요소가 있는 환경				
2	**안전/치안** **안전의 위기요소가 있는 생활범위에 아이를 방치한다.**	0	1	2	③
	예) - 치안이 잘 되지 않는 집 안에 혼자 둔다. - 저학년 아이에게 길을 혼자 건너다니게 한다. - 밤늦게 집 밖에 나가야 하는 심부름을 시키는 일이 종종 있다. - 어른이 옆에서 보지 않은 채 위험한 놀이기구에서 놀게 한다. - 술에 취한 어른을 집에 자주 데려온다.				

3	**질병관리** **필요한 의학적 처치를 제공하지 않는다.**	0	1	(2)	3
	예) - 특이한 신체증상이 있거나 열이 날 때 체온을 재며 지켜보고 일정 수준 이상일 때 병원 방문을 하는 등의 합리적인 조치가 의심된다. - 의학적으로 중요한 상황(특정 질병, 응급상황 등)에서 비전문적인 시술이나 성분을 알 수 없는 약 투여, 민간요법에 의존한 경우가 있다.				
4	**건강관리** **건강관리가 제대로 이루어지고 있지 않다.**	0	1	(2)	3
	예) - 아이의 치아, 시력에 관심을 두고 체크하거나 적절한 조치(치과방문, 양치질 지도)를 취한 흔적이 없다. - 아토피나 비만 문제가 있는데 필요한 식이요법을 하지 않고 방치한다. - 아이가 종일 밖에 나가지 않고 있어도 방치하고 환기를 자주 시키지 않는다. - 매우 덥거나 추운 방에 대해서 신경 쓰지 않는다.				
5	**영양** **식사제공에 문제가 있다.**	0	1	2	(3)
	예) - 세 끼 식사 중 한 끼 이상을 제공하지 않아 굶게 되는 경우가 있다. - 반찬이 매우 부실하다(근래 2주간 아이가 먹은 식단을 질문하여 평가할 수 있음. (예: 김치와 단무지처럼 비슷한 영양소의 반찬 두 가지 이하만 주거나 거의 동일한 반찬을 지속적으로 주는 경우). - 패스트푸드나 과자로 식사를 대치하는 경우가 많다. (예: 라면이나 초코파이 같은 과자로 저녁을 대체하는 경우가 주 3회 이상)				
6	**위생** **위생상태에 문제가 있다.**	0	1	(2)	3
	예) - 식사 및 침구, 칫솔, 의복 등의 관리 상태가 보기에도 상당히 비위생적인 수준이다. - 외출이나 걸레질 후 손을 제대로 씻지 않고 음식을 준비한다. - 일주일에 2번 이상은 아이를 씻기지 않거나(머리감기 포함), 손 씻기 지도도 하지 않는다. - 과도한 먼지나 곰팡이가 있는 환경에 방치한다.				
	양육환경 신체/건강 총점	15			

5) 양육환경지표: 인지 · 언어영역

	항 목 (※ 해당되는 항목에 모두 o표 해 주십시오.)	전혀 문제가 없다	약간 문제가 있다	상당히 문제가 있다	문제가 심각한 수준이다
1	환경제공(집안 내) 집 안에 아이의 학습환경을 위해 신경쓴 흔적이 거의 없다.	0	1	2	③
	예) - 공부할 수 있는 책상이 놓인 공간이 없거나 매우 무질서하게 방치되어 있다. - 집 안에서 학습을 할 수 있도록 소음을 통제해 주는 배려가 보이지 않는다. (아이가 시험공부나 숙제를 해야 할 때 어떻게 해주는지 질문하여, 옆에서 TV를 시청하거나 어른들이 떠들고 노는 등 방해될 수 있는 환경을 피하고자 하는 노력이 있는지 평가)				
2	경험제공 인지발달에 도움이 되는 활동이나 경험을 제공하지 못한다.	0	1	②	3
	예) - 아이가 학교 수업 외의 취미활동(식물 기르기, 등산 등)을 같이 하거나 하도록 배려한 적인 없다. - 여건이 허락하는 대로 악기나 체육 등의 과외활동을 시킬 수 있는 기회를 이용하려고 찾아보거나 관심 가진 적이 없다. - 이용할 수 있는(무료) 공연 전시에 아이를 데려간 적이 없다(근래 6개월간 아이와 함께한 활동에 대한 질문을 통해, 위 항목에 대해 여건이 허락하는 대로 제공해 줄 수 있는 것들을 해 주려고 노력을 하거나 관심이 있었는지 여부).				
3	언어자극/독서환경 언어학습에 필요한 환경을 제공하지 못한다.	0	1	2	③
	예) - 아이가 책을 접하도록 신경을 써주지 않는다(책 읽어주기, 구매, 대여, 격려 등). → 아이가 스스로 책을 좋아해서 잘 읽고 있어 신경을 쓰지 않는 경우라면 제외				
4	학습저해환경 인지발달에 유해할 수 있는 환경에서 방치한다.	0	1	②	3
	예) - TV나 비디오를 지속적으로 시청해도 제재하지 않는다(아이가 TV 앞에서 연속 3시간 하루 5시간 이상 앉아 있게 하는 경우, 아이가 TV를 보면 편해서 일부러 틀어주는 경우가 종종 있는지). - 컴퓨터 게임 시간을 통제하지 않는다(하루에 세 시간 이상 하는 경우에도 제재하는 노력을 하지 않는다).				
5	교육기관(유치원/학교)에서의 학업 적응 또래 다수가 다니는 교육기관에서 수업을 받고 적응을 할 수 있도록 챙기지 않는다.	0	1	2	③
	예) - 학교에 가져가야 할 준비물을 챙기지 않고 학교 과제를 잘 해가지 않은 상태에서 도와주지 않고 방치하고 있다. - 성적이 저조한데 별 관심이 없거나, 도움을 구할 수 있는 방법을 찾아보지 않는다.				
	양육환경 인지/언어 총점	13			

6) 양육환경지표: 정서 · 행동영역

	항 목 (※ 해당되는 항목에 모두 o표 해 주십시오.)	전혀 문제가 없다	약간 문제가 있다	상당히 문제가 있다	문제가 심각한 수준이다
1	**애정표현** **애정표현이 적다**	0	1	2	③
	예) - 아이를 충분히 안아주지 않는다. - 아이와 눈을 맞추거나 미소를 보여주고 상냥하게 말하고 다독거리는 행동을 보기가 어렵다.				
2	**반응성** **아이의 요구에 잘 반응을 보이지 않는다.**	0	1	②	3
	예) - 아이의 말에 대꾸를 잘하지 않는다. - 아이의 합리적인 요구에 반응을 하지 않거나 지연한다(아이가 춥거나 배고프다고 할 때, 보통 너무 오래 기다리지 않게 하던 일을 멈추고 해주는지, 식사 때 먹지 않는 안 좋은 습관을 고치느라 일부러 지연하는 경우는 제외).				
3	**한계설정(도덕/예의)** **옳지 않은 행동에 대해서 적절한 제한을 가하지 않는다.**	0	1	②	3
	예) - 친구나 형제를 때리거나 남의 것을 뺏어도 '안 되는 거야'와 같은 설명을 해주면서 다시 돌려주거나 하는 등의 조치를 하지 않는다(같이 노는 아이를 때리거나 집안 물건을 던지는 등의 예시 상황에서 어떻게 대처하는지 질문해서 별 다른 제재나 설명 없이 놔두는 경우).				
4	**생활관리** **규칙적인 생활을 하도록 지도하지 않는다.**	0	1	2	③
	예) - 아무 때나 자고 먹게 놔둔다(자고 먹는 시간에 대한 질문을 통해 11시가 넘어도 재우려고 노력하지 않는 등 생활리듬을 지키고자 하는 노력이 없는 경우). - 학교 등에 늦어도 방치한다.				
5	**강압적 양육** **아이와의 상호작용이 강압적이다.**	0	1	2	③
	예) - 아이가 싫다는 표현을 해도 억지로 음식을 먹인다. - 아이가 힘들어하는 과제(학습지) 등을 과도하게 강제로 시킨다. - 자지 않으려는 아이에게 말로 설명하기보다 강제로 자게 시킨다. - 아이에게 원하는 행동을 하게 하기 위해 설득 등의 방법보다 체벌을 자주 사용한다.				

6	학대가능성 학대가능성이 있어 보인다.	0	1	2	③
	예) - 아이의 몸에 석연치 않은 상처가 있다. - 머리, 얼굴을 때리거나, 상처를 내거나, 주 1회 이상의 잦은 체벌을 하거나, 아이가 예측할 수 없는 감정적 체벌을 한다. - 추운 겨울에 밖에서 한 시간 이상 서 있게 하는 등 신체적으로 견디기 힘든 벌을 세운다. - 심한 욕설을 자주 한다. - 성추행이나 성폭행의 위기가 있는 상황에 노출되어 있다.				
	양육환경 정서/행동 총점	16			

7) 위기도 등급환산표

위에서 아동발달지표와 양육환경지표로 구분하여 파악한 정보를 위기도 등급환산표에 정리하여 위기도 등급을 환산한다.

등급		1	2	3	4	5	6	7	8
원 점 수	일반위기	0-1	2-4	5-19					
	발달(신체)	0			1		2	3-4	5-21
	발달(인지)	0			1	2	3	4	5-12
	발달(정서)	0		1		2	3-5	6-7	8-21
	발달총점	0	1	2	3-4	5-6	7-9	10-14	15-54
	양육(신체)	0			1		2	3-4	5-18
	양육(인지)	0		1	2	3	4	5-6	7-15
	양육(정서)	0			1		2-4	5-7	8-18
	양육총점	0	1	2-3	4	5-6	7-9	10-12	13-51
	총위기	3-5	6-7	8-9	10-11	12-13	14-15	16	17-19

8) 총위기점수와 등급

위에서 위기도 등급환산표에서 파악된 정보를 총 위기점수와 등급으로 구분하여 1~4등급은 저위험군으로 판정하고, 5~6등급은 중위험군으로 파악하며, 7~8등급은 고위험군으로 파악하여 대상자를 구분하여 서비스 제공계획을 수립한다.

평가영역		원점수	등급
일반위기지표		6	3
아동 발달 지표	신체	0	1
	인지	0	1
	정서	1	3
	총점	1	2
양육 환경 지표	신체	12	8
	인지	13	8
	정서	16	8
	총점	41	8
총위기점수		48(13)	5

1-4등급(저위험군) / 5-6등급(중위험군) / 7-8등급(고위험군)

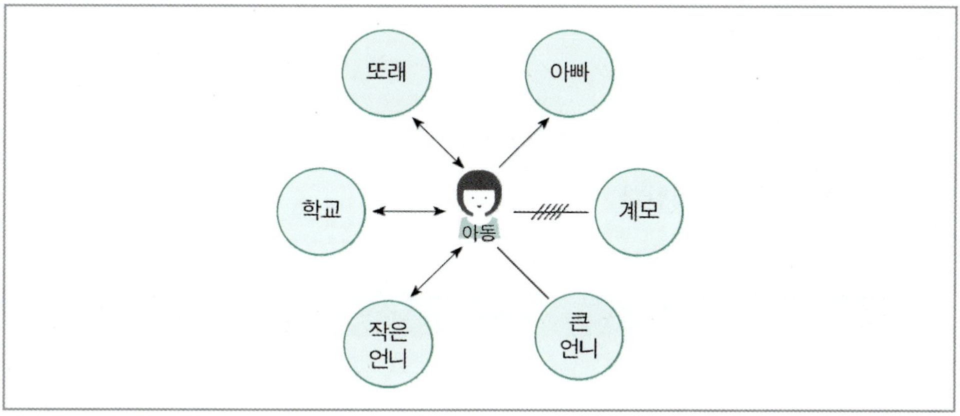

그림 14-1 생태도

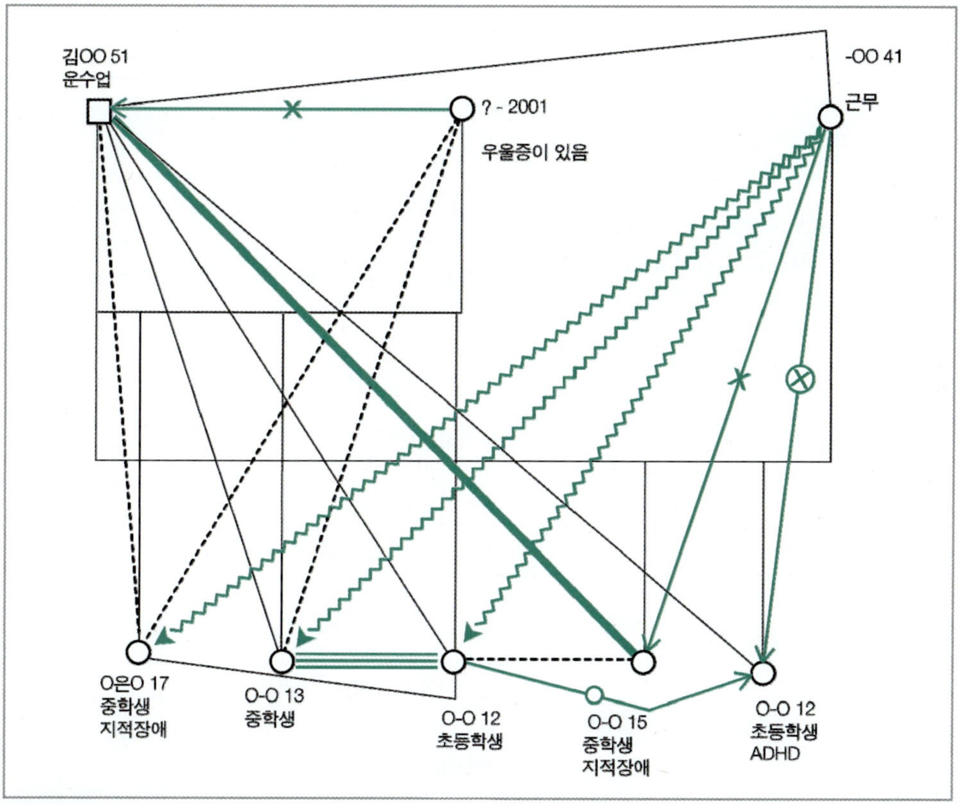

그림 14-2 가계도

3 계획

사례관리의 세 번째 단계인 계획단계에서는 사정판정에 따른 발달지원계획서와 사례관리 계약서를 작성한다.

(3-1) 발달지원계획서

지역아동센터에서는 사정판정에 따른 발달지원계획을 수립함에 있어서 아동과 가족 그리고 지역사회를 구분하여 수립하도록 한다.

아 동 명	*혜*	사례번호	2018-021
사례관리자명	임원선	작성일시	2018년 3월 11일

대상	욕구 및 문제	서비스 목표	서비스 내용	모니터링 방법	평가 방법
아동	심신 불안정 (애착, 자존감 불안)	심리안정 (자존감회복)	- 청소년상담복지센터 학교상담교사 연계 - 경기북부지원단 연계	학교 가정 방문	
	풍성한 식사, 간식	먹거리 해결	- G드림카드 발급(시청) - 지역아동센터 급식	센터 방문	
	학습에 대한 욕구	교육 지원 야간 보호	- 지역아동센터 연계	성적표 확인	
가족	아빠 방임과 무관심	부모역할 정립	- 건강가정지원센터 - 부모교육 프로그램 부모상담	면담	
	가사노동의 증가 및 가정폭력	가정폭력 예방	- 경찰 연계	면담	
	가족관계 불안	가족관계 회복	- 건강가정지원센터 : 가정회복 프로그램 - 가족캠프 참여	참여 확인	
지역	또래와 주말에 놀고 싶다	주말 문화 프로그램 지원	- 청소년수련관 : 동아리 프로그램 연계 - 문화바우처 토요문화활동 참여	전화	

(3-2) 사례관리 계약서

사정판정에 따른 발달지원계획서를 작성한 이후 사례관리자는 아동 또는 보호자와 사례관리 계약서를 작성한다.

아동명	*혜*	사례관리자명	임원선
이용기간	2018. 3 ~ 11		
개입체계	**욕구 및 문제**	**목표**	**서비스 내용**
아동	심신 불안정 (애착, 자존감 불안)	심리안정 (자존감회복)	- 청소년상담복지센터 - 학교상담교사 연계
	풍성한 식사, 간식	먹거리 해결	- G드림카드 발급(시청) - 지역아동센터 입소
	학습에 대한 욕구	교육 지원 야간 보호	- 지역아동센터 연계
가족	아빠 방임과 무관심	부모역할 정립	- 건강가정지원센터 - 개인상담소 연계 : 부모교육 프로그램 참여
	가사노동의 증가 및 가정폭력	가정폭력 예방	- 경찰 연계
	가족관계 불안	가족관계 회복	- 건강가정지원센터 가정회복 프로그램 연계 가족캠프 참여
지역	또래와 주말에 놀고 싶다	주말 문화 프로그램 지원	- 청소년수련관 - 동아리 프로그램 연계 : 문화바우처 토요문화활동 참여

00지역아동센터와 사례관리자 및 아동의 보호자는 서비스 이용에 있어 상호 책임을 성실히 이행하기 위해 위와 같이 서비스 계약을 체결하고 상호 계약 조건을 성실히 이행할 것을 서약합니다.

※ 본 계약서는 2부 작성하여 각각 한통씩 보관함.

2018년 3월 21일

지역아동센터 · 담당자 : 임원선 (인)

보호자 : *선* (인)

4 실행

사례관리의 네 번째 단계인 실행단계에서는 계획에 따라 실행을 하면서 다양한 활동을 하게 되는데 관찰일지, 개별상담일지, 연고자상담일지, 가정방문일지, 서비스 의뢰서 등을 작성한다.

(4-1) 관찰일지

관찰일지는 사례관리자가 평소에 아동을 관찰한 후 정기적으로 그 관찰 내용을 기록해야 한다.

아동성명	*혜*	생년월일	2001. 05. **
입소일자	2018. 03. 20	관찰자	임원선

관찰일자	관찰내용	비고
3. 24	일찍 등원하여 차분하게 앉아 수학학습을 진행함.	감기에 걸려 컨디션이 좋아 보이지 않음.
3. 31	학교에서 드림스쿨이 너무 힘들다고 함. 그만두고 센터에서 공부하는 것이 좋다고 함.	센터에서 내주는 숙제를 잘 해 오는 성실한 면이 있음. 가끔 기초적인 문제를 실수를 함.
4. 07	방과후 센터에서 저녁 급식을 한 후 집에 다녀옴. 집안청소, 강아지 목욕, 빨래 등을 하고 19시가 넘어서 센터에 다시 옴.	매일 반복되는 일과로 가족끼리 일을 분담해야 할 필요가 있음.
4. 04	무리를 지어 또래들과 어울려 다니지는 않지만 친구들과 관계는 나쁘지 않음.	다른 아이들의 일에 별 관심이 없지만 크게 문제가 있지는 않음.
4. 21	친구들의 이야기를 들어주며 자기의 이야기는 잘 하지 않음. 고개를 끄덕여주고 맞장구를 치면서 웃기만 함.	집에 일찍 가기 때문에 친구들과 소원해지는 듯하여 안타까움.
5. 06	자신은 핸드폰 사용을 줄이고 책을 많이 읽고 싶다고 함. 아빠도 핸드폰 사용을 줄이는 것을 이야기하신다고 함. 엄마는 형제들끼리 잘 챙기라는 말을 한다고 함.	노력한다면 충분히 변경하거나 채울 수 있는 욕구라고 봄.

지역아동센터

(4-2) 개별상담일지

개별상담일지는 사례관리자가 아동과 개별적으로 상담한 내용을 정기적으로 기록해야 한다.

결재	담당	시설장

아동성명	*혜*	생년월일	2001 05. **
입소일자	2018. 03. 20.	상담자	임원선
상담일시	2018. 05. 20	상담장소	지역아동센터
상담제목	야간보호 학습 진행 및 규칙에 대한 안내		
상담사유	- 부족한 학습을 보충하기 위해 야간보호에 참여를 희망하여 진행에 대한 상담 - 학습에 대한 진단 및 앞으로의 학습 진행에 대한 구체적 상담		
상담내용	**1. 학습진단** - 영어와 수학이 부족하여 야간보호 학습을 진행함. **2. 야간보호 학습활동 안내** - 요일별(월~금) 시간표를 알려주고, 학습이 진행됨을 공지함. **3. 야간보호에 참여시 지켜야 할 사항에 대해서 알려줌** - 학습 중 핸드폰 사용 금지 - 외출 시 미리 이야기함. - 오후 7시에는 공부방에 들어와 학습 준비를 할 수 있도록 함. - 야간에 밖으로 나가지 않도록 함. **4. 부득이한 사유로 야간보호를 할 수 없을 시는 담당선생님께 이야기하도록 함.**		
조치내용	**1. 학습에 대한 조치사항** - 수학 : 주2회 강사 방문 지도(또래학습이 가능하기에 지금 진행하고 있는 교재로 학습을 매일 규칙적인 학습을 진행하도록 함.) - 영어 : 주2회 강사가 방문 지도(학교 교과서 평가 문항집을 준비하여 단어 및 학교 수업 진도와 맞추어 진행) **2. 주5회 야간보호를 진행하면서 매일 규칙적인 학습 진행을 하며, 금요일은 모자라는 과목 위주로 학습을 진행함.** **3. 금요일 난타 수업 참여**		
슈퍼바이저	*원*		
슈퍼비전	- 기초학습이 탄탄하고 학습능력이 우수함. - 학습을 하고자 하는 욕구가 많이 부족하니 야간보호 학습 진행을 통해 학습욕구도 높이고 자기주도 학습이 이루어지도록 도움을 주어야 할 것임.		

지역아동센터

(4-3) 연고자상담일지

연고자상담일지는 사례관리자가 아동의 연고자와 상담한 내용을 정기적으로 기록해야 한다.

<table>
<tr><td rowspan="2">결
재</td><td>담당</td><td>시설장</td></tr>
<tr><td></td><td></td></tr>
</table>

<table>
<tr><td>아동성명</td><td colspan="2">*혜*</td><td>생년월일</td><td colspan="3">2001. 05. **</td></tr>
<tr><td>입소일자</td><td colspan="2">2018. 03. 20</td><td>입소사유</td><td colspan="3">모의 사망으로 돌봄 필요</td></tr>
<tr><td>상담일시</td><td colspan="2">2018. 05. 09</td><td>상담자</td><td colspan="3">임원선</td></tr>
<tr><td rowspan="3">연 고 자</td><td>성명</td><td>*선*</td><td>관계</td><td>부</td><td>상담방법</td><td>전화</td></tr>
<tr><td>주소</td><td colspan="5">경기도 의정부시 호원동</td></tr>
<tr><td>전화번호</td><td>031-***-****</td><td>핸드폰번호</td><td colspan="3">010-****-****</td></tr>
<tr><td>상담주제</td><td colspan="6">프로그램 참여 및 상담 안내</td></tr>
<tr><td>상담내용</td><td colspan="6">1. 아동 청소년 야간보호 사업 안내
- 야간에 학습 및 보호를 필요로 하는 아동 청소년(중고생)을 대상으로 야간보호 운영하고 있음.
- 희망하는 아동은 부모님의 동의를 얻어 신청 가능.
(아동청소년 야간보호사업은 복권기금사업으로 사회복지공동모금회 지원)
2. 부모상담 일정 공지(상반기)
- 지역아동센터에서 부모 상담은 항상 진행
- 보호자 집중 상담기간을 연 2회 두어 진행하고자 함.
상반기는 3, 4월 중 진행되며, 원하면 방문하면 됨.
상담은 보통 1시간 정도 소요되며 전화 상담도 가능함.
3. 요즈음 지역아동센터에서 일과가 끝났음에도 오후 7시가 넘도록 귀가를 하지 않고 센터 주위를 배회하는 아이들이 있음. 아이들의 귀가시간 체크 요청.
4. 센터의 규칙 중에 무단으로 3일 이상 결석하는 경우 퇴소 처리하는 내용이 있음. 부득이한 사정으로 센터를 나오지 못할 시에는 꼭 센터로 연락 부탁.
5. 매월 소식지가 월초에 발송되니, 행사 일정을 참고하고 희망하는 아동들은 미리 활동에 신청(센터 사정에 따라 일정은 바뀔 수 있습니다.)</td></tr>
<tr><td>조치내용</td><td colspan="6">- 매월 1회 발송되는 소식지 확인 요청
- 지역아동센터의 밴드 내용을 체크하고, 미가입 부모님께는 밴드 가입 요청
- 사랑지역아동센터의 네이버 카페 가입 요청
- 궁금한 내용이 있을시 센터로 연락
- 부모상담은 언제나 가능함을 안내함</td></tr>
</table>

(4-4) 가정방문일지

가정방문일지는 사례관리자가 아동의 가정을 방문한 이후에 가정방문하여 파악한 내용을 정기적으로 기록해야 한다.

아 동 명	*혜*	사례번호	2018-021
사례관리자명	임원선	작성일시	2018년 5월 13일

방문일시	19:00	방문자	임원선 무한돌봄센터 사회복지사
면담대상	아버지, 계모		
가정의 물리적 환경	방 2, 거실 겸 주방, 화장실 1		
방문 시 관찰된 아동의 특성	- 설거지를 하고 있음. - 조금 주눅든 모습을 하고 있음.		
주상담 내용	- 아동의 욕구 설명 및 가족들의 욕구 파악 - 계모와 아버지 가정 형편 상황 조사 - 가정폭력의 실태 파악과 아동의 가사업무 분담의 재편성 - 부모교육 필요성 교육, 참석 일정 조정		
방문자 소견	- 부모교육 이행 여부 모니터링 필요		

(4-5) 서비스 의뢰서

서비스 의뢰서는 사례관리자가 아동에게 필요한 서비스를 제공하는 데 있어서 지역사회의 보다 전문적인 서비스를 제공할 수 있는 기관에 의뢰할 경우 구체적인 내용을 기록하여 협조를 구하는 내용으로 기록해야 한다.

아 동 명	*혜*	사례번호	2018-021
사례관리자명	임원선	보호자명	*선*

의뢰서비스	부모교육 프로그램 및 가족관계 회복 프로그램
의뢰사유	부모역할 정립 및 가정폭력 예방 교육 필요 가족관계 회복 필요
의뢰기관	건강가정지원센터
첨부내용	우울증검사 결과지

위와 같이 본 지역아동센터의 아동에 대한 서비스 제공을 의뢰하오니 협조하여 주시기 바랍니다.

2018년 5월 16일

지역아동센터 · 담당자 : 임원선 (인)

5 점검 및 조정

사례관리의 다섯 번째 단계인 점검 및 조정단계에서는 모니터링 일지와 내부사례회의록 및 통합사례회의록을 작성해야 한다.

(5-1) 모니터링 일지

모니터링 일지는 사례관리자가 서비스 계획에 따라 실행되고 있는 아동과 가족 그리고 지역사회 관련 서비스 제공 내용에 대한 구체적으로 모니터링하여 기록해야 한다.

아 동 명	*혜*	사례번호	2018-021	점검개요	
사례관리자명	임원선	작성일시	2018. 5. 23.		

개입 체계	목표	서비스 제공 내용	서비스 점검	사례관리자 의견
아동	심리안정 (자존감회복)	청소년상담복지센터, 학교상담교사 연계	주1회 청소년상담복지센터 및 학교 상담교사 전화	자존감 향상 지표 20점 상향 계속적인 서비스 지원 필요
	먹거리 해결	G드림카드 발급(시청) 지역아동센터 입소	지역아동센터입소 카드 발급 신청	지역아동지원센터 입소 후 심리적 안정 및 간식과 저녁 해결
	학습비 지원	교육 지원 야간 보호	지역아동센터 연계	학습 지원 및 학습동기 높아짐
가족	부모역할 정립	건강가정지원센터, 개인상담소 연계 부모교육 프로그램 참여	건강가정지원센터 부모교육 프로그램 월 2회 방문 상담 진행	교육에 참여 불성실함
	가정폭력 예방	가정폭력 방지를 위한 경찰 연계	경찰 주 1회 마을 순찰	지속적인 경찰 순찰 필요로 경각심 요청됨
	가족관계 회복	건강가정지원센터 가정회복프로그램연계 가족캠프 참여	가족관계 프로그램 주 1회 실행	관계 회복프로그램 2달 실시

지역	주말 문화 프로그램 지원	청소년수련관 동아리 프로그램 연계/ 문화바우처	문화바우처로 영화 청소년수련관 난타 공연 참가	문화활동, 동아리 활동으로 전인교육 실시
모니터링 결과	□유지 □재사정 ■서비스 계획 수정			
	부모의 가치관과 자녀 양육태도 변화 적음.			
차기 사례회의 예정 일자	2018. 5. 25.(수)			

(5-2) 내부사례회의록

내부사례회의록은 사례관리자가 내부 관계자들과 아동과 관련된 사례관리 서비스에 대한 논의 내용을 육하원칙에 의하여 기록관리 해야 한다.

아 동 명	*혜*	사례번호	2018-021
사례관리자명	임원선	작성일시	2018년 5월 25일

참석기관 및 참석자	성명: 원용0 성명: 0서남 성명: 0찬미 성명: 0용실 성명: 0동순	직위: 센터장 직위: 사회복지사 직위: 사회복지사 직위: 사회복지사 직위: 아동복지교사
슈퍼바이저	성명: 원용0	기관명 및 직위: 센터장
회의내용	<*혜*의 주요욕구 및 문제를 확인하고 목표 및 서비스 내용 설정> ■ 주요욕구 및 문제 1 - 학습에 대한 욕구가 강하고, 인내력이 있어 열심히 하나, 사춘기로 가끔 짜증을 냄. - 공부에 흥미를 잃지 않도록 하는 것이 필요함. - 공부하는 시기를 스스로 선택할 수 있도록 함. - 짜증 나는 날의 기분을 상담을 통해서 짜증 나는 원인이 무엇인지 파악하고,	

	글이나 그림, 다른 활동으로 풀어서 분노를 쌓아두지 않도록 하는 것이 필요함. - 짜증을 해소할 수 있는 방법을 모색함. ■ 주요 욕구 및 문제 2 - 신체발달이 정상적으로 이루어지고 있으나 요즈음 식욕이 너무 좋아 관찰이 필요함 - 갑자기 생긴 식탐이 스트레스 때문인지 성장기 때문인지를 파악하는 것이 우선시되어야 할 것임. - 지나치게 간식 섭취를 하지 않도록 스스로 정해진 만큼 먹을 수 있도록 하며, 신체활동도 병행할 수 있도록 바깥놀이 등을 유도함. - 스트레스가 원인이라면 음식이 아닌 다른 방법으로 스트레스를 해소할 수 있는 방안을 모색함.
결정사항	- 규칙적인 학습 지원과 토요 멘토링 수업을 활용하여 자기주도 학습이 이루어지도록 함. - 스트레스 해소방안을 모색함. 음식 섭취를 적당히 하도록 함.
차기 회의 (예정)	일시 : 2018. 06. 03(금) 장소 : 센터 내 사무실

(5-3) 통합사례회의록

통합사례회의록은 사례관리자가 아동과 관련하여 지역사회의 다양한 전문기관의 관계자들과 논의한 사항을 육하원칙에 의하여 구체적으로 기록해야 한다.

아 동 명	*혜*	사례번호	2018-021
사례관리자명	임원선	작성일시	2018년 5월 27일

참석기관 및 참석자	성명: *문*	직위: 무한돌봄센터 사회복지사
	성명: *명*	직위: 건강가족지원센터 사회복지사
	성명: *영*	직위: 시랑지역아동센터 센터장
	성명: *영*	직위: 지역아동센터 경기북부지원단
	성명: *성*	직위: 아동보호전문기관 사회복지사
슈퍼바이저	성명: *원*	기관명 및 직위: 다문화가족지원센터 센터장

<table>
<tr><td>회의내용</td><td>■ 주요욕구 및 문제 1 : 학습에 대한 욕구 및 짜증
- 학습에 대한 욕구가 강하고, 인내력이 있어 열심히 하나, 사춘기로 가끔 짜증을 냄.
- 공부에 흥미를 잃지 않도록 하는 것이 필요함.
- 적성 검사나 심리 검사 시행 : 짜증이나 분노에 대한 검사 실시.
- 다른 아동과 함께 활동할 수 있는 프로그램 참여.
■ 주요욕구 및 문제 2 : 식탐
- 신체발달이 정상적으로 이루어지고 있으나 요즈음 식탐 때문에 관찰이 필요함
- 갑자기 생긴 식탐이 스트레스 때문인지 성장기 때문인지를 파악하는 것이 우선시되어야 할 것임.
- 심리검사와 건강검진 필요.
- 상담을 통하여 지나치게 간식 섭취를 하지 않도록 스스로 정해진 만큼 먹을 수 있도록 하며, 신체활동도 병행할 수 있도록 바깥놀이 등을 유도함.</td></tr>
<tr><td>결정사항</td><td>- 적성검사 실시
- 건강검진 실시
- 스트레스 해소 방안을 모색
- 음식 섭취를 적당히 하도록 상담 실시
- 프로그램 참여</td></tr>
<tr><td>차기 회의
(예정)</td><td>- 일시: 2018. 06. 08(수)
- 장소: 센터 내 사무실</td></tr>
</table>

6 평가 및 종결

사례관리의 여섯 번째 단계인 평가 및 종결단계에서는 사례관리자가 제공한 사례관리서비스의 효과성을 객관적으로 파악하는 중요한 단계이다. 사례관리자는 사정단계에서 사용한 사정도구를 적용하여 사례관리서비스의 효과성을 평가해야 한다. 이 단계에서는 평가결과가 긍정적이면 평가보고서를 작성한 후 종결보고서를 작성해야 한다.

(6-1) 평가보고서

평가보고서에는 사례관리자가 수립한 목표달성 정도, 사전사후 결과, 개입 전후 위험도 사정 평가, 생태도와 가계도 개입전후 비교, 사례관리 평가결과 등의 내용을 기록해야 한다.

아 동 명	*혜*	사례번호	2018-021
사례관리자명	임원선	작성일시	2018년 06월 13일

(1) 목표달성 정도

	아동	가족	지역
목표 1	심리안정 (자존감 회복)	부모역할 정립	주말 문화 프로그램 지원
평가	- 부가 아동과 정기적으로 함께 해서 우울감이 감소함. - 아동정서발달서비스 프로그램을 통하여 자존감이 회복됨.	- 부의 3회 직접상담과 전화상담 5회를 통하여 부모역할 정립	- 지역아동센터 토요 활동 참여로 인한 욕구 충족 - 토요 집단상담 실시
목표 2	먹거리 해결	가정폭력 예방	
평가	- G드림카드와 지역아동센터에서 간식 및 식사지원으로 먹거리 해결	- 가족에게 희생하는(청소 등) 것으로 가정폭력 감소	

목표 3	교육지원 및 야간보호	가족관계 강화	
평가	- 지역아동센터 내 교육지원 및 야간보호로 인하여 학교 성적 향상	- 가족캠프 3회 참여로 인하여 가족관계 일부 강화됨	

(2) 사전 사후 결과

측정도구	사전검사결과	사후검사결과
문장완성검사지	- 답이 짧고, 자기표현이 약함. - 또래와는 동떨어진 표현이 있음.	- 답이 길어지고, 표현력이 많아짐. - 또래 상황에 맞게 표현함.
우울증 검사	우울감이 약간 있음.	우울감이 낮아짐.
로젠버그 자존감 척도	자존감 낮음(20점)	자존감 향상(30점)

(3) 개입 전-후 위험도 사정 평가

구분	개입전		개입후 위험도 수준	평가
	위험항목	수준		
아동 관련 위험도	심리안정 *	위험	안정	- 상담 및 악기 프로그램 진행을 통하여 심리적 안정
	먹거리	위험	안정	- 지역아동센터 지원과 G드림카드를 통하여 먹거리 지원 해결
	교육지원 및 야간보호	위험	보통	- 지역아동센터에서 학습 지원 등을 통하여 학교 성적 향상
가족·환경 관련 위험도	부모역할	매우위험	보통	- 부모상담 등을 통하여 관심을 증가시킴.
	가정폭력	위험	보통	- CT의 희생을 통하여 자연스럽게 폭력이 감소함.
	가족관계	위험	보통	- 가족캠프를 통하여 관계가 일부 개선됨.
	주말지원	보통	안정	- 주말 프로그램을 통한 주말 지원

* 로젠버그 자존감 척도

(4) 생태도 개입 전-후 비교

개입 전	개입 후
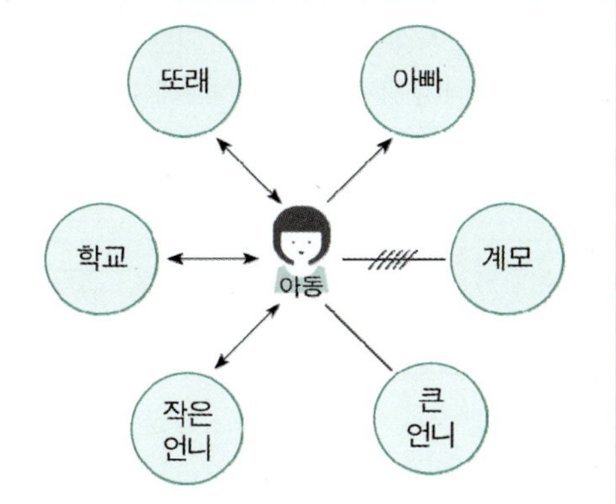	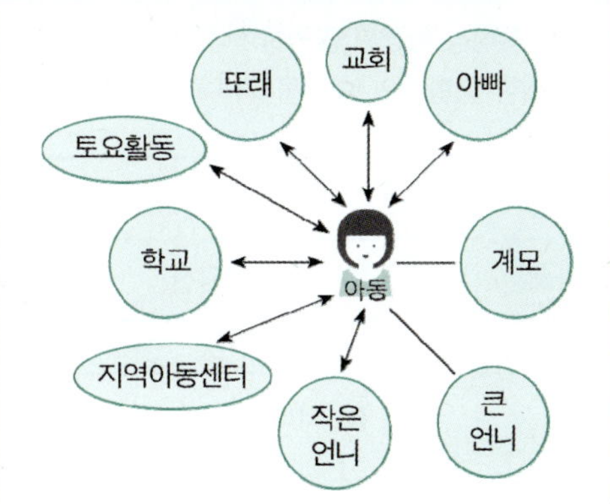

가계도 개입 전-후 비교

개입 전	개입 후
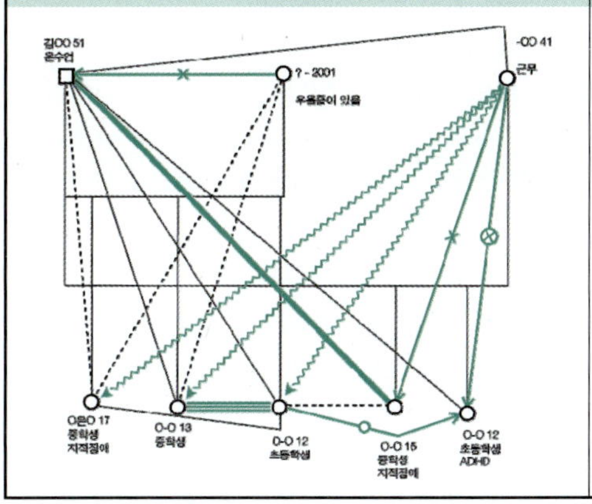	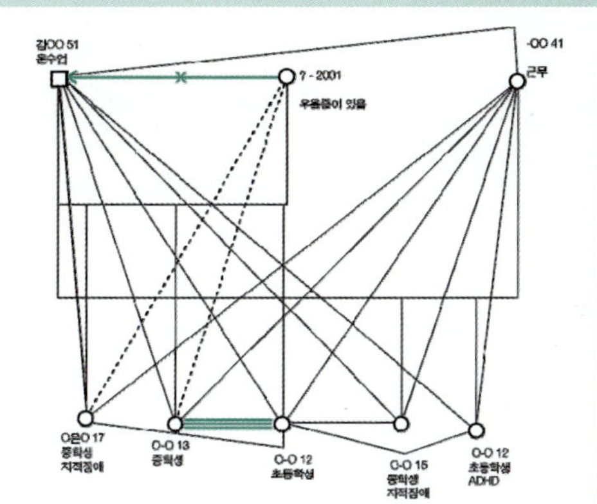

(5) 사례관리 평가결과

평가 결과	■ 재사정 후 일반아동 사례관리 □ 심층재사정 후 집중지원아동 사례관리 유지 □ 퇴소(종결) □ 유지 □ 서비스 계획 수정 □ 의뢰
	사유 : 충분한 먹거리 지원과 학습지원, 심리적 안정을 찾았고, 부모관계가 정립되고 있는 등 상황이 개선되어 일반아동으로 사례관리를 진행함.

(6-2) 종결보고서

평가 후 사례관리자는 종결 여부를 판단하고 목표달성도가 높으면 종결여부를 결정해야 하나 지역아동센터 특성상 학생이 졸업하거나 이사가지 않는 한 지속적으로 사례관리 대상자가 되는 경우가 많다. 이에 대한 종합적인 의견을 기록해 두어야 하며 또한 사후관리에 대한 기록도 작성해 두어야 한다.

아 동 명	*혜*	사례번호	2018-021
사례관리자명	임원선	작성일시	2018년 06월 30일

<table>
<tr><td colspan="2">퇴소(종결)유형</td><td>■ 서비스 목표달성 □ 서비스 거부 및 포기 □ 퇴소 □ 졸업
□ 기타 (   )</td></tr>
<tr><td colspan="2">종결일</td><td>2018. 06. 20.</td></tr>
<tr><td rowspan="3">개입효과</td><td>아동의 변화</td><td>1. 아동의 자존감이 향상되었다.
2. 먹거리가 해결됨으로 심리적인 안정감을 갖게 되었다.
3. 야간학습을 통해 학습이 많이 향상되었다.
4. 학습도 적극적으로 참여하려고 하는 모습을 보인다.</td></tr>
<tr><td>가족의 변화</td><td>1. 3회 직접상담과 전화상담 등을 통해 부의 역할이 아동과의 대화 노력과 지지의 역할이 향상되었다.
2. 가족 간에 서로 소통하게 되므로 가족관계가 향상되었다.
3. 모와 갈등이 많이 해소되었고, 모를 이해하는 마음을 갖게 되었다.
4. 가족 간에 소통이 이루어져 대화로 문제를 해결하게 되므로 폭력이 이루어지지 않고 가족희생요구(청소 등)가 감소하였다.</td></tr>
<tr><td>기타 변화</td><td>또래와의 관계에 적극적으로 어울리고 센터의 아동들과도 잘 어울리고 있음.</td></tr>
<tr><td colspan="2">종합평가</td><td>- 아동의 자좀감이 향상되므로 자신감을 많이 회복하였음.
- 표정이 밝아지고 학습과 프로그램에 적극적으로 참여함.
- 가족과도 대화를 통한 소통의 기술을 배워가고 있으며 가족 간에도 대화를 통하여 폭력적인 관계가 거의 해소가 되었음.
- 이후에 가족캠프 등을 통한 가족의 지속적인 관계와 소통의 훈련이 이루어지면 건강한 가족으로 회복되어 갈 것으로 사려됨.</td></tr>
</table>

<table>
<tr><td rowspan="2">의뢰</td><td colspan="2">의뢰기관 및 담당자</td><td colspan="2">의뢰내용</td></tr>
<tr><td colspan="2">의뢰기관 :
담당자명 :</td><td colspan="2"></td></tr>
<tr><td rowspan="2">사후관리</td><td>담당자</td><td colspan="2">사후관리 계획/내용</td><td>사후관리 주기</td></tr>
<tr><td>임원선</td><td colspan="2">- 가족관계회복을 위한 프로그램 참여
- 종교 활동은 통한 가족의 정서적 안정감, 일치감 부여</td><td>- 분기별 1회 면담
- 매 주일 예배 참석</td></tr>
</table>

[양식 36호] **사례회의(간담회) 계획서**

※ 본 양식은 예시로서 제공기관의 사정에 따라 임의 변경하여 사용할 수 있음

사례회의(간담회) 계획서

1. 개요
   - ○ 일 시 : 20 년 월 일(요일) 00:00~00:00
   - ○ 회 의 명 : *제 3차 사례회의*
   - ○ 장 소 : *00 사회서비스 센터 교육장*
   - ○ 참석대상 : *서비스 제공인력 및 관리자 10명*

2. 주요내용
   - ○ *서비스 제공관련 이슈 공유 및 협의(민원사례)*
   - ○ *사례 이슈 논의 및 의견수렴*
   - ○ *기관운영 관련 주요사항 전달*

3. 회의일정

시간	내용	비고
00 : 00 ~ 00 : 00	*서비스 관련 기관 이슈 공유*	*관리자*
00 : 00 ~ 00 : 00	*제공인력별 사례공유 및 해결방안 논의*	*전체*
00 : 00 ~ 00 : 00	*기타 기관운영 관련 주요사항 전달*	*관리자*

4. 소요예산 : *50, 000원*
   - ○ *(다과비) 5, 000원 × 10명 = 50, 000원*

[양식 37호] 사례회의(간담회) 결과보고

※ 본 양식은 예시로서 제공기관의 사정에 따라 임의 변경하여 사용할 수 있음

사례회의(간담회) 결과보고

일 시	*2016.00.00(요일) 00:00~00:00*	장 소	*00 사회서비스 센터 교육장*
참석자	*총 7명(OOO 기관장, OOO 과장, 서비스 제공인력 5명)*		

1. 서비스 제공관련 이슈 공유 및 협의

기관장 (관리자)		공유 사항
000	공유사유	*산모·신생아 건강관리 서비스 부적정 사례 공유를 통해 유사사례 발생 예방*
	공유내용	*함몰유두인 여아에게 관리사님이 민간요법을 실행, 이로 인해 상처가 생기고 고름이 생겨 병원 진료를 받은 사례*
	조치계획	*- 어떤 이유에서건 절대 민간요법을 시행하지 않고, 권하지도 않을 것* *- 목욕 시 신생아 신체에 이상이 발견된 경우는 산모에게 반드시 전달* *- 아이의 신체와 관련된 것은 위생관리 외에는 시행하지 말 것*

2. 사례 이슈 공유(1건)

관리사	공유 내용	협의 결과
000	*o 관리사의 경력이 짧아 산모의 부당한 요구가 있을 때 적절이 거절하는 방법이 미숙함* *- 서비스를 제공하는 산모 가정이 아이가 많아 청소상태가 매우 불량하여 산모와 신생아를 위한 서비스 집중이 어려우며, 기본적인 서비스를 하기 위해서는 매번 청소를 먼저 해야 하는 상황에서 가족들의 빨래 등 부당 요구를 하는 사례*	*o 동일 사례건에 관한 지원프로세스 논의* *산모에게 서비스 범위와 관리사가 가사도우미가 아님을 명확히 설명 → 지속 요구 → 관리자에게 보고 → 관리자 방문 또는 통화*

3. 기관운영 주요사항

○ *파견 전담인력 채용 예정*

○ *파견 전담인력 채용 전까지 파견업무 분장(김 oo : oo 군, ooo군)*

4. 집행예산 : *(다과비) 5,000원 × 7명 = 35,000원*

[붙임] 참석자 명단(서명) 및 사진자료

[양식 38호] 전문가 자문회의 계획서

※ 본 양식은 예시로서 제공기관의 사정에 따라 임의 변경하여 사용할 수 있음

전문가 자문 계획서

1. 목적

○ 우울증에 대한 인식 제고와 사회서비스 제공과정에서 부모의 우울증 대처 방법에 대해 자문을 받기 위함

2. 일시 및 장소

○ 교육명 : 부모 우울증 인식제고

○ 일 시 : 년 월 일( ) 00:00~00:00

○ 장 소 : 000 사회서비스 센터 회의실

3. 참석대상 : 21명

○ 자문위원(1명) : 최OO(○○○ 정신건강 연구소장)

○ 내 부(20명) : 바우처사업팀장 외 19명

4. 주요내용

○ 부모 우울증 대한 인식 제고 교육

○ 현장에서 일어날 수 있는 부모의 우울증에 대한 대처방안 자문

5. 소요예산(안) : 총 213,000원(일금 이십일만삼천원정)

○ 예산항목 : 기관운영-사업관리-일반수용비/행사회의비

항목	소요예산	산출내역	비고
합계	213,000		
일반수용비	150,000	○ 자 문 료 : 150,000 × 1명	
행사회의비	63,000	○ 다 과 비 : 3,000 × 21명	

[양식 39호] **전문가 자문 결과보고서**

※ 본 양식은 예시로서 제공기관의 사정에 따라 임의 변경하여 사용할 수 있음

전문가 자문 결과보고서

1. 목적
   ○ 노인 우울증에 대한 인식 제고와 사회서비스 제공과정에서 노인 우울증 대처 방법에 대해 자문을 받기 위함

2. 개요
   ○ 교육명 : 부모 우울증 인식제고
   ○ 일 시 : 년 월 일( ) 00 : 00~ 00 : 00
   ○ 장 소 :
   ○ 참석자 : 총 21명(자문위원 1명, 내부 20명)

3. 주요내용
   ○ 우울증 대한 인식 제고 교육
   ○ 현장에서 일어날 수 있는 부모의 우울증에 대한 대처방안 자문

4. 세부내용

구분	세부내용
우울증이란?	*1. 우울증의 종류: 노년기 우울증, 가성치매* *2. 우울증 원인 : 심리적 측면, 사회적 측면, 신체적 측면* *3. 우울증 특징 : 수면장애, 소화기장애, 체중감소, 성욕저하 등*
현장에서 대처방안	*1. 우울증인지, 치매인지 세심한 관찰이 필요 : 치매검사 안내* *2. 폭력성이 보일 때 : 우울증 치료의 필요성을 보호자에게 적극 알리며, 정신건강증진센터와 같은 전문기관에 도움을 요청* *3. 무기력한 모습을 보일 때 : 산책 등을 유도하고 함께 동행*

5. **집행예산** : 총 213,000원(일금 이십일만삼천원정)
   ○ 예산항목 : 기관운영-사업관리-일반수용비/행사회의비

항목	소요예산	산출내역	비고
합계	213,000		
일반수용비	150,000	○ 자 문 료 : 150,000 × 1명	
행사회의비	63,000	○ 다 과 비 : 3,000 × 21명	

[붙임1] 참석자 명단
[붙임2] 전문가 자문 개최사진

[양식 40호] **모니터링 분석결과 보고서**

※ 본 양식은 예시로서 제공기관의 사정에 따라 임의 변경하여 사용할 수 있음

모니터링 결과 보고서

□ 조사 개요

○ 대 상 : '15년도 가사간병방문지원사업 이용자*, 총 47명

  * 제외대상 : 이용자 개인사정(병원입원, 시설입소 등)에 따라 모니터링이 불가한 경우

○ 기 간 : '15. 1. 1 ~ 12. 31, 12개월

○ 방 법 : 설문지를 통한 오프라인 설문조사

□ 조사 내용

○ 공통 : 서비스 내용 및 이용기간, 서비스 및 기관 인지경로 등

○ 서비스 만족도 : 서비스 만족도, 제공인력의 태도 및 전문성 만족도, 전반적 만족도

○ 서비스 적정성 : 욕구파악 여부, 제공계획서 제공여부, 고충 및 불만 처리 여부

□ 조사 결과(요약)

구분	내용	응답결과
공통	1. 서비스 이용기간	• 1년 이상 : 42명(89%) • 1년 미만 : 5명(11%) * 평균 이용기간 11.8개월
	2. 서비스 및 기관 인지경로	• 친척 및 이웃소개 : 32명(68%) • 시·군·구 안내 : 10명(21%) · 기타 : 5명(11%)
서비스 만족도 (* 5점척도 사용)	1. 서비스 만족도	• 매우만족 : 8명(17%), 만족 : 16명(34%) 보통 : 18명(38%), 불만족 : 5명(11%) • 평균 3.57점
	2. 제공인력의 태도 및 전문성 만족도	• 매우만족 : 7명(15%), 만족 : 17명(36%) 보통 : 20명(43%), 매우불만족 : 3명(6%) • 평균 3.53점
	3. 전반적 만족도	• 매우만족 : 2명(4%), 만족 : 24명(52%), 보통 : 18명(38%), 불만족 : 2명(4%), 매우불만족 : 1명(2%) • 평균 3.51점

서비스 적정성	1. 욕구파악 여부	• 그렇다 : 23명(48%), 그렇지않다 : 24명(52%)
	2. 제공계획서 제공여부	• 그렇다 : 45명(95%), 그렇지않다 : 2명(5%)
	3. 고충 및 불만 처리 여부	• 그렇다 : 12명(29%), 그렇지않다 : 35명(71%)

* [별첨1] 세부 분석결과 참조

□ 향후 계획

○ 이용자만족도 조사 결과 공유를 위한 직원간담회 개최 : '16. 1. 24(화)

○ 고충 및 불만처리 개선을 위한 '고객소리함' 설치 : '16. 2. 11(금)

[양식 41호] **지역자원 정보 안내문**

지역사회 자원 정보 안내문

현재, 귀하께서 이용하고 계신 ____________________서비스가 20 년 월 일 종료될 예정입니다.

그동안 서비스를 이용해 주신 귀하께 감사드리며, 지속적인 서비스 품질 향상을 통해 보다 더 나은 서비스로 여러분들의 복지향상에 더욱 노력하겠습니다.

우리 지역 내에 이용 가능한 서비스 및 기관목록을 아래와 같이 제공하오니, 서비스 이용에 참고하시기 바랍니다.

[이용 가능한 서비스 및 기관목록]

연번	기관명	이용가능한 서비스	연락처	비고
1	*문화1동 주민센터*	*아기 행복 마사지*	*OO-OOO-OOOO*	*▻ 연령 : 생후 3개월~12개월* *▻ 서비스 : 매주 수요일 11시* *▻ 모집인원 : 15명 내외*
2	*OO복지관*	*행복한 육아를 위한 부모교육*	*OO-OOO-OOOO*	*▻ 연령 : 만 5세 미만 영유아 부모* *▻ 교육일정 : 주 1회, 총 8회* *▻ 유아교육과 교수, 상담사 등*
3				
4				
5				

보다 자세한 안내가 필요하실 경우, 해당기관으로 문의하여 주시기 바라며, 기타 도움이 필요하시면 읍·면·동 사무소 또는 관할 시·군·구에 연락하여 주시기 바랍니다.

○○○ 센 터

[양식 42호] **MOU 협약서** ※ 제공기관의 사정에 따라 임의 변경하여 사용할 수 있음

MOU 협약서

○○○과 ○○○(이하 '양 기관'이라 한다)는 다음과 같이 협약을 체결한다.

제1조 (협약 목적) '양 기관'은 지역 내 취약 다문화아동의 건강한 성장발달과 복지 증진을 위해 상호 협력한다.

제2조 (주요 협력 내용) '양 기관'은 잠재적인 문제를 보이는 다문화아동을 발굴하고, 각 기관의 아동대상 프로그램에 적극 연계하고, 서비스가 원활하게 진행 될 수 있도록 협조한다.

제3조 (추가 협력 내용) '양 기관'은 원활한 서비스연계 및 효과적인 제공을 위해 해당 제공인력 등의 교육을 상호 협의하여 추진하되, ○○다문화가족지원센터 주관으로 해당 교육을 실시한다.

제4조 (상호 협의) 본 협약내용의 이행을 위한 세부사항은 별도로 상호 협의하여 시행한다.

- 부 칙 -

1. 본 협약서는 '양 기관'이 서명한 날로부터 유효하다.
2. 본 협약기간은 계약일로부터 '양 기관'의 이의가 없는 한 계속 유효하다.
3. 이 협약의 성실한 이행을 위해 협약서 2부를 작성하고, 서명·날인한 후 '양 기관'이 각각 1부씩 보관한다.

2018년 월 일

○ ○ ○ 센터	○ ○ ○ 다문화가족지원센터
대표명: (인)	대표명: (인)

[양식 43호] **서비스 연계 의뢰서**

※ 본 양식은 예시로서 제공기관의 사정에 따라 임의 변경하여 사용할 수 있음

서비스 연계 의뢰서

발신기관		수신기관	
기관명	0000센터	기관명	00알코올중독예방센터
담당자	정○○	담당자	김○○
연락처	010-0000-0000	연락처	010-0000-0000

대상자	홍○○	성별	남	생년월일	65. 5. 10
주소	경기 연천군 전곡읍 현문로 ○○			연락처	00-000-0000
수급여부	국민기초 수급자				
의료보장	의료보장(1종)		장애등급	미해당	
의뢰 서비스	알코올 전문상담 및 치료서비스				
이용자 상태	현재 연계된 서비스 : 가사간병 방문지원 사업				
	습관적인 알코올 섭취로 최근 운동, 언어, 인지, 정서 등 복합적인 문제를 보임.				

상기인을 귀 기관에 의뢰하오니 적극 협조 부탁드립니다.

년 월 일

결재	담 당	시설의 장

서비스 모니터링 기록지

아동성명		생년월일	

대상	목표	서비스 내용	서비스 점검	사례관리자 의견
아동				
가족				
기타				

[양식 44호] 서비스 종료 안내문

※ 본 양식은 예시로서 제공기관의 사정에 따라 임의 변경하여 사용할 수 있음

서비스 종료 안내문

■ 성명 : 홍 0 0

■ 주소 : 00시 00구

아래와 같은 사유로 제공받으셨던 아동지원서비스가 종료됨을 안내드립니다.

-아 래-

1. 종결사유 : 계약기간 만료

2. 종결일자 : 2016. ○. ○○.

0 0 0 0 센 터

[양식 45호] **문서관리지침**

※ 본 양식은 예시로서 제공기관의 사정에 따라 임의 변경하여 사용할 수 있음

문 서 관 리 지 침

구분	문 서 내 용
영구 보존	• 기관의 존립선 기본 규정이 되는 문서관청의 주요 인허가 문서 • 등기, 등록 및 소송에 관한 서류 • 계약서, 합의서 등 효력이 영속되는 서류 • 기관의 중요 재산에 관한 문서 • 직원입사관련 주요문서 • 기타 역사적 가치가 있는 문서
10년	• 전항에 속하나 영구보존의 필요가 없는 것 • 예결산, 회계에 관한 제작부 및 전표 • 영구보존 이외 업무수행 상 기본의 문서 • 제 증명의 발급대장 • 제도, 규칙 등에 관한 계획, 조사, 연구서
5년	• 프로그램 계획 및 시설 운영일지 • 운영 통계 자료 및 예산, 감사에 관계된 문서 • 각종 국세, 지방세 등 조세에 관련된 문서
3년	• 노동법에 관련된 문서보존 • 통상의 회의록 • 경리에 관한 보조적 서류, 통계 서류 • 대내외 일반문서 • 관련법규에 의해 점검기록이 요구되는 문서 • 기관 평가에 관한 사업실적 증빙서류
수시 폐기	• 원본이 있는 복사문서 • 각종자료, 도표, 법령, 내규, 지침이 갱신된 후 갱신 이전의 문서 • 활용가치가 상실된 문서

○ ○ ○ 센 터

출처: 사회서비스 공통품질기준「문서보관 기록물 및 보존기간」 p.40

[양식 46호] **사업평가 결과보고서**

※ 본 양식은 예시로서 제공기관의 사정에 따라 임의 변경하여 사용할 수 있음

사업평가 결과 보고서

□ **목적**

○ 사업운영의 문제점 분석, 개선방안 도출, 향후계획 수립을 통해 차후년도 사업(운영) 계획에 반영

□ **보고회 일시 및 장소**

○ 일시 :

○ 장소 :

□ **참석대상(4명)** : OOO센터장, OOO담당, 제공인력 2명

□ **주요내용**

1. 추진실적(2018. 2 ~ 2018. 12)
   - *OO사업 이용자 　　명 서비스 제공*
   - *제공인력 교육 OO회 추진*
   - *홍보활동 OO회 추진(홍보지 및 홍보물 배부, 홍보부스 설치 등)*
2. 추진성과
   - *2017년 대비 2018년 이용자 OO% 증가*
   - *2017년(84.5점) 대비 2018년 이용자 만족도 OO%(87점) 증가*
3. 미흡한 점(장애요인 및 해결방안)
   - *이용자(보호자) 욕구중심의 서비스 제공을 위한 욕구사정 강화 필요*
   - *이용자 사정(주거지 이동 등)에 의한 서비스 조기 종료 사례발생*
4. 향후 추진계획
   - *이용자 초기상담, 재계약에 따른 욕구사정 강화를 통한 맞춤형 서비스 제공*
   - *이용자 서비스 연계활성화 방안 검토 등*
   - *사업 분석결과는 2019년도 사업계획 수립 시 반영*

□ **소요예산(안)** : 총 80,000원(일금 팔만원정)

○ 예산항목 : 기관운영-사업관리-일반수용비/행사회의비

- 자료집 : 10,000원 × 4명
- 다과비 : 10,000원 × 4명

[붙임1] 사업별 연간/분기 추진실적 보고서

[붙임2] 사업평가회의 개최 사진

<다문화아동 및 가족과 상호작용시 주의사항>

구분	주의할 사항
언어적 기술	- 아동 및 가족에게 초점을 맞추고 그들의 이야기에 관심이 있음을 표현하기 - 차분한 자세를 유지하면서 언어전달방법을 관찰하기 - 천천히, 조용히, 자신감 있게 말하기 - 간단하게 말하며 사무적인 언어나 전문용어는 사용하지 않기 - 주의 깊게 듣고 말하는 중간에 끼어들지 않으며 조언이나 비판하지 않기 - 아동 및 가족이 이야기하도록 격려하고 개방적 마음을 가지기 - 진정을 위한 도구로 침묵을 활용하기 - 한쪽 편을 들거나 왜곡된 사실에 동의하지 않기 - 개인을 위협하는 협상이나 지키지 못할 약속 하지 않기
비언어적 기술	- 차분한 신체언어 사용하기 : 주먹을 쥐지 않고 편안한 손모양 - 아동 및 가족의 신체적 수준 맞추기 : 앉아 있을 경우 무릎을 구부리는 등의 행동을 함 - 상대와의 사이에 충분하 공간 확보하기 : 1미터 정도 - 다음과 같은 행동은 하지 말 것 · 도전적인 자세 · 손을 엉덩이 아래 두는 것 · 손가락질(손끝으로 가리키는 행동) · 팔을 흔들거나 팔짱끼는 행동 · 노려보는 행동
적대적/ 화가 난 대상자	- 아동 및 가족은 도움을 구하기 어려운 상황이거나 감정적인 고통 또는 불만, 방문에 따른 두려움과 불안으로 분노의 반응을 보일 수 있음 - 아동과 가족에게 차분하지만 단호한 태도로 반응함 - 분노에 대하여 대상자가 직접 정의하도록 하고 언어적으로 표현하도록 도움 - 사회복지사의 도움과 문제해결을 위한 노력, 역할이 장기적이고 긍정적인 이익이 될 것이라는 점을 강조함 - 작은 목소리가 대상자를 차분하게 되는 것을 도울 수 있음 - 대상자가 앉을 것을 권하고 존중하는 자세로 대함 - 이러한 상황에서 해야 할 일과 무엇을 이야기할지 미리 연습함 - 상황이 위험하다고 판단되면 자리를 떠나고 112에 전화함

긴장감 줄이기	- 차분한 목소리톤과 태도를 갖도록 함 - 명확하고 직접적인 태도로 이야기하며 사회복지사의 이야기를 들을 수 있도록 함 - 직접적으로 "진정하세요"라는 이야기는 바람직하지 않음 - 공감하는 태도로 좌절이나 문제가 발생하게 된 것에 대하여 이야기함 - 실수에 대하여 책임감을 가질 수 있도록 함 - 아동과 가족은 사회복지사에게 화가 난 것이 아니라 자신의 상황에 대하여 화가 난 것임을 인식함 - 천천히 움직이며 대상자를 직접 마주 보지 말고 옆으로 서서 이야기하도록 함 - 과도한 시선접촉을 피하고 너무 가까운 거리에 있지 않음 - 화가 난 사람에게는 신체접촉을 하지 않음 - 아동과 가족이 나중에 이야기하거나 잠시 화를 가라앉히는 시간을 갖는 것에 대하여 선택할 수 있도록 함 - 주의를 다른 곳으로 전환하거나 주제를 바꾸는 것을 주의함 - 유머 사용은 오해받을 수 있으므로 신중해야 함

출처: 2019 드림스타트사업안내 (보건복지부, 2019) 자료를 토대로 일부 재구성함

<폭력 예방을 위한 가정방문및 상담시 가이드 라인>

구분	주요내용
가정방문 전 확인내용	- 아동 및 가족이 폭력과 관련된 개인력이 있는가? - 아동 및 가족이 불법약물사용, 물질/알코올남용을 하고 있는가? - 아동 및 가족이 정신질환을 앓고 있는가? - 집안에 무기를 가지고 있는가? - 집에 난폭한 개 또는 위협이 될 만한 동물이 있는가? - 집 또는 인근에 안전 위험요소가 있는가? - 가정 내에 두려운 인물이 있는가? 그 이유는 무엇인가? - 보호관찰 중이거나 전과기록을 가진 사람이 있는가?
가정방문 시 주의사항	- 아동 및 가족에 대한 사전정보를 통하여 위험발생 가능성을 확인 - 방문 및 상담계획 알리기 : 기관의 상사나 동료에게 가정방문 사실과 장소를 알리기 - 방문 및 상담 시 안전장비 갖추기 : 휴대폰, 필요시 경찰, 공무원 등 안전요원 등과 동행하기 - 고립된 장소, 어두운 장소 피하기 - 다음과 같은 상황일 경우 가정방문을 연기하거나 이미 가정을 방문한 경우에는 방문을 중단하고 나오는 것이 바람직함 · 가족구성원이 술에 취해 있을 경우 · 가정 내에서 방문 시 폭력적인 싸움이 진행되고 있는 경우 · 실제적인 폭력이 사회복지사에게 가해지는 경우 · 사회복지사에게 위협이 가해지는 경우 · 사회복지사의 방문에 적대적으로 응대하는 경우
상담 시 주의사항	- 아동 및 가족의 잠재적인 위험성에 대한 사정 : 위험성에 대한 내력 파악, 대상자와 가족의 특수사정 사전인지, - 아동 및 가족의 흥분상태인지 : 눈까박거림이 빨라짐, 자세를 낮춤, 호흡이 빨라짐, 눈동자가 달라짐, 목소리 톤이 달라짐 - 아동 및 가족을 자극하는 단어를 사용하지 말 것 특히 문제행동에 대한 비난적인 의미를 내포하는 단어 사용을 하지 말 것 - 아동 및 가족의 흥분, 분노, 충동성의 수준을 측정할 수 있는 척도 사용 - 위험상황 발생 시 아동 및 가족을 자극하지 않으면서 도움을 요청하는 신호가 될 수 있는 특정 단어나 문구 사용 : 상담 전 직원들 간 사전에 논의함.

출처: 2019 드림스타트사업안내(보건복지부, 2019)를 토대로 일부 내용을 수정함.

참고문헌

강금화, 황보명 (2010). 5세 다문화가정 아동과 일반가정 아동의 언어, 읽기, 음운인식능력에 관한 연구. 언어치료연구, 19(1), 143-158.

강명순 (2008). 찾아가는 사례관리. 학지사.

구효진, 박경란, 최진선 (2009). 농어촌 다문화가정 유아와 일반가정 유아의 언어 및 정서·사회성 발달 연구. 특수교육학연구, 44(3), 355-347.

국립특수교육원 (2008). 특수교육실태조사. 국립특수교육원.

권귀영 (2017). 외국인 유학생의 스트레스가 학업 적응에 미치는 영향에 관한 연구. 중앙대학교 석사학위논문.

권진숙 역 (2004). 사례관리: 개념과 기술(Franke, A. J., & Gelmanm, S. S.). 학지사.

권진숙, 김상곤, 김성천, 유명이, 이기연, 조현순 (2012). 사례관리 전문가교육 실무자 기초과정. 학지사.

권진숙, 박지영 (2008). 사례관리 이론과 실제. 학지사.

권진숙, 박지영 (2009). 사례관리의 이론과 실제(2판). 학지사.

권진숙, 전석균 역 (1999). 사례관리(Ballew, J. R., & Mink, G. 저). 하나의학사.

김경숙, 안은영, 이영선 (2008). 교사를 통해 본 다문화 가정 유아들의 행동특성과 이들을 위한 교수활동에 대한 질적 연구. 유아특수교육연구, 8(1), 1-24.

김동배, 권중돈 (2005). 인간행동이론과 사회복지실천. 학지사.

김동배, 권중돈 (2011). 인간행동과 사회환경. 학지사.

김동일, 이대식, 신종호 (2009). 학습장애아동의 이해와 교육. 학지사.

김만두 편역 (1993). 효과적인 복지서비스를 위한 사례관리실천론(Moxley, D. P. 저). 홍익재.

김미나 (2009). 다문화교육정책의 추진 체계 및 정책 기제 연구: 행위주체별 정책목표와 수단을 중심으로. 다문화사회연구, 2(2), 63-96.

김미숙, 우국희, 양소남, 이주연, 이정현 (2011). 선진국의 아동사례관리체계 비교연구: 영국, 미국, 뉴질랜드를 중심으로. 한국보건사회연구원.

김미진 (2010). 아동의 다문화 수용성 척도개발에 관한 연구. 고려대학교 대학원.

김상배 (2008). 네트워크 권력의 세계정치: 전통적인 국제정치 권력이론을 넘어서. 한국정치학회보, 42(4). 한국정치학회.

김선희 (2010). 다문화가정 유아의 적응에 대한 유아 개인적 요인 및 환경적 요인간 의 관련성 분석. 한국연구재단.

김신열 (2008). 비영리 기관의 전략 기획. 한국사회복지행정학회. 한국사회복지행정학회 학술대회 자료집

김영재 (2012). 계획행동이론을 적용한 가족캠핑 의도와 가족건강성에 관한 연구. 중견연구자 지원.

김융일 외 (1995). 사회사업실천론. 나남출판.

김춘경, 이정은 (2002). 사회기술향상 프로그램이 ADHD 아동의 사회기술과 ADHD 주요증상 변화에 미치는 효과. 정서・행동장애연구, 18(2).

김통원, 김용득 (1998). 사회복지실천 사례관리. 지샘.

김혜란 (2019). 다문화가정아동 자아존중감 향상 프로그램.

김혜영, 전은주 (2010). 중등 다문화 학습자의 국어과 교수-학습 양상 분석. 국어교육학연구, Vol.0 No.38

나옥희 (2017). 비폭력대화와 감정코칭을 통합한 청소년 정서조절프로그램.

뉴스1(2018.8.12.). 서울 봉천동에서 새터민 모자 숨진 채 발견…아사 가능성.

류명원 (2006). 한국재가노인복지의 사례관리 모형에 관한 연구. 원광대학교 대학원 박사학위 논문

민무숙 외 (2009). 다민족・다문화사회로의 이행을 위한 정책패러다임 구축(III). 한국여성정책연구원

박광덕 (2001). 2001 년도 하계 학술대회 발표논문집: 지역사회복지에 있어서 정책네트워크의 활용방안 - 서비스 공급주체를 중심으로 -. 한국정책학회 학술대회, Vol.2001.

박은미, 정익중 (2012). 사례관리의 이해・영유아보육과 사회복지의 통합적 접근. 박영사.

박천오 (2004). 특별채용 활성화 방안. 국가정책연구포털(NKIS) 자료.

박하나 (2015). '다문화 감수성' 관련 연구 동향 분석. 다문화교육연구, 8(2), 47-68.

박혜성, 박현숙 (2014). 국내 특수교육학술지에 나타난 다문화 관련 연구의 동향. 특수교육저널: 이론과 실천, 15(3).

白澤政和 (2000). 사례관리의 이론과 실제(조추용, 권현주 공역). 유풍출판사.

보건복지부 (2010). 한국보건복지 인력개발원.

보건복지부 (2019a). 복지 위기가구 발굴대책 보완조치.

보건복지부 (2019b). 2019 드림스타트 사업안내.

서울복지재단 (2005). 사회복지 프로그램 매뉴얼 개발연구.

서울복지재단 (2010). 사회복지관 프로그램 매뉴얼 지역사회복지사업 사례관리 실천메뉴얼. 서울특별시.

손동원 (2010). 사회 네트워크 분석. 경문사.

송인섭 (2005). 21세기 인재육성과 교육심리학의 과제. 교육심리연구, 19(2).

송정애 (2014). 아동복지론. 양서원.

양옥경 외 (2000). 사회복지실천론. 나남출판.

양옥경, 김정진, 서미경, 김미옥, 김소희 (2001). 사회복지실천론. 나남출판사.

양정남 외 (2009). 사례관리. 양서원.

엄명용, 김성천, 오혜경, 윤혜미 (2011). 사회복지실천의 이해. 학지사.

여성가족부 (2019). 2018 다문화가족 실태조사 연구.

여성가족부 (2019). 2018년 전국 다문화가족 실태조사.

오성숙 (2009). 다문화가정 어머니 개인변인, 가정환경 자극과 유아 언어능력의 관계. 대구대학교.

월드비전 (2009). 월드비전 사례관리 매뉴얼. 월드비전.

이근홍 (1996). 한국 재가노인의 사례관리 실천모델에 관한 연구. 중앙대학교 대학원 박사학위논문.

이근홍 (1999). 케이스 매니지먼트 실천과정에서의 사정의 특성과 구조에 관한 연구. 사회복지연구.

이근홍 (2006). 사례관리실천 개별관리. 공동체.

이근홍 (2008). 케어매니지먼트. 공동체.

이근홍 (2014). 사례관리. 양서원.

이기연 (2010). 사례관리 주요과정의 이해. 사례관리 실무자 기초교육 강사양성을 위한 교육자료집.

이샛별 (2010). 다문화가정 저학년아동 사회성 향상 프로그램.

이수진 외 (2005). 사례관리실천방법. 서울복지재단.

이신동 (2006). 학습장애 영재의 유형과 판별 전략 탐색. 한국특수교육학회 학술대회, Vol.2006 No.12.

이원숙 (1995). 사회적 망과 사회적 지지이론. 홍익제.

이인정, 최해경 (2012). 인간행동과 사회환경. 나남.

이종복, 이권일, 김화순, 오은경 (2007). 사례관리 이론과 실천. 창지사.

이준영 (2007). 사회복지네트워크의 이론과 실제. 춘계학술대회 및 워크숍자료집.

이준우, 임원선(2011). 사회복지실천론. 인간과 복지.

이준우, 임원선, 이화옥 (2006). 사회복지실천론. 인간과 복지.

이지영 (2016). 다문가정 아동의 문화변용스트레스가 학교적응에 미치는 영향. *Counseling Psychology Education Welfare,* 3(1), 33-39.

이현주 (2000). 빈곤과 차상위계층. 보건복지포럼, Vol.41.

인천광역시사회복지관협회·사례관리연구회 (2009). 인천광역시 사회복지관 사례관리 실천을 위한 매뉴얼 연구보고서. 인천광역시사회복지관협회·사례관리연구회.

임원선 (2019). 사회복지실천과 사례관리. 학지사.

장애연 (2011). 치료놀이 프로그램이 다문화 가정 아동의 문제행동에 미치는 효과. 중앙대학교 대학원.

장인협, 우국희 (2001). 케어 · 케이스 매니지먼트. 서울대학교출판부.

장인협, 우국희 (2007). 지역사회기반 사회복지실천 케어·케이스 매니지먼트. 서울대학교 출판부

전영상 (2006). 협력적 거버넌스에 대한 공무원 태도의 결정요인 분석.

전유경 (2010). 다문화가정과 한국가정 모-자 상호작용 특성에 관한 비교 연구: 상담실에 의뢰된 아동을 중심으로. 대구대학교 대학원.

정순둘 (1997). 오스틴 노인그룹 서비스 기관들의 관계에 관한 연구. 한국사회복지학, 31, 441-458.

정순둘 (2005). 사례관리실천의 이해. 학지사.

조휘일, 이윤로 (1999). 사회복지실천론. 학지사.

진민진, 배성만, 현명호 (2011). 중국인 유학생의 지각된 차별감, 대처양식, 사회적 지지가 우울에 미치는 영향. 한국심리학회지 건강, 16(4).

최영대, 한상미 (2014). 사례관리의 이론과 실제, 창동종합사회복지관 사례를 중심으로. 공동체.

최은희, 황미영 (2013). 사례관리. 정민사.

충남여성개발원 (2011), 생애주기별 맞춤형복지계획.

통계청 (2018). 사회조사 원자료 분석(청소년 일반 부분).

피터 코닝 저, 박병화 역(2011). 공정사회란 무엇인가. 에코리브르.

한건수 (2008). 비판적 다문화주의: 한국적 다문화주의의 모색을 위한 인류학적 성찰. 유네스코 아시아·태평양 국제이해교육원 엮음, 다문화사회의 이해, 동녘.

한국보건사회연구원 (2010). 전국 다문화가족실태조사 연구. 한국보건사회연구원.

한국사례관리학회 (2012). 사례관리론. 학지사.

한국사례관리학회 (2012a). 사례관리전문가교육. 학지사.

한국사례관리학회 (2012b). 사례관리론. 학지사.

한국여성개발연구원 (2015). 국민 다문화수용성 조사 연구. 여성가족부.

한국일보 (2019.1.31.). 한현민 “다문화 가정에 아직 편견… 아이들에 특별하다 말해 주고파”.

한승준 외 (2009) 다민족· 다문화사회로의 이행을 위한 정책패러다임 구축(Ⅲ). 한국여성정책연구원.

현외성 (2012). 사회복지 사례관리론. 공동체.

홍선미, 김상곤, 민소영, 박지영, 한소정, 성은미 (2010). 무한돌봄센터 사례관리 교육교재1. 경기복지재단.

홍성욱 (2010). 인간·사물·동맹. 이음.

홍현미라 (2006). 지역사회관계망을 활용한 자원개발경험의 유형에 관한 근거이론 연구. 한국사회복지학, 58, 65-69.

황성철 (1995). 사례관리 실천을 위한 모형개발과 한국적 적용에 관한 연구. 한국사회복지학, 27, 275-307.

Alter, C., & Hage, J. (1993). *Organizations Working Together*. Sage: Newbury Park.

Appel, R. (2004). Perceived ethnic discrimination and its association to ecological momentary assessment of daily interactions. Dissertation Abstracts International. *Section A: Humanities & Social Sciences, 64*(7-A), 2657.

Baker, F., & Intalgiata, J. (1992). *Case Management in social work developing the professional skills needed or work with multiproblem client.* Springfield, IL: Charles C. Thomas.

Baker, G. C. (1994). *Planning and organizing for multiculutral instruction.* Reading, MA: Addison Wesley.

Ballew, Julius R., & Mink, George (1996). *Case Management in the human service.* Springfield, IL: Charles C. Thomas·Publisher.

Balud, I. (2000). *Caring for Older People: An Assessment of Community Care in the 1990s.* The Personal Social Service Research Unit.

Banks, J. A. (2008). *An introduction to multicultural education* (4th ed.). Boston: Allyn & Bacon.

Barkley, R. A. (1981). *Hyperactivity. Behaviral assessment of childhood disorders*. New York: Guilford Press.

Barkley, R. A. (1990). *Attention deficit hyperactivity disorder*. New York: Duilford Press.

Bennett, G. G., Merritt, M. M., Edwards, C. L., & Sollers III, J. J. (2004). Perceived racism and affective responses to ambiguous interpersonal interactions among African American men. *American Behavioral Scientist, 47*(7), 963-976.

Bennett, J. M., & Bennett, M. J. (2004). Developing intercultural sensitivity: An integrative approach to global and domestic diversity. In J. M. Bennett & M. J. Bennett (Eds.), *Handbook of intercultural training* (pp. 147-165). London: Sage Publishing.

Bertsche, A., & Horejsi, C. (1980). Coordination of client services. *Social Work,* 25, 94-98.

Blau, P. M. (1964). *Exchange and power in social life.* New York: John Wiley and Sons, Inc.

Boys, G. (1984). *Linking Services for the Chronically Mentally Ill: A Study of Interorganizational Relations.* Unpublished doctoral dissertation, Case Western Reserve University.

Bradford, W. Sheafor, & Charles R. Horejsi (1998). *Techniques and Guidelines for Social Work Practice.*

Brindis, Claire, Barth, Richard, P., & Loomis, Amy B. (1987). Continuous Conseling: Case Management with Teenage Parents. *Social Casework, 68*(3), Milwaukee WI: Family Service America.

Browne, C. V. (1995). Empowerment in Social Work Practice with Older Women. *Social Work, 49*(3), 358-364.

Challis, David J. et al. (1995). *Case Management and Health Care of Older People: The Darlington Community Care Project.* Aldershot: Ashgate Publishing Ltd.

Chen, G. M. (1997). A review of the concept of intercultural sensitivity. *Human Communication, 1*, 1-16.

Compton, Beulah Roberts & Galaway, Burt (1984). *Social Work Processes* (3rd ed.). Homewood, IL: The Dorsey Press.

Cutler, D., Blume, J., & Shore, J .(1981). Training psychiatrists to work with community support system for chronicically mentally ill persons. *American Journal of Psychiatry, 138*(1), 98-101.

Early, T., & Poertner(1995). Examining current approaches to case management for families with children who have serious emotional disorder. In Friesen, B.J. & Poertner, J., From *Case Management to Services Coordination for Children with Emotional, Behavioral, and Mental disorders: Building on family strengths.* Baltimore, MD: Paul H. Brookes Publishing, pp 37-62.

Emerson, R. H. (1962). Power-dependent Relations. *American Sociological Review, 27*, 31-41.

Felder, S., Lechtenboehmer, C., Bally, M., Fehr, R., Deiss, M., Faessler, L., & Schuetz, P. (2015). *Association of nutritional risk and adverse medical outcomes across different medical inpatient populations*. Nutrition.

Fiene, Judith Ivy & Taylor, Patricia A. (1991). Serving Rural Families of Developmentally Disabled Children: A Case Management Model. *Social Work, 36*(4), Silver Spring, MD: National Association of Social Workers, Inc.

Germain, C. B., & Gitterman, A. (1987). Ecological Perspectives. In Minanhan et al.(Eds.), *Encyclopedia of Social Work*. MD: National Association of Social Workers.

Hasenfeld, Y., & Gidron, B. (1993). Self-help Groups and Human Service Organizations: An Interorganizational Perspective. *Social Service Review, 65*(2), 17-37.

Hatzenbuehler, M. L., Nolen-Hoeksema, S., & Dovidio, J. (2009). How does stigma "get under the skin"?: The mediating role of emotion regulation. *Psychological Science* (Wiley-Blackwell), 20(10), 1282-1289.

Hepworth, D. H., & Larsen, J. A. (1997). *Direct Social Work Practice: Theory and Skills* (4th ed.). CA: Brooks/ Cole Publishing Co.

Hepworth, Dean H., & Larsen, Jo Ann (1993). *Direct Social Work Practice: Theory and Skill* (4th ed.). Pacific Grove, CA: Brooks/Cole Publishing Company.

Hepworth, Dean H. et al. (2010). *Direct Social Work Practice: Theory and Skills*(8th ed.). Belmont, CA: Books/Cole.

Heward, Y. (2012). The Paediatric Intensive Care Society (PICS) news (Registered as a Charity in England & Wales No. 1146515). *Nursing in Critical Care*, 17(6).

Hutt, M. D., & B. A. Walker (2006). A Network Perspective of Account Manager Performance. *ournal of Business Industrial Marketing, 21*, 466-73.

Intagliata, J. (1982), Improving the Quality of Care for Chronically Mentally Disabled: The Role of Case Management. *Schizophrenia Bulletin, 8,* 666-674.

Jacobs, D. (1974). Dependency and Vulnerability: An Exchange Approach to the Control of Organizations. *Administrative Science Quarterly, 19*(1), 45-59.

Jennings, K. D. (1993). Mastery motivation and the formation of self-concept from infancy through early childhood. In D. J. Messer(Ed.), *Mastery motivation in early childhood: Development measurement and social processes*(pp. 36-54). London: Routledge.

Johnson, P., & Rubin, A. (1983). Case Management in Mental Health: A Social Work Domain. *Social Work*, 28(1), 49.

Kadushin C. (2004). *Introduction to social network theory*. Boston, Ma.

Kane, R. (1988). Case Management: Ethical pitfall on the road to high quality managed care. *Quality Review Bulletin, 14*, 161-166.

Karger, H. J., & Stoesz, D. (1994). *American Social Welfare Policy*. New York: Longman.

Kaufman, Alan S, John Wiley (1979). *Intellingent testing with the WISC-R. A volume in the Willey Series on Personality Processes.* edited by lrving B. Weiner.

Kichert, W. J. M., Klijn, E-H., & Koppenjan, J. F. M. (1997). *Managing Networks in the Public Sector: Findings and Reflections*. Thousand Oaks, CA: Sage Publications.

Laffey, Espinosa, Moore, & Lodree (2003). *Supporting Learning and Behavior of At-Risk Young Children: Computers in Urban Education*. University of Missouri-Columbia.

Lamb, H. (1980). Therapist case managers: More than brokers of services. *Hospital and Community Psychiatry, 31*, 762-764.

Law, J., & Callon, M. (1988). Engineering and Sociology in a Military Aircraft Project: A Network Analysis of Technological Change. *Social Problems, 35*(3), 284-297.

Loomis, J. F. (1992). Case Management in Health Care. In Rose, Stephen M. (Ed.), *Case Management and Social Work Practice*. NY: Longman Publishing Group.

Marland, S. P., Jr. (1971). Education of the Gifted and Talented - Volume 1: Report to the Congress of the United States by the U. S. Commissioner of Education.

Martin Kilduf, Wenpin Tsai, & Ralph Hanke (2006). A paradigm too far? A dynamic stability reconsideration of the social network research program. *The Academy of Management Review, 31*(4), 1031-1048.

Mayer, Carol H. (1993), *Assessment in Social Work Practice.* New York: Columbia University Press.

Michael, T., Schmitt, Nyla R., Branscombe, Tom Postmes, & Amber Garcia (2014). The Consequences of Perceived Discrimination for Psychological Well-Being: A Meta-Analytic Review. *American Psychological Association,* 140(2), 000 0033-2909.

Miley, K. K., O'Melia, M., & Dubois, B. (2007). *Generalist Social Work Practice: An Empowering Approach* (5th eds.). Pearson Education, Inc.

Modrcin, M., Rapp, C., & Poertner, J. (1988). Evaluation of Case Management Services with the chronically Mentally Ill. *Evaluation and Program Planning, 11*, 307-314.

Moore, S. T. (1990). A social work practice model of case management: The case management grid. *Social Work, 35*(5), 444-448.

Moustakas, C. (1955). Emotional adjustment and the play therapy process. *Journal of Genetic Psychlogy, 86*, 79-99.

Moxley, D. P. (1989). *The Practice of Case Management.* Newbury Park, CA: Sage Publications, Inc. 김만두 역(2004). 케이스 매니지먼트 실천론. 홍익재.

Moxley, David, Sage Publications (1989). *The practice of case management.* Newbury Park: Sage Publications.

National Association of Social Worker (NASW, 1984). Standards and Guidelines for Social Work Case Management for the Functionally Impaired. *Professional Standards*, No.12, Silver Spring, MD: National Association of Social Workers, Inc.

O' Conner, G. G. (1988). Case Management System and Practice. *The Journal of Contemporary Social Work, 69*(2), 97-106.

Payne, M. (2005). *Modern social work theory* (3rd ed.). Palgrave Macmillan.

Payne, Malcolm (1995). *Social Work and Community Care.* London: Macmillan Press Ltd.

Pearson, R. E. (1990). *Counseling And Social support: Perspectives and Pracice*. Neuwbury Park, CA: Sage Publications.

Raiff, Norma Radol & Shore, Barbara, K. (1993). *Advenced Case Management: New Strategies for the Nineties*. Newbury Park, CA: Sage Publications, Inc.

Rapp, C. A. (1998a). *The Strengths Model, Case Management with People Suffering from Severe and Persistent Mental Illness.* Oxford University Press.

Rapp, C. A. (1998). *The Strengths Model-Case Management with People Suffering form serve and persistant Mental Illness*. NY: Oxford University Press.

Rapp, C. A., & Goscha, R. J. (2006). *The strengths Model: Case management with people with psychiatric disabilities* (2nd ed.). Oxford University Press.

Rapp, Charles, A., & Chamberlain, Ronna (1985). Case Management Service for the Chronically Mentally ILL. *Social Work, 30*(5).

Rita Wicks-Nelson, Allen C. Israel (1984). *Behavior Disorders of Childhood.* Published by Longman Higher Education.

Rose, H. (1980). *Proceedings of the Conference on the evaluantion of Case management Programs* (March 5-6, 1979). Los Angeles: Volunteers for Service to Older Persons.

Rothman, J., & Sager, J. S. (1998). *Case Management: Integrating Individual and Community Practice.* Boston: Allyn and Bacon.

Rothman, Jack (1991). A Model of Case Management: Toward Empirically Based Practice. *Social Work, 36*(6), Silver Spring, MD: National Association of Social Workers, Inc.

Rubin, A. (1992). Case management. In S. M. Rose (Ed.), *Case management and Social Work Practice* (pp. 5-20). New York: Longman.

Rubin, H. J., & Rubin, I. S. (2001). *Community Organizing and Develpment* (3rd ed.). Boston: Allyn and Bacon.

Saleebey, D. (2006). Introduction: Power in the people. In D. Saleebey (Ed.), *The Strengths*

Perspective in Social Work Practice (4th ed.). Boston, Mass.: Pearson/Allyn & Bacon. pp. 1-24.

Saleeby, D. (ed.) (2006). *The Strength Perspective in Social Work Practice* (3rd ed.). White Plains, NY: Longman.

Shields, A., & Cicchetti, D. (2001). Parental maltreatment and emotion dysregulation as risk factors for bullying and victimization in middle childhood. *Journal of Clinical Child Psychology, 30*(3), 349-363.

Siefker, J. Garrent, M,, Ven Genderen, A., & Weis, M. (1998). *Fundamental of Case Management: Guidelines for Practicing Case Managers*. Mosby.

Steinberg, Raymond M., & Carter, Genevieve W. (1983). *Case Management and the Elderly.* Lexington, MA: Lexington Books.

Stoiber, K. C., & Anderson, A. J. (1996). Behavioral assessment of coping strategies in young children at-risk, developmentally delayed, and typically developing. *Early Education and Development, 7,* 25-42.

Sue, D. W., Capodilupo, C. M., Torino, G. C., Bucceri, J. M., Holder, A. M. B., Nadal, K. P., & Esquilin, M. (2007). Racial microaggression in everyday life: Implications for clinical practice. *American Psychologist, 62*(4), 271-286.

Sullivan, W. P. (1997). *On Strengths, Niches, and Recovery from Serious Mental Illness, The Strengths Perspective in Social Work Practice* (2th ed.). Longman, 183-196.

Taylor, E. B. (1958). *Primitive Culture. Library of religion and culture*. New York: Harper and Row.

Tosland, R. (1981). Increasing Aceess: Outreach Method in Social Work Practice. *Social Case Work*, 62, Milwaukee, WI: Family Service America.

Vigoda, E. (2002). From responsiveness to collaboration: Governance, citizens, and the neat generation of public administration. *Public Administration Review, 62*(5), 527-540.

Weick, A., & Chamberlain, R. (1997). Putting problems in their place: Further explorations in the strengths perspective. The Strengths Perspective in Social Work Practice, (2th ed.). Longman, 40-49.

Weick, A., Rapp, C., Sullivan, P., & Kisthardt, W. (1989). A Strengths Perspective in Social Work Practice. *Social Work, 344*, 350-354.

Weil, M., Karls, J., & Associate (1985). *Case Management in Human Health Service Practice.* San Francisco, CA: Jossey-Bass, Inc.

White, Monika & Goldis, Lynn (1992). Evaluation:Case Management and Qulity Assurance. in Vourlekis, Besty S. & Greene, Roberta R. (Ed.), *Social Work Case Management.* New York: Aldine De Gruyter.

Woodside, M. R., & McClam, T. (2003). *Generalist Case Management: A Method of Human Service Delivery* (2nd ed.). Pacific Grove, CA: Brooks/Cole.

Woodside, M. R., & McClam, T. (2006). *Generalist Case Management: A Method of Human Service Delivery* (3rd ed.). Belmont, CA: Thomson Brooks/Cole.

Yalom, Irvin D. (1970). *The theory and practice of group psychotherapy*. New York, Basic Books

찾아보기

인 명

내 용

ㄱ

ㅈ

ㅊ

ㅋ

ㅌ

ㅍ

저자소개/ **송정애**

동국대학교 대학원 아동·가족학 전공 (이학박사)
협성대학교 대학원 사회복지학과 (사회복지학 박사)
(전) 파주시 건강가정지원센터 센터장
(현) 신한대학교 사회복지학과 교수
신한대학교 로고스봉사지원단 단장

(주요저서 및 논문)
가족상담이론과 실제, 아동복지론, 대상관계가족상담,
가족복지론(공저),
어머니의 원가족경험과 양육스트레스와의 관계에서
가족탄력성의 매개효과에 관한 연구
外 다수

다문화아동과 사례관리

1판 1쇄 인쇄 2019년 12월 24일
1판 1쇄 발행 2019년 12월 27일

지 은 이 | 송정애
발 행 인 | 박철용
발 행 처 | 양서원
주 소 | 경기도 파주시 직지길 522 파주출판도시
전 화 | 031-955-8000(代)
팩 스 | 031-955-8005
홈페이지 | www.yswpub.co.kr
이 메 일 | yswpub@chol.com
출판등록 | 1987년 11월 24일 제406-2003-037호

ISBN 978-89-994-0961-5

정 가 18,000원

※ 저자와 협의하여 인지를 생략합니다.